BAEDEKER SMART

Algarve

Verlag Karl Baedeker – www.baedeker.com

Wie funktioniert der Reiseführer?

Wir präsentieren Ihnen die Sehenswürdigkeiten der Algarve in vier Kapiteln. Jedem Kapitel ist eine spezielle Farbe zugeordnet.
Um Ihnen die Reiseplanung zu erleichtern, haben wir alle wichtigen Sehenswürdigkeiten jedes Kapitels in drei Rubriken gegliedert: Einzigartige Sehenswürdigkeiten sind in der Liste der »TOP 10« zusammengefasst und zusätzlich mit zwei Baedeker-Sternen gekennzeichnet. Ebenfalls bedeutend, wenngleich nicht einzigartig, sind die Sehenswürdigkeiten der Rubrik »Nicht verpassen!«. Eine Auswahl weiterer interessanter Ziele birgt die Rubrik »Nach Lust und Laune!«.

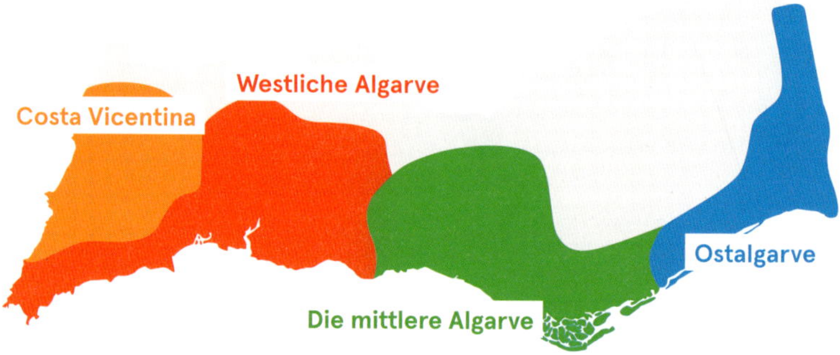

Magische Momente

Kommen Sie zur rechten Zeit an den richtigen Ort
und erleben Sie Unvergessliches.

Auf der Sonnenseite des Lebens: An der Praia da Rocha genießen viele Urlauber den Sommer.

Es grünt so grün: Trotz großer Sommerhitze gilt der Alentejo, hier bei Serpa, als eine der fruchtbarsten Regionen Portugals.

1

2

3

4

5

6

7

8

9

10

★★ Baedeker Topziele

Unsere TOP 10 helfen Ihnen, von der absoluten Nummer eins bis zur Nummer zehn, die wichtigsten Reiseziele einzuplanen.

❶ ★★ Ponta da Piedade
Vor Lagos eröffnen sich Bilderbuchblicke – majestätische und bizarre Klippen, natürliche Bogen und Grotten. Eine Bootstour ist ideal, um sie zu erkunden (S. 118).

❷ ★★ Cabo de São Vicente
Tief unten gurgelt die See, oft pfeift ein höllischer Wind – spektakulär stößt das nach dem hl. Vinzenz benannte Kap in die See (S. 121).

❸ ★★ Praia da Falésia
Dieser herrliche Strand ist das sandige Aushängeschild der Algarve. Im Osten der Feriengemeinde Albufeira spannt er sich über viele Kilometer in die Weite – überragt von den imposanten Wänden einer rostroten Steilküste (S. 82).

❹ ★★ Olhão
Ein Highlight ist die Fischmarkthalle. Auch um die Obst- und Gemüsestände des Markts pulsiert das Leben, vor allem samstags (S. 84).

❺ ★★ Praia do Amado
Ein wildromantischer und rauer Atlantikstrand in der Nähe von Carrapateira: Hier finden Surfer ihr ideales Tummelbecken an der Costa Vicentina (S. 156).

❻ ★★ Igreja de São Lourenço
Azulejos ziehen Besucher in dieser kleinen Kirche am Rand von Almancil in den Bann. Die Dekors aus Kacheln sind wunderschön (S. 86).

❼ ★★ Tavira
Stadt am Fluss, Stadt der Kirchen, viele Einkehrmöglichkeiten, eine kleine Burg, ein Fado-Saal in der Altstadt – Tavira hat viele Facetten und dient zudem als Sprungbrett zur Ilha de Tavira. (S. 52).

❽ ★★ Rio Guadiana
Still strömt der Grenzfluss an dem Burgort Alcoutim vorbei, an den vogelreichen Feuchtgebieten der Reserva Natural do Sapal und an Vila Real de Santo António (S. 58).

❾ ★★ Ilha da Culatra
Die Insel mit den hübschen Orten Culatra und Farol ist eine Welt für sich. Allein der Bootsausflug durch den Naturpark Ria da Formosa ist die Reise wert (S. 88).

❿ ★★ Faro
Die größte Stadt der Algarve überrascht mit ihrem Hafen, historischer Architektur und ihrer Lebendigkeit. Die Altstadt, umgeben von Stadtmauern, ist gut erhalten (S. 90).

Ein Gefühl für die Algarve bekommen …

Erleben, was die Algarve ausmacht, ihr einzigartiges Flair spüren. So, wie die Einheimischen selbst.

Beachlife

Strände mögen für die »Algarvios« von klein auf selbstverständlich sein, doch Sonnen- und Badefreuden überlassen sie keineswegs nur den ausländischen Gästen! In allen erdenklichen Formaten stehen Dutzende Strände zur Auswahl: ob eingefasst zwischen Klippen wie um die Ponta da Piedade (S. 118) oder in Form langer Sandbänder wie um Monte Gordo (S. 66) und auf der Ilha de Tavira (S. 68). Ein Unikat ist die Praia do Carvalho, die nur über eine Treppe im Fels zugänglich ist. Überall in der Region werden Strandträume wahr!

Fisch frisch vom Grill

Rauchsäulen verheißen Gutes und machen Appetit. Sie stammen von einfachen Restaurants und Freiluftgrills, auf denen Schwertfisch- und Lachsstücke, Sardinen und vielerlei mehr landet. Hochgenuss garantiert! Dabei belasten die Locals sich nicht mit denkbaren bürokratischen Überlegungen, etwa wie es sich beim Grillen auf der Straße mit der Hygiene verhält oder wie es um Brandschutzbestimmungen und die Rauchbelästigung steht. Das hat man schon immer so gemacht – und so bleibt es!

Wasser frisch aus der Quelle

Gibt es ein erfrischenderes Getränk als quellfrisches Bergwasser? In der Serra de Monchique sprudeln Quellen, manche davon eingefasst, die es erlauben, Wasser problemlos in leere Plastikflaschen abzuzapfen. So zumindest machen es die Einheimischen, die mit dem Auto bei der Vorbeifahrt hier halten. Der Praxis können Sie als Besucher nacheifern, zumal das nicht nur kostenlos ist, sondern ökologischem Denken entspricht, denn so verwerten Sie die Flaschen wieder, und Transportwege gibt es auch nicht.

Weißes Gold in der Küche

Der Rückbesinnung auf lokale Produkte entspricht die Verwendung von Meersalz, welches an der Algarve

Verträumt liegt die Altstadt von Lagos im Licht der tief stehenden Sonne.

Unter südlicher Sonne gedeiht wunderbar saftiges Obst.

In der Markthalle von Lagos wird nicht nur frischer Fisch verkauft – hier trifft man sich auch auf ein Schwätzchen.

gewonnen wird. Die Krönung des Genusses ist die Salzblume, »flor de sal«, die sich durch eine Qualität der Extraklasse auszeichnet.

Fit for Fun

Golfen, Stand Up Paddling, Radfahren, Tauchen, Seekajaktouren – nichts ist unmöglich an der Algarve. Beliebte Fernwanderrouten sind die Via Algarviana (S. 73) und die Rota Vicentina (S. 147); für eine kürzere Unternehmung ist bei Carvoeiro der Trail der sieben hängenden Täler (Percurso dos Sete Vales Suspensos) bestens geeignet. Tolle Surferstrände liegen im weiten Westen an der Costa Vicentina (S. 148).

Märkte

Ob im Freien oder in Hallen, ob an der Küste oder im Hinterland, ob klein oder groß – die Einheimischen lieben ihre Märkte, auf denen sie sich mit Meeresgetier, Obst, Gemüse, Honig, Knoblauch, Gewürzen, Würsten und Käse eindecken. Die Top-Märkte der Region sind in Olhão (S. 84) und in Loulé (S. 103) zu finden. Dort herrscht vor allem samstagvormittags Volksfeststimmung. Stürzen Sie sich in den Trubel!

Direktverkauf vor dem Haus

Sieht man von den Märkten ab, auf denen auch Bauern oder Imker ihre Produkte verkaufen, gibt es den Direktverkauf vor dem eigenen Haus. Manchmal fallen an Straßen kleine Kisten oder Netze auf, in denen je nach Jahreszeit pflückfrische Waren wie Orangen, Zitronen und Mandarinen liegen. Kurze Wege zwischen Erzeuger und Abnehmer – umweltschonender geht's nicht. Da hält man gern an und kauft ein. Der Direkteinkauf spart zudem den Zwischenhändler und schont den Geldbeutel.

Kleine Pause zwischendurch

Zum hiesigen Lebensgefühl gehört die kleine Pause zwischendurch – und dazu wiederum ein Kaffee! Das kann ein winziger Espresso (»café«) sein, den die Einheimischen mit reichlich Zucker trinken, oder ein großer Milchkaffee (»galão«), der im Glas serviert wird und nach der Kunst verlangt, das Behältnis anzufassen, ohne sich zu verbrennen.

Ausgelassene Feste

Die »Algarvios« geben sich eher zurückhaltend, aber bei Festen bricht es aus ihnen heraus. Karneval feiern die Einheimischen in Loulé (S. 103), im kleinen Alte (S. 105) und andernorts tagelang, aber auch bei Sommer- und Patronatsfesten herrscht ausgelassene Stimmung. Lassen Sie sich anstecken, feiern Sie mit!

Sonnengereifte Tropfen

Zum Algarve-Feeling gehören die Weine (S. 28) der Region, wie sie zunehmend produziert werden. Frisch und fruchtig kommen die Weißen und die Rosés daher, körperreich die Roten. Keine Frage, da steckt die Sonne des Südens drin!

Auf rund 3000 Sonnenstunden pro Jahr bringt es die Algarve – da zeigt sich die Küstenlandschaft (hier: Algar Seco bei Carvoeiro) fast immer strahlend.

Das Magazin

Die Sonnenregion Algarve vereint maurisches Erbe, Spuren der Seefahrtsgeschichte, Wein- und Korkproduktion.

Seite 12–43

Die Mandelbäume der Algarve brachten einst die Mauren mit.

Maurisches Erbe

Es begab sich im 8. Jahrhundert, als im Süden Portugals neue Fremdherrscher in die Fußstapfen von Phöniziern, Griechen, Römern und Barbaren traten: die Mauren. Bis zum 13. Jahrhundert prägten ihre Kultur und Architektur die Region.

Wer genau hinsieht und hinhört, trifft an der Algarve auf allgegenwärtige Spuren der Mauren. Das beginnt bereits beim Namen, der aus dem arabischen »Al Gharb« – »der Westen« – hervorgegangen ist. Gemeint war die westliche Grenze des islamischen Reichs, das sich weit über die Iberische Halbinsel, also auch das heutige Spanien, erstreckte. In der neuen Heimat der dunkelhäutigen Fremden entstanden Orte, Moscheen, Koranschulen und Paläste, die sie mit hufeisenförmigen Bögen, hölzernen Kassettendecken, Steingitterfenstern und den bis heute verbreiteten Azulejos (S. 34) schmückten. Zur ökonomischen Basis der Mauren gehörten Landwirtschaft und Textilverarbeitung, Handelsbeziehungen wurden über den gesamten Mittelmeerraum unterhalten.

Kalkweiße Häuser, gut gefüllte Vorratskammern

Bei den Häusern kam Kalkweiß zur Verwendung, noch heute typisch für das Bild vieler Dörfer. So fühlt man sich mancherorts an der Algarve in ein Stückchen Nordafrika versetzt. Im Inneren der maurischen Bauten hatte die Vorratskammer eine große Bedeutung. Um Haltbarkeit zu gewährleisten, galt es, Methoden und Materialien in Einklang zu bringen. Schließlich kam es nicht nur darauf an, verschiedene Nahrungsmittel zu trocknen, einzusalzen, in Essig oder Honig einzulegen, sondern auch die richtigen Gefäße für die Einlagerung zu verwenden. Große, teils bemalte Keramiktöpfe konnten eingesalzenes Fleisch, eingelegte Oliven, Olivenöl, Getreide und vielerlei mehr enthalten. Wasser natürlich auch.

Förderer von Landwirtschaft und Kultur

Die Mauren bauten Mandeln, Feigen, Zitrusfrüchte und Aprikosen an, wobei sie ausgefeilte Bewässerungstechniken anwendeten und eine besondere Vorliebe für Gartenanlagen hegten. Mit ihrer wirtschaftlichen Fortschrittlichkeit und als Förderer von hoch entwickelter Kultur und Wissenschaft stellten die Mauren das christliche Abendland jener Epoche komplett in den Schatten.

Im Küstenhinterland der Algarve verwandelten sie Silves in einen blühenden Sitz, der im 11. Jh. sogar Portugals Hauptstadt Lissabon

Sechs Spots zum maurischen Erbe

Aljezur (S. 158): Im Museu Municipal ist dem islamischen Erbe eine eigene Sektion gewidmet.
Loulé (S. 103): Zu den Exponaten im Museu Municipal de Arqueologia zählt maurische Keramik.
Mértola (S. 181): Im Inneren der Igreja Matriz des Alentejo-Städtchens ist noch klar der Vorgängerbau einer Moschee zu erkennen; auch Hufeisenbögen sind erhalten.
Silves (S. 134): Die gewaltige Burg von Silves fußt auf einem maurischen Vorläufer.
Tavira (S. 52): Funde und Ausgrabungsstücke aus maurischer Zeit, darunter Keramik, können Sie im Nucleo Museológico Islâmico betrachten.

überflügelt haben soll. Dichter, Geschichtsschreiber und Juristen lebten in jener Ära in Silves, das seinerzeit »Xelb« (auch: »Chelb«) hieß. Und aus dem kleinen Cacela Velha stammte der Poet Ibn Darraj Al-Qastalli (958–1030), an den bis heute der Name eines Platzes erinnert, wie man bei einem Bummel durch das Dorf bemerkt. Ein weiterer Dichter aus dem 11. Jh., Abû Al-Abdarî, wird in Cacela Velha mit einem Straßennamen gewürdigt.

Lokale Quellen rühmten die Burg von Silves als das »schönste militärische Denkmal der islamischen Epoche in Portugal«. Hinzuzufügen ist, dass inzwischen extrem stark restauratorisch Hand angelegt worden ist, was niemandem entgeht, der das weite Areal durchstreift. Im Gegensatz zur Festung von Silves hat sich eine ursprünglich maurische Burg wie jene von Alvor jedoch nur in winzigen Fragmenten über die lange Zeit retten können.

Frieden und Machtkämpfe

Moslems und Christen lebten damals zeitweise in friedlichem Miteinander. Ein Beleg dafür war, so sagt man, dass lange vor der Existenz eines Leuchtturms am

Die Legende vom Schnee

Es gibt viele, leicht voneinander abweichende Versionen, doch alle »Algarvios« kennen die Legende vom Schnee, eine Überlieferung aus maurischer Zeit: Ein junger, kriegserprobter Lokalfürst aus Silves, so heißt es, nahm einmal eine in der Schlacht eroberte Dame aus dem nördlichen Europa zu einer seiner Frauen. Blond und blauäugig und vielleicht sogar eine Prinzessin soll sie gewesen sein. Nach und nach befiel sie eine tiefe Traurigkeit, die jedoch nichts mit dem Fürsten zu tun hatte. Der Grund war schlichtweg dieser: In der Sonnenregion der Algarve vermisste sie aus ihrer Heimat vor allem eines: den Schnee. Da ließ der Herrscher aus Liebe zu seiner Frau im ganzen Reich Mandelbäume pflanzen – und zu Jahresbeginn, wenn sie wunderbar zu blühen anfingen, breitete sich eine weiße Blütendecke über dem weiten Land aus und die Landschaft sah jedes Mal aus wie verschneit. Die Prinzessin war getröstet und sehnsüchtig blickten der Fürst und die Prinzessin seither Jahr für Jahr der nächsten Mandelblüte entgegen.

Archäologen haben im Hof der Burg von Silves Teile der maurischen Burg freigelegt.

An der ganzen Algarve deuten auch Details wie Straßennamen (hier in Tavira) auf das maurische Erbe hin.

Cabo de São Vicente gleichzeitig ein Kloster und eine Moschee bestanden haben sollen.

Allerdings waren die Mauren kein geschlossener Verbund, sondern im Lauf der Zeiten in eigene Machtkämpfe verstrickt, die auch an der Algarve nicht spurlos vorübergingen. Auf den Zerfall des gewaltigen Kalifats von Córdoba im 11. Jh. – bis dahin die in Spanien angesiedelte Schaltzentrale der arabischen Macht auf der Iberischen Halbinsel – folgte die Ära der Kleinkönigreiche, bis sich zwei Dynastien ausbreiteten: die Almoraviden und die Almohaden. Die Stadt Tavira wurde 1167 von den Almohaden erobert, doch währte deren Präsenz nur einige Jahrzehnte. Forscher haben in Tavira im Bereich des Convento da Graça, der heutigen Pousada, ein kleines Almohadenviertel nachgewiesen; einige Häuser wurden um einen zentralen Hof erbaut.

Rückeroberung: Aus Minaretten werden Glockentürme

Auf Dauer nicht aufzuhalten war die christliche Rückeroberung im Zeichen des Kreuzes. Unerbittlich rückte die Grenze vor. Angespornt von den Königshäusern auf der Iberischen Halbinsel, hatten die Mitglieder der Ritterorden ihre

Hände im Spiel, denen der Islam natürlich ein Dorn im Auge war. Es kam zu Vertreibungen, Unterwerfungen und Überlagerungen, die sich auch in der Architektur bemerkbar machten. Moscheen wurden in Kirchen verwandelt, besonders prägnant in Mértola im Alentejo, der nördlichen Nachbarregion der Algarve. Und aus Minaretten wurden Glockentürme, so wie in Loulé an der Hauptkirche.

In Taviras Straßen ist der maurische Einfluss bis heute gegenwärtig.

An der Algarve fand die Rückeroberung im Laufe des 13. Jh.s ihren Abschluss, weitaus früher als im südspanischen Andalusien, wo sich die Dynastie der Nasriden noch bis zum Fall von Granada 1492 zu halten vermochte. Nach der Rückeroberung wurde die Algarve mit dem Königreich von Portugal vereint.

Von den Archäologen wiederentdeckt

Die Zeit hat vielerlei Spuren verwischt, zumindest auf den ersten Blick. So sind die Archäologen bis heute gefordert, Vergangenes freizulegen, wie sie es in der kleinen Altstadt von Loulé hinter einer Mauer an dem Platz Largo de Dom Pedro I. mit den Banhos Islâmicos (Islamischen Bädern) gemacht haben. Öffentliche Bäder waren in der islamischen Gesellschaft wichtig, als Schauplätze von Reinigungsritualen, Treffpunkte und Plauderstuben. Männer und Frauen nutzten die Bäder getrennt. Ein Hamam war wie in Loulé in drei Zonen aufgeteilt: einen heißen, einen mittelwarmen und einen kühleren Saal. Im Heißbereich begann das Baderitual.

Sprachliches Erbe

Bedingt durch die lange Maurenherrschaft, sind eine Reihe von Wörtern aus dem Arabischen ins Portugiesische eingeflossen und noch heute in Gebrauch. Insgesamt sind es nicht weniger als 1200 Wörter arabischer Herkunft, darunter »aldeia« (Dorf). Über Substantive hinaus bezeugen einige Ortsnamen an der Algarve die vormalige Präsenz der Mauren, darunter Algoz, Aljezur, Alvor, Alcantarilha, Almancil, Albufeira und Bensafrim; und der Name des Rio Guadiana basiert auf dem arabischen »Wadi Yanah« (S. 58).

Die knorrigen Korkeichen werden nur alle neun Jahre geschält und bilden märchenhafte Wälder.

Nicht nur Korken

Knorrig und buschig zugleich wirken sie, majestätisch breiten sie ihre Äste und Kronen aus: die Korkeichen. Werden sie alle neun Jahre geschält, glänzen die Stämme zunächst honigfarben, später rostrot. Das geerntete Material wird getrocknet und auf unterschiedlichste Weise verarbeitet, nicht nur zu Sekt- und Weinflaschenkorken.

Kaum zu glauben, was aus einer runzligen Schale wie Kork alles entstehen kann! Der Baum, der dahintersteckt, die Korkeiche (»Quercus suber«), auf Portugiesisch »sobreiro«, ist genügsam, immergrün und so etwas wie ein Nationalsymbol. Landesweit bedecken Korkeichenwälder Hunderttausende Hektar. Portugal ist weltweit der größte Korkproduzent. Die Konkurrenz kommt vornehmlich aus Spanien und Marokko.

Die Wirtschaftskraft am Straßenrand

Tauchen Sie ein in die faszinierende Welt des Korks, die sich im hügeligen Algarve-Hinterland eröffnet, wo Sie wunderbar frische Luft einatmen und die Vögel in den Zweigen zwitschern hören können. Hier durchfahren Sie Korkeichenwälder, hier wurzelt ein Stück Wirtschaftskraft der Algarve. Denn Korkeichen sind keine launige Zier der Natur, sondern seit langer Zeit mit den Interessen industrieller Verarbeitung verknüpft. Darauf weisen die Korkstapel an den Straßen hin, die Sie während der Korkerntezeit zwischen Ende Mai und September sehen. Diese oftmals lang gestreckten Stapel sollen vor allem die Aufmerksamkeit vorbeifahrender potenzieller Käufer erregen. Durch die Art, wie der Stapel aufgeschichtet ist, haben Profis gleich eine ungefähre Kilozahl im Blick – und damit den Preis, den sie den Besitzern anbieten.

Die Kunst des Abschälens

Für die Aufstapelung des Korks braucht es ebenso viel Geschick wie für das Abrinden, für das erfahrene Korkeichenschäler herangezogen werden. Alles ist Handarbeit, die keine Muskelkraft erfordert, sondern Gefühl und Routine. Nur so kann es gelingen, mit der Axt die Rinde zu spalten und möglichst große Platten zu lösen. An einem einzigen Tag schafft ein einzelner Abschäler Dutzende von Korkeichen. Geschält wird alle neun Jahre, und zwar immer nur der untere Teil des Stamms. Danach wird per Pinselmarkierung die letzte Ziffer des Erntejahrs aufgetragen. Eine Acht bedeutet also: 2018 geschält, die nächste Ernte steht 2027 an. Gut Ding will Weile haben, was sich

So machen Sie Bekanntschaft mit der Welt des Korks

Ausgedehnte Korkeichenwälder finden Sie z. B. in der Serra de Monchique (S. 130), der Serra do Caldeirão (S. 105) und rund um São Brás de Alportel (S. 100). Korkeichen wachsen aber auch küstennah, z. B. im Hinterland des Kaps Carvoeiro.

Im Museu do Traje in São Brás de Alportel (S. 100) gibt es eine aufschlussreiche Abteilung zum Thema Kork, präsentiert in einem Nebengebäude des Museums.
In diversen Urlaubsorten gibt es mittlerweile »Cork Shops« mit dem Verkauf von Korkartikeln.

Touren zum Thema Kork veranstaltet Algarve Rotas (Mesquita Baixa, São Brás de Alportel, Handy 965 56 11 66, E-Mail: turismo@algarverotas.com, www.algarverotas.com, auf Englisch).

Geschält werden Korkeichen von Ende Mai bis September, die gewonnene Rinde bildet dann riesige Stapel.

auch daran zeigt, dass eine Korkeiche erst nach etwa 25 bis 30 Jahren zur ersten Schälung bereit ist. Ein bis zwei Schälungen später beginnt sie dann, qualitativ guten Kork zu produzieren. Die Bäume können es durchaus auf ein Alter von 150 bis 200 Jahren bringen, was bedeutet, dass sie bis zu 16- oder 17-mal gewinnbringend geschält werden können.

Korkfabriken in vielen kleinen Schuppen

In und um das Landstädtchen São Brás de Alportel existieren mehrere Korkfabriken – und das ist alles andere als neu. In der zweiten Hälfte des 19. Jh.s begann die Verbreitung des Korks in der umliegenden Region, wobei mancher Eseltreiber, der zuvor lediglich Kork transportiert hatte, auf den Geschmack kam und selbst zum Korkindustriellen aufstieg. Es gab Dutzende solcher »Fabriken«, wobei der Terminus nicht falsch ausgelegt werden darf. Eine »Fabrik« bestand nicht selten aus einem simplen Schuppen mit einem Kessel für das Auskochen des Korks, damit die Insekten verschwanden und der Kork dehnbarer wurde. Zur Ausstattung zählten überdies eine Werkbank zum Zuschneiden und eine Presse zum Bündeln der Korkpakete. Flaschenkorken wurden damals in mühevoller Klein- und Handarbeit aus kleinen Würfeln gefertigt, deren Kanten abgeschnitten und letztlich abgerundet wurden. Die erwirtschafteten Gewinne brachten in São Brás de Alportel protzige Villen und ein wohlhabendes Bürgertum hervor.

Verarbeitung: Das letzte Wort hat die Natur

Wie seinerzeit wird heute in den Korkbetrieben das abgerindete Rohmaterial zunächst getrocknet – dieser meiste jahrelange Prozess sorgt dafür, dass die enthaltenen Harze ebenfalls trocknen. Erster Arbeitsgang in der Fabrik ist der des Kochens geblieben. Der weitere Verarbeitungsprozess, zu dem Press-, neuerliche Trocken- und schließlich Schneidevorgänge gehören, ist äußerst komplex. Da es sich um ein Naturmaterial handelt, können Stücke derselben Rinde

Das Schälen (links) erfordert Know-how und Präzision. Viel Wissenswertes zur Korkproduktion erfährt man im Volkskundemuseum von São Brás de Alportel (oben). Taschen aus Kork sind ein Unikat mit individueller Maserung (unten).

mal dünner und mal dicker sein. Schneidet man sie durch, kommen manchmal Beschädigungen durch Ungeziefer zum Vorschein. Und das reicht dann nicht für die Verarbeitung zu hochwertigen Verschlüssen von Wein-, Sekt- oder Champagnerflaschen. Aus minderwertigem Material werden Granulate gewonnen.

Vom Flaschenkorken bis zur Wärmedämmung

Kork besitzt vielerlei Eigenschaften und Vorteile, die der Mensch seit alters her schätzt. Früher nahmen Arbeiter gern vorgekochtes Essen in Korkgefäßen mit aufs Feld. Die Behältnisse hielten es einige Zeit warm. Und Löffel aus Kork dienten vortrefflich zum Schöpfen von Wasser, Suppe und Eintöpfen.

Kork ist leicht, gut pressbar, in gewissem Maße biegbar und recycelbar. Es eignet sich hervorragend zur thermischen und akustischen Isolierung: Kork dämpft Lärm, Kork stößt Wasser ab. Als Endmaterial ist es heute unglaublich vielseitig verwendbar, die Nachfrage ganz unterschiedlich. Klassiker sind und bleiben die Flaschenkorken, schlanke für die Weine, deutlich voluminösere für Schaumweine. Mit Kork lassen sich Häuser in Skandinavien und Nordamerika wärmedämmen, Griffe von Nordic-Walking-Stöcken versehen, Fußbodenbeläge gestalten, Untersetzer und orthopädische Schuheinlagen fertigen. Kork ist außerdem in Baseball-, Badminton und sogar Golfbällen enthalten.

Modische Designs aus samtigem Korkleder

Doch Kork kann nicht nur Funktionalität, auch in Design und Mode ist Kork ein inzwischen sehr beliebter Werkstoff. Nach langwierigen Umwandlungsprozessen entsteht aus Kork sogenanntes Korkleder, das eine Alternative zu Tierleder ist. »Wer Leder mag, aber Tiere nicht quälen möchte, sollte Korkleder tragen«, propagieren die Verantwortlichen der Korkindustrie gerne. Korkleder hat dank kunsthandwerklicher Kreativität eine breite Palettc an originellen modischen Artikeln hervorgebracht. Das können Damenhandtaschen und Portemonnaies sein, ebenso Gürtel, Schuhe, iPad-Mappen, Krawatten, Mützen, Hüte und Mauspads.

Fahren Sie einmal mit der Hand über das Material! Es fühlt sich weich, regelrecht samtig an. Korklederelemente geben auch Schmuck pfiffige Noten, Armbändern und Halsketten ebenso wie Ringen, Ohrringen und Anhängern. Es gibt sogar Regenschirme und Hochzeitskleider aus Korkleder. Fest steht: Die natürliche, ganz unterschiedlich verlaufende Maserung macht jedes Stück Korklederarbeit zum Unikat. Welch ein Ausdruck von Klasse und Individualität!

Ein Seefahrer, der nicht zur See fuhr

Er war eine prägende Persönlichkeit des Spätmittelalters. Er half mit, Portugals Entdeckungsgeschichte ins Rollen zu bringen: Prinz Heinrich (1394 bis 1460), auf Portugiesisch Infante Dom Henrique, ein Sohn von König João I. und Filipa de Lencastre. Heinrich stammte aus Porto und lebte später bis zu seinem Tod lange an der Algarve.

Treffpunkt Lagos, Praça do Infante Dom Henrique. Hier begegnen Sie Heinrich garantiert, hier schauen Sie zu ihm auf. Hoch auf seinem Denkmalsockel verharrt er in Sitzposition, majestätisch und gelassen zugleich. Er wirkt erhaben und entschlossen, macht den Eindruck eines Gelehrten. Der Platz für das Denkmal ist nicht zufällig gewählt, war doch Lagos »die ideale Bühne«, wie eine lokale Quelle überschwänglich verbürgt, »um das große Epos der portugiesischen Entdeckungen in Szene zu setzen, denn in dieser Stadt (…) plante der Infant Heinrich der Seefahrer die Entdeckung des afrikanischen Kontinents«.

Mythische Galionsfigur

Heinrichs Beiname »der Seefahrer«, auf Portugiesisch »O Navegador«, ist im Grunde irreführend. Obgleich 1415 maßgeblich an der portugiesischen Eroberung von Ceuta in Nordafrika beteiligt, war er später nicht selbst an Bord von Karavellen unterwegs, sondern stand als Planer und Förderer hinter den Entdeckungsfahrten. Dem voraus gingen seine Ernennungen zum Gouverneur der Algarve und zum Großmeister des reichen Christusordens.

Unter Heinrich und seinem Vater João I. geriet die portugiesische Seefahrt in Schwung. Langfristig ging es um bahnbrechende Routen in Richtung Übersee, die Portugal später zur kolonialen Welt- und Handelsmacht aufsteigen ließen. So weit war es zu Heinrichs Zeiten jedoch noch nicht. Die Folgen der Unternehmungen dürfte er selbst kaum abgeschätzt haben.

Die Nautikschule von Sagres – eine Legende?

Als Großmeister des Christusordens mit den nötigen finanziellen Mitteln ausstaffiert, soll Heinrich an der Algarve eine Nautikschule ins Leben gerufen haben, in der sich internationale Gelehrte einfanden und als Navigatoren, Astronomen, Schiffsbauer und Kartografen ihr Know-how der Seefahrt einbrachten. Ein Ausbildungs- und Schulungszentrum also, von dem der britische Reiseschriftsteller Samuel Purchas (1577–1626) kurz vor seinem Tod in seinem Werk »Hakluytus posthumus or Purchas: His Pilgrimes ...« berichtete. Allerdings nicht aus eigener Anschauung, sondern Generationen nach Heinrichs Ableben. Ob es eine solche Nautikschule auf der Festung von Sagres (S. 124) überhaupt gab, obgleich sie in vielen Büchern beschrieben wurde, ist strittig und eher unwahrscheinlich.

Die Beschreibungen dürften eher der menschlichen Fantasie entsprungen sein, die sich ausmalte, wie Heinrich und seine Männer auf

Prinz Heinrich, dargestellt auf einer Azulejos-Wand in Sagres

Trutzig blickt die Festung auf dem Cabo de São Vicente bei Sagres in den Atlantik – befand sich hier die Seefahrerschule Heinrichs?

der Burganlage hoch über dem Atlantik zusammenfanden, die See im Blick, umgeben von einer spektakulären Kulisse. Diverse Quellen besagen, dass die Entdeckungsfahrten sehr wohl vorbereitet wurden – nur nicht hier und nicht zwangsläufig unter der Leitung Prinz Heinrichs. Die Fakten in Portugals Seefahrerhistorie besagen, dass auf die Entdeckung der Azoren 1427 Expeditionen entlang der westafrikanischen Küste folgten, obgleich Schauermärchen um unheimliche Meeresbestien und Magnetberge kursierten. 1434 gelang es Gil Eannes, das sagenumrankte Kap Bojador an der Westküste Afrikas zu passieren.

Die dunkle Seite der Medaille

Bei den Entdeckungsreisen spielten monetäre Interessen natürlich eine entscheidende Rolle. Zur Vermehrung von Vermögen und Einkünften verkaufte Heinrich vorausschauend Handelslizenzen an Kaufleute und sicherte sich einen Teil der erhofften Gewinne. Allmählich wurde der Afrikahandel immer einträglicher, verknüpft mit der Einfuhr von Sklaven, die in riesiger Zahl nach Portugal verschleppt wurden. 1444, zu Lebzeiten Heinrichs also, fand in Lagos, der Hauptoperationsbasis der Schiffe, der erste Sklavenmarkt statt. Und das war ein düsteres Kapitel in der Ära der Entdeckungen, die Jahrzehnte nach Heinrichs Tod 1460 ihre – aus portugiesischer Sicht – größten Höhepunkte erlebte: die Umseglung des Kaps der Guten Hoffnung unter Bartolomeu Dias, der von Vasco da Gama geebnete Seeweg nach Indien, 1500 schließlich die Ankunft von Pedro Álvares Cabral in Brasilien. Dass es in der Folge in Südamerika zum Beginn der Kolonialherrschaft kam, die großes Leid mit sich brachte, rücken die Eroberungsfahrten in ein anderes Licht. Und Heinrich, obgleich zu jener Zeit lange tot, trug daran seinen Anteil an Mitschuld.

Sturz eines Denkmals?

Allein vor diesem Hintergrund ist eine heroische Überschätzung Heinrichs, wie sie oftmals anklingt, fehl am Platz. Sicher dürfte der Königsspross begabt und gelehrt gewesen sein, aber war er wirklich ein Visionär und der wissenschaftlich universell Interessierte, als der er häufig skizziert worden ist? Dies muss dahingestellt bleiben. Portugiesische Historiker wie António Henrique de Oliveira Marques (1933–2007) haben die Bedeutung von Heinrichs Person und Wirkung relativiert. Für Oliveira Marques war Prinz Heinrich der Seefahrer zeitlebens ein Militarist und Expansionspolitiker, für den die Eroberungen im Norden des »Schwarzen Kontinents« ohnehin wichtiger waren als fernere Entdeckungsreisen. Das Interesse an Astrologie, Astronomie, Mathematik und nautischer Wissenschaft war in Adelskreisen der damaligen Zeit weit verbreitet – Ausländer zu empfangen und ihren Geschichten zuzuhören, war keineswegs ungewöhnlich. Allerdings: Handelsinteressen und Profitgier hatten bei Heinrich absolute Priorität.

Als Statthalter der Algarve und von Ceuta, wo Schifffahrt und Fischerei von herausragender Bedeutung waren, wusste der Prinz ganz genau, wie ertragreich das Meer sein konnte, wenn man es nur richtig ausbeutete, so Oliveira Marques, der in seiner »Geschichte Portugals und des portugiesischen Weltreichs« treffende Beispiele zur Algarve angeführt hat: »So sicherte er sich das Monopol für den Thunfischfang im ganzen Königreich Algarve, ein Zehntel des gesamten Fangs der Fischer von Monte Gordo sowie Privilegien und Einkünfte aus dem Fang junger Thunfische und von Rabenfischen.«

Eine nähere Beschäftigung mit Prinz Heinrich dem Seefahrer zeigt: Geschichte und mythische Verklärung, ausgelöst durch Autoren des 16. Jh.s gingen Hand in Hand. Verdienste und Qualitäten, die Heinrich von frühen Autoren wie Giovanni Battista Ramusio und Damião de Góis zugeschrieben wurden, dürfte er vielleicht nie errungen bzw. besessen haben. Die Legendenbildung verlangt nach gesunder Distanz.

Begegnungen mit Prinz Heinrich dem Seefahrer

- Festung von Sagres (S. 124)
- Denkmal auf der Praça do Infante Dom Henrique in Lagos (S. 127)
- Wachsfigur im Museu de Cera dos Descobrimentos in Lagos (S. 129)
- Ermida da Nossa Senhora de Guadalupe (S. 141), an der Straße zwischen Lagos und Vila do Bispo: In dieser Kapelle soll sich Prinz Heinrich einst des Öfteren zur Messe eingefunden haben.

In den letzten beiden Dekaden hat sich die Algarve auf ihre Weinbautradition zurückbesonnen, die Weine der Region sind in vielen Restaurants vertreten.

Sonne in der Flasche

Phönizier, Griechen und Römer kannten in Portugal bereits den Weinhandel, auch im Mittelalter fungierte der »vinho« als wichtiges Exportprodukt. Auf Portugals Weinlandkarte haben die Tropfen der Algarve mittlerweile einen festen Platz, ob Rote, Rosés oder Weiße.

Wie das duftet! Holzig, vollfruchtig, einfach durchdringend! Wer eine Weinkellerei der Algarve betritt, kommt bereits durch die Nase auf den Geschmack. Den Ausschlag für einen erfolgreichen Anbau geben das trockene heiße Vorzugsklima mit relativ geringen Temperaturschwankungen und über 3000 Sonnenstunden pro Jahr, die vielfältigen Böden, die Nähe zum Atlantik sowie die Berg- und Hügelbarrieren, die die Weinanbaugebiete vor kühlen Winden aus dem Norden schützen. Gleichzeitig profitieren die Winzer der Region von den wärmeren Luftströmungen, die von Süden her aus Nordafrika heranwehen. Ein Algarve-Wein, das ist einfach ein Stück Sonne in der Flasche.

Rebsorten, Wein-Revival und Anbaugebiete

Traditionelle Rebsorten an der Algarve sind Negra Mole, Trincadeira, Touriga Nacional und Aragonês (vergleichbar mit dem spanischen Tempranillo) für Rotweine sowie Verdelho und Arinto für Weißweine. Der Algarve-Wein hat seine Renaissance erlebt. Einst weit verbreitet (obgleich qualitativ eher minderwertig), verschwand er fast vollständig aus der Region, nicht zuletzt verdrängt durch großflächig angelegte Hotel- und Wohnanlagen. Seit einiger Zeit, die etwa mit der Jahrtausendwende anzusetzen ist, findet eine starke Rückbesinnung statt. Weingärten sehen Sie mittlerweile küstennah bei Alvor, aber auch weiter landeinwärts Richtung Querença. Lagoa ist immer noch Sitz der Winzervereinigung namens Adega Cooperativa do Algarve. Manche Winzer haben erfolgreich neue Rebsorten eingeführt, doch bei der allgemeinen Bewusstseinsbildung ist der Durchbruch noch nicht geschafft. Das »Label Algarve« müsse heutzutage umso stärker auf Qualität fokussiert sein, sagt Weinmacher Dinis Gonçalves, der aus Lagos stammt und in der Quinta da Vinha Cabrita arbeitet. Der Blick auf die Gesamtproduktion zeigt, dass mittlerweile auch Weine aus biologischem Anbau (»vinhos biológicos«) an Gewicht gewinnen.

Qualitätstropfen und experimentierfreudige Winzer

Fortschrittlich denkende Winzer mit modernen Weinbauprinzipien und höchsten Ansprüchen an ihr Erzeugnis haben sich die richtigen Lagen ausgesucht und setzen auf stete Verbesserungen. Mit Massenproduzenten kann und will man es an der Algarve nicht aufnehmen. Für die Wiedergeburt bester Algarve-Weine steht die Kellerei Quinta dos Vales bei Estômbar, deren älteste Weingärten von Ende der 1990er-Jahre datieren und die technologisch z. B. mit temperaturkontrollierter Fermentation und Edelstahltanks auf den neuesten Stand gebracht worden ist. Selbstverständlich dürfen Eichenholzfässer für den Ausbau der Weine nicht fehlen. Die Rebgärten umfassen 22 ha. Auf den hier vorherrschenden Kalkböden ist stetig weiterexperimentiert worden. Dabei hat man auch neue Rebsorten gepflanzt, darunter Syrah, Cabernet Sauvignon, Touriga Nacional und Alicante Bouschet.

Preisgekrönte Kellereien vom Groß- bis zum Familienbetrieb

Der Rebschnitt setzt auf der Quinta dos Vales zwischen Ende Dezember und Mitte Februar ein. Die Lese von

Besuch beim Winzer

Besuche von Weinkellereien sollten Sie rechtzeitig ankündigen bzw. reservieren, telefonisch oder per Mail. Es gibt in den wenigsten Fällen feste Besuchszeiten, wie man sie von größeren Weinanbaugebieten gewohnt ist. Pro Person kostet ein Kellereibesuch mit kurzem Rundgang (Erklärungen auf Englisch, nur vereinzelt auf Deutsch), Weinverkostung und Snacks oder umfangreicheren Häppchen gewöhnlich zwischen 10 und 20 €.

Quinta dos Vales: Sítio dos Vales, Estômbar, Tel. 282 43 10 36, www.quintados vales.eu, Mo–Sa 9–18; mit Unterkunft und Kunsttreff.

Quinta da Vinha Cabrita: Sítio da Vala (an der Landstraße zwischen Lagoa und Silves), Tel. 912 10 45 57 und 917 23 60 30, http://josemanuelcabrita.wixsite.com/quintadavinha. Mo–Fr 9–13 & 14–18 Uhr.

Adega Cooperativa do Algarve: Estrada Nacional 125, Lagoa, Tel. 910 08 32 68, adega.lagoa@sapo.pt, Di–Sa 10–13 & 14–18 Uhr; im Gebäude der Kooperative ist die Kunstgalerie Lady in Red untergebracht (S. 136).

Hand startet Anfang August und geht bis in den September, andernorts kann sie bis in den Oktober anhalten. »Alle unsere Weinberge werden durch ein Tröpfchenbewässerungssystem mit Wasser versorgt«, wird bei der Quinta dos Vales hervorgehoben, deren Weine mehrfach preisgekrönt worden sind.

Deutlich bescheidener aufgezogen sind familiengeführte Kellereien wie die Quinta da Vinha Cabrita zwischen Lagoa und Silves, ebenfalls bereits mit diversen Preisen ausgezeichnet. Da machen Verkostung und Direkteinkauf Freude!

Deutlich früher als in mitteleuropäischen Gefilden wachsen die Weinreben im milden Klima der Algarve heran, dementsprechend beginnt bereits Anfang August die Lese der Trauben.

Kulinarische Schätze

Die Algarve bringt einen so richtig auf den Geschmack und zergeht auf der Zunge, zumindest, wenn man gerade im Restaurant ein Stück butterweichen Fisch oder eine Portion Herzmuscheln genießt. Trotz zurückgegangener Fanggründe deckt noch immer das Meer entscheidend den Tisch.

Fische und Schalentiere sind unverzichtbare Bestandteile der Algarve-Küche. Besucher können davon profitieren. Was gibt es für Fischliebhaber Schöneres als mit Meerblick Fangfrisches zu probieren – gegrillt oder aus dem Ofen. Oft tischen einfache Restaurants eine solche Qualität auf, dass man glatt drei Sterne für höchste Kochkünste vergeben möchte. Beliebt für die Zubereitung ist der Kupfertopf (»cataplana«) mit verschließbarem Deckel, in dem wunderbar sanft Fisch, Krustentiere, Fleisch und/oder Wurststücke mit Gemüse, Zwiebeln oder Kartoffeln garen.

Seafood von A bis Z

Klassiker auf den Speisekarten sind gegrillte Sardinen (»sardinhas assadas «oder »sardinhas gre-

So einfach, so gut! Im Sommer haben an der Algarve »sardinhas assadas« – Sardinen vom Grill – Hochkonjunktur.

Lassen Sie sich nicht von ihrem Äußeren abschrecken: Die zu den Krebstieren gehörenden Entenmuscheln sind keine Schönheiten, aber ungemein köstlich!

Gegrillten Fisch bekommen Sie in fast jedem Restaurant der Region.

hadas«). Auch Makrele (»carapau«) und den in ganz Portugal verbreiteten Stockfisch (getrockneter Kabeljau, »bacalhau«) gibt es. Fischliebhaber mit Ansprüchen bestellen gern Schellfisch (»pescada«), Goldbrasse (»dourada«), Thunfisch (»atum«), Seebarsch (»robalo«), Seezunge (»linguado«), Meerbarbe (»salmonete«) und Schwertfisch (»peixe espardarte«). Mayonnaise, Butter und Zitrone gehören zu Schwertfischsteaks ebenso wie zum gegrillten Thunfisch. Ansonsten kann es vielleicht etwas zu trocken zugehen. Seeteufel (»tamboril«) wird gern mariniert (Zitronensaft, Olivenöl, Salz, Petersilie, Pfeffer), bevor er zusammen mit Zwiebeln, Speck und Paprika auf den Grillspieß wandert. Großer Beliebtheit erfreut sich auch der Seeteufel-Reis (»arroz de tamboril«), der in Restaurants allerdings meistens nur ab zwei Personen serviert wird.

Zu den Krustentieren zählen kleine Herzmuscheln (»amêijoas«), die mit Olivenöl, Knoblauch, Koriander und mitunter einem Schluck Weißwein gekocht werden. Für den erlesenen Geschmack bestimmt sind Entenmuscheln (»percebes«), die von Profisammlern bei extrem arbeitsaufwendigen und gefährlichen Manövern an den Steilküsten geerntet werden, was ihren hohen Preis erklärt.

Für den einen sind Entenmuscheln eine Delikatesse, für den anderen eben Geschmackssache, was ebenso für die kleinen Tintenfische (»lulas«) und Krake bzw. Oktopus (»polvo«) gilt. Beliebt ist Krake mit gekochten Kartoffeln (»polvo à lagareiro«). Dem Tintenfisch aus der Grillpfanne gibt man am Ende den letzten Pfiff, indem man ihn ein wenig in Weißwein schmort. Alternativ bekommen Tintenfische eine Füllung, die aus den eigenen, klein geschnittenen Fangarmen sowie Zwiebel- und Möhrenstückchen bestehen kann.

Für Fleischhungrige

Aus der nördlichen Nachbarregion Alentejo stammt ein köstliches Schweinefleischgericht mit Herzmuscheln (»carne de porco à alentejana«), das man auch an der Algarve probieren kann. Beliebt sind auch gegrillte Lammkoteletts (»costeletas de borrego grelhadas«), mit Minzsauce! Eine verlässliche Wahl ist ein Steak (»bife«), preisgünstiger das Grillhähnchen (»frango assado«), das die Einheimischen gern mit scharfer Piripiri-Sauce essen. Besonders bekannt dafür ist der Inlandsort Guia.

Mittelmeer-Diät am Atlantik

Die Bewohner der Atlantikregion Algarve essen tendenziell eher Mittelmeerküche. Sie beherzigen die ausgewogene Ernährungsweise der sogenannten »dieta mediterrânica«, die dazu beiträgt, Herz-Kreislauf-Erkrankungen zu verhindern. Bei der »Mittelmeer-Diät« gelten zehn Gebote:

❶ Olivenöl ist beim Braten, Kochen und in Salatsoßen die Hauptfettquelle.
❷ Essen Sie reichlich Obst, Gemüse und Trockenfrüchte; die Verwendung von Knoblauch ist ebenfalls wichtig.
❸ Verzichten Sie keinesfalls auf Brot und Cerealien.
❹ Geben Sie saisonalen, möglichst wenig behandelten Früchten den Vorzug.
❺ Binden Sie Milchprodukte wie Joghurt und Käse in den Ernährungsplan ein.
❻ Essen Sie rotes Fleisch und Eier nur in geringen Maßen.
❼ Gönnen Sie sich reichlich Fisch.
❽ Essen Sie Süßes nur zu besonderen Anlässen, und machen Sie Obst zu Ihrem Standardnachtisch.
❾ Wasser ist Ihr häufigstes Getränk, aber ein Gläschen Rotwein zum Essen durchaus erlaubt.
❿ Jeden Tag ein wenig Bewegung ist so wichtig wie ausgewogenes Essen.

Azulejos

Azulejos sind die für Portugal so typischen Keramikfliesen. Sie schmücken ganze Hausfassaden und Innenhöfe, Kirchenwände und Ruhebänke. Ebenso können sie als Tür- und Fensterumrahmungen fungieren. Auch für Urlauber an der Algarve sind Azulejos dekorative Dauerbegleiter.

Auswärtige Betrachter wundern sich über Bilderwände und Farbkompositonen aus Azulejos, die den Portugiesen schon seit ihrer Kindheit vertraut sind. Wer die Algarve mit den Augen des Gastes durchreist, wird begeistert sein von der Kachelvielfalt und ihrer Strahlkraft in Blau, Weiß, Gelb und vielerlei Nuancen mehr. Das werden Sie in Faro sehen, in Tavira, Vila Real de Santo António, Alvor und selbst in dem winzigen Alferce in der Serra de Monchique. Einfach überall und immer wieder. Es ist keine Übertreibung zu sagen, dass die Orte und Städte der Algarve einem Freilichtmuseum der Azulejos-Kunst gleichen. Wobei auch Innenräume ausgekleidet sind, besonders Gotteshäuser, allen voran die Igreja de São Lourenço dos Matos (S. 86) am Ortsrand von Almancil.

Auch das Stadtwappen von Faro begegnet aufmerksamen Besuchern als Azulejomotiv.

Dekor mit viel Geschichte

Urheber der Azulejos waren die Mauren mit dem, was sie »kleinen, glatten, polierten Stein« nannten – »al-zuleique«. Nach der Rückeroberung der Iberischen Halbinsel aus muslimischer Hand blieben die dekorativen Fliesen, die geschmackvoll Böden und Wände zierten, nicht nur haften, sondern erfreuten

Detailaufnahme aus der Igrja de Sao Lauren-
co: Szenen aus Altem und Neuem Testament
sind häufig Gegenstand von Azulejos-Bildern.

sich einer stetigen Weiterentwicklung. Bevor die Produktion der Azulejos im eigenen Land begann, gab Portugals König Manuel I. – Namensgeber der Manuelinik, eines prunkvollen Architekturstils – Großbestellungen im spanischen Sevilla auf. Auch spätere Herrscher und Kirchenfürsten fanden Geschmack an den Kacheln. Was für Royals und Gottes Stellvertreter auf Erden gut war, färbte umso stärker auf die gesellschaftlichen Niederungen ab. Überall schmückten die Menschen bald Fassaden und Treppenaufgänge, Gartenanlagen, Brunnen und Terrassen mit Azulejos. Wie in keinem anderen europäischen Land wurden die Azulejos in Portugal übernommen und verbrei-

Azulejos, die Reliefffliesen maurischen Ursprungs, erlebten im portugiesischen Barock ihre Blütezeit als prunkvolle Dekoration an Kirchenwänden, sind aber in Tavira und anderswo auch ein beliebtes Schmuckelement für Häuserfassaden.

TOP Drei: Kirchen mit Azulejos

Schöne Auskleidungen mit Azulejos finden Sie vielfach in Gotteshäusern, z. B. in der Sé (Kathedrale) in Faro (S. 90) und in der Igreja de Santo António in Lagos (S. 126). Ganz oben auf der Rangliste der besonders aufwendig gestalteten Kirchen und Kapellen stehen jedoch folgende:

- Igreja de São Lourenço dos Matos am Rand von Almancil (S. 86)
- Ermida Nossa Senhora da Conceição im historischen Zentrum von Loulé (S. 104)
- Igreja da Misericórdia in der Altstadt von Tavira (S. 55)

teten sich. Einzig in Spaniens Süden gibt es vergleichbare Dekors.

Vom Glaubensbekenntnis bis zum praktischen Zweck

Die Vielfalt der Motive ist enorm. Werbetafeln für Geschäfte, Cafés und Restaurants können in Form von Keramikmotiven gestaltet sein, ebenso Straßenschilder und Stadtwappen. Auch geometrische und florale Muster tauchen auf. Wandumspannende Großformate zeigen Heiligen-, Brauchtums- und Geschichtsszenen. Die Farben sind dabei nie bunt durcheinander gewürfelt, sondern stets harmonisch aufeinander abgestimmt.

Die farbigen Fliesen sind ein Schmuckelement, aber ihre Bedeutung reicht über die Dekoration hinaus. Platzieren Hausbesitzer ein kleines Azulejos-Bildnis von Christus oder der hl. Maria an ihrer Fassade, so ist dies als Glaubenskenntnis zu verstehen, verbunden mit dem Wunsch, dem Gebäude symbolischen Schutz zu verleihen. Auch ein Bildnis der hl. Barbara, der Patronin gegen Gewitter und Feuergefahren, kann sicher nicht schaden. Werden komplette Fassaden mit Azulejos belegt, hat dies über die Verschönerung hinaus praktische Zwecke. Azulejos strahlen wohlige Kühle ab, außerdem wird das mit Azulejos geflieste Gemäuer besser gegen Feuchtigkeit geschützt. Ebenso dämpfen die Überzüge aus Fliesen den Lärm von der Straße.

Open-Air-Kunst und Mitbringsel

Eine Reise durch die Algarve ist gleichzeitig immer eine Reise durch die Welt der Azulejos, ein Kunsterlebnis zum Nulltarif und für Fotografiebegeisterte ein garantierter Füller von Speicherkarten. Azulejos sind auch nette Souvenirs, handlich und einfach zu transportieren, leicht anzubringen und wetterbeständig.

Sturmfest: Überlebenskünstler an der Costa Vicentina

Flora und Fauna

Die Natur an der Algarve stimuliert alle Sinne. Sie können regelrecht riechen und schmecken, was alles an Aromen von Kräutern und vielerlei mehr in der Luft liegt. Derweil fährt der Wind durch Eukalyptus, Mimosen, Schirmpinien. Störche nisten auf den Dächern, Flamingos und Reiher stelzen umher.

Bald nach der Ankunft stellt sich dieses herrliche Gefühl ein: Flora und Fauna geben dem Süden Portugals einen fast schon exotischen Anstrich! Selbst Wiederholungstäter begeistern sich immer wieder aufs Neue für die mediterrane Vegetation und treffen beim Durchstreifen der Landschaft auf Opuntien, Agaven, Mimosen und Wacholder, Lavendel, Strand-Grasnelken, Zwergpalmen und Oleander. Was die Fauna angeht, bekommen Urlauber beim Birdwatching und unter Wasser die spektakulärsten Vertreter der Tierwelt zu sehen.

Orangen und Mandeln, Palmen und Zistrosen

In wirtschaftlich größerem Rahmen nutzen die »Algarvios« die Orangen- und Mandelbäume und im

Top-Spots für Vogelbeobachter

Bringen Sie ein Fernglas und eine Kamera mit gutem Zoom- oder Teleobjektiv mit! Hier werden sie gebraucht:

- im Parque Natural da Ria Formosa (S. 97) bei Faro und Olhão
- an der Ria de Alvor bei Alvor (S. 140)
- in den Salinengebieten und der Reserva Natural do Sapal (S. 66) bei Castro Marim
- im Parque Natural do Sudoeste Alentejano e da Costa Vicentina (S. 150) an der Costa Vicentina

Hinterland die Korkeichen. Außerdem gedeihen Johannisbrot-, Oliven- und Granatapfelbäume, Feigen, Zitronen, Mandarinen, Mispeln, im Gebirge auch Steineichen und die Erdbeerbäume mit ihren hellroten Früchten. Der herrlich duftende Eukalyptus ist Naturexperten ein Dorn im Auge, da er rasend schnell wächst und den Boden allzu stark auslaugt. Auch Mittagsblumen zählen zu den Schädlingen. Hibiskussträucher und Palmen werden zur Zierde angepflanzt, während weitläufige Gebiete an der Costa Vicentina (S. 149) mit natürlich gewachsenen Zistrosen überzogen sind, die zwischen März und Mai blühen. Ansonsten sind hier Macchiagewächse und Büsche charakteristisch, halten Winde die Vegetation recht niedrig und drücken die Pflanzen regelrecht zu Boden. Das Frühjahr ist die beste Zeit, um das gesamte Pflanzen-Patchwork in bester Blüte zu sehen.

Im Reich der Flamingos

Für Vogelbeobachter ist die Algarve ein Eldorado – es sind einige Hundert Vogelarten dokumentiert. Besonders schön zu beobachten sind rosa Flamingos, die unnachahmlich grazil durch Feuchtgebiete stelzen und mit ihren Seihschnäbeln das Wasser durchkämmen. Ihre Leibspeise sind die winzig kleinen Salinenkrebse. Flamingos sind an der Algarve nicht nur temporäre Gäste, die im Spätfrühling und Frühsommer zu ihren Brutgebieten in Südspanien und Südfrankreich aufbrechen und während des Sommers nicht präsent sind, sondern manche bleiben mittlerweile ganzjährig. Wenn sie sich schwerfällig erheben und zu kleinen Formationen aufsteigen, wird es für Fotografen spektakulär.

Störche, Reiher und Adler

Selbst in Städten wie Faro, Olhão und Portimão sieht man die von Weißstörchen gebauten Nester, die einen Zentner und mehr auf die Waage bringen können. Die Nähe zu den Menschen und der Straßenlärm scheint die stolzen Vögeln nicht zu stören. Verschiedene Möwenarten gibt es an der Küste überall reichlich zu sehen. Etwas mehr Glück und Ausdauer braucht man, um Silberreiher, Seidenreiher, Eisvögel, Purpurhühner, Löffler und die zur Familie der Kormorane gehörenden Krähenscharben zu beobachten. Außerdem kommen vor: Großer Brachvogel, Rotschenkel, Stelzenläufer, Austernfischer, Säbelschnäbler, Seeregenpfeifer, Sichelstrandläufer und Brandseeschwalben. Rar machen sich Fischadler, Wanderfalken und Habichtsadler. Für sie alle bereitet der Atlantik mit seinem immensen Tidenhub einen reich gedeckten Tisch. Setzt die Ebbe ein, bleiben vielerlei Kleintiere im Schlick zurück und sind vor keinem Vogelschnabel sicher.

Augen auf!

Wer beispielsweise ab Lagos (S. 126) bei einer Tour aufs Meer hinausfährt, hat gute Chancen, Delfine zu sichten – Große Tümmler, Streifendelfine, Fleckendelfine oder die Gewöhnlichen Delfine. Auf Tauchgängen werden Sie vielleicht Bekanntschaft mit Tintenfischen, Seeaalen und Seesternen machen.

An Land dürften Sie die für den Parque Natural do Sudoeste Alentejano e da Costa Vicentina dokumentierten Füchse und Pardelluchse nur mit viel Glück zu Gesicht bekommen. Seltenheitswert im Parque Natural da Ria Formosa haben Fischotter und Chamäleons. Versteckt halten sich hier auch die mit zwei Arten vertretenen Seepferdchen. Es gibt jedoch Tourveranstalter, die ihre Gäste möglichst behutsam an die Winzlinge heranbringen: mit Schnorchelmasken. Die Seepferdchenkolonie im Parque Natural da Ria Formosa gilt als eine der größten in Europa.

Flamingos bevölkern die Salinenlandschaft rund um Olhão.

Atemberaubende Panoramen wie hier am Torre de Aspa sind Lohn der Mühen.

Wandern auf der Rota Vicentina

Wer es rau und wildromantisch liebt, wer spektakuläre Ausblicke über die Klippen mag und gleichermaßen ein Stück Hinterland kennenlernen will, geht im Westen den Fernwanderweg Rota Vicentina an. Oder zumindest ein Teilstück. Dazu müssen Sie allerdings gut in Form sein: Der Weg ist kein Selbstläufer!

Der Wind schneidet ins Gesicht, aus der Tiefe unter den Klippen trägt der Atlantik sein Grollen heran. Stürme haben die Vegetation regelrecht niedergedrückt, dominant ist das Buschwerk. In der Luft vermischt sich der Duft der Zistrosen mit dem Salz des Meers. In den Genuss von derlei Sinneseindrücken kommen Sie auf der Rota Vicentina, die weiter nordwärts aus dem Inland von Santiago do Cacém und Odeceixe Etappe für Etappe gen Süden auf das sagenumwobene Cabo de São Vicente (S. 121) zuläuft. Die Rota Vicentina setzt sich aus

Homepage, Unterkünfte, Wanderguide

Auf der offiziellen Rota-Vicentina-Homepage (http://de.rotavicentina.com; auch auf Deutsch) finden Sie Etappenprofile mit der Angabe von Höhendifferenzen, Schwierigkeitsgrad und voraussichtlicher Wanderdauer. Die Karten auf der Webseite führen Unterkünfte auf.

Buchen Sie Ihre Unterkünfte im Voraus (sofern Sie sicher sind, Ihr Ziele auch rechtzeitig zu erreichen). In Carrapateira zu empfehlen sind die Pensão das Dunas (Rua da Padaria 9, Tel. 282 97 31 18 und 925 59 39 55, www.pensao-das-dunas.pt; März-Okt. Mindestaufenthalt zwei Nächte) und die Casa Fajara (CX 121P Vale de Carrapateira, Bordeira, Tel. 282 97 31 34, www.casafajara.com), in Vila do Bispo das Hotel Mira Sagres (Rua 1° de Maio 3, Tel. 282 63 91 60 und 925 40 80 80, www.hotelmirasagres.com).

Obwohl die Rota Vicentina gut in Eigenregie machbar ist, können Sie auch einen einheimischen Wanderguide engagieren und sich vielleicht auf nur eine Tagestour beschränken. Der beste Führer weit und breit, der auch gut Englisch spricht und die Fischerweg-Variante der Rota Vicentina wie kaum ein Zweiter kennt, heißt Nicolau da Costa (Atalaia Walking, Handy 967 93 22 06, www.atalaia-walking.com).

zwei gut gepflegten Basiswegen zusammen, dem Caminho Histórico (Historischer Weg, rot-weiße Markierung) und dem Trilho dos Pescadores (Fischerweg, blau-grüne Markierung). Beide Varianten ergänzen sich und bringen es zusammen mit diversen Abstechern auf kleineren Rundwegen auf eine Gesamtlänge von 450 km.

Der Weg zum Kap

Nur die wenigsten werden so viel Zeit haben, um die Rota Vicentina komplett zu absolvieren, ganz abgesehen davon, dass Teilstrecken weit über den geografischen Rand dieses Buchs hinausreichen und durch den Alentejo führen. Empfehlenswert für gut trainierte Wanderer ist eine Mehrtagestour durch das Gebiet der Costa Vicentina und den Parque Natural do Sudoeste Alentejano e da Costa Vicentina. Veranschlagen Sie dafür vier Tage.

Ausgangspunkt ist das Städtchen Aljezur (S. 158). Von dort geht es auf dem Historischen Weg durchs

Inland an die Küste von Arrifana (12 km) und von Arrifana nach Carrapateira (24 km), wo es Übernachtungsmöglichkeiten gibt. Nach einer solch strapaziösen Tagesetappe lassen Sie es ruhiger angehen. Bleiben Sie in Carrapateira (S. 162) und beschränken Sie den Folgetag auf eine 10 km lange Rundwanderung auf dem Circuito Pontal de Carrapateira zu Klippen und Stränden. Am nächsten Tag setzen Sie die Wanderung auf dem Historischen Weg von Carrapateira nach Vila do Bispo fort (22 km), wo Sie wiederum für zwei Nächte Quartier nehmen. Ab Vila do Bispo (S. 172) sind es in einer Kombination aus Historischem Weg und Fischerweg noch 13 km bis zum Cabo de São Vicente (S. 121). Da es am südwestlichsten Punkt des europäischen Festlands keine Übernachtungsmöglichkeit gibt, wandern Sie nach Vila do Bispo zurück bzw. organisieren sich für den Rückweg ein Taxi (S. 191). Belohnt werden Sie unterwegs mit unvergesslichen Impressionen einer rauen, oft menschenleeren und wunderschönen Klippenlandschaft.

Helfen Sie mit, die Flora zu bewahren, und bleiben Sie auf den ausgewiesenen Wegen!

Die Lagunenlandschaft der Ria Formosa mit ihren kilometerlangen Sandstränden sind das touristische Aushängeschild der östlichen Algarve.

Ostalgarve

Wasser ist das Leitmotiv – ob an den Stränden, in den Kanallandschaften des Naturparks Ria Formosa oder entlang des Rio Guadiana.

Seite 44–73

Erste Orientierung

Der Ostteil von Portugals südlicher Sonnenregion wird als Sotavento bezeichnet – was wörtlich »windabgewandt« bedeutet. Deutschsprachige Urlauber kennen den Küstenabschnitt mit seinen beeindruckenden, nahtlos ineinander verlaufenden Sandstränden aber auch schlicht als Sandalgarve.

Zugegeben, manche Betonsilhouetten werfen sich hier und dort als Fremdkörper hinter wunderbaren den Stränden auf, vor allem in Monte Gordo. Dann aber wieder geht es einsam und unverfälscht zu, so wie in den nahen Pinienwäldern, wo es herrlich duftet, und in weiten Teilen einer bereits zum Parque Natural da Ria Formosa (S. 97) gehörenden Insel, der Ilha de Tavira.

Kleine Städtchen und viel Strand

Auf der Ilha de Tavira erstreckt sich der Strand in die scheinbar endlose Weite, Familien mit Kindern werden ihre Freude beim Muschelschalensammeln haben. Klassisches Sprungbrett auf die Insel ist Tavira, die attraktivste und facettenreichste Stadt der Region. Dafür sorgen Einkehradressen und besondere Kulturziele. Eine der Altstadtkirchen, die Igreja da Misericórdia, ist wunderbar mit Azulejos ausgekleidet.

Den äußersten Osten und gleichzeitig die Grenze zu Spanien steckt der Rio Guadiana ab, der am Burgort Alcoutim, dem kleinen Naturschutzgebiet der Reserva Natural do Sapal und dem quirligen, zum Shoppen geeigneten Vila Real de Santo António vorbeiströmt. Eine Flusstour auf dem Rio Guadiana hat ihren Reiz; Startpunkt ist Vila Real de Santo António.

Kleine Perlen der Ostalgarve sind das Dorf Cacela Velha und die Salinen um Castro Marim, wo Flamingos und andere Vögel ihre Lebensräume gefunden haben. Für Abwechslung ist überall gesorgt!

TOP 10

7 ★★ Tavira

8 ★★ Rio Guadiana

Nicht verpassen!

11 Alcoutim

12 Castro Marim

13 Vila Real de Santo António

Nach Lust und Laune!

14 Reserva Natural do Sapal

15 Monte Gordo

16 Manta Rota

17 Cacela Velha

18 Cabanas de Tavira

19 Santa Luzia

20 Ilha de Tavira

Mein Tag in alten Städtchen

Lebendige Szenen auf blau-weißen Fliesen, trutzige Burgen, stolze Kirchen und alte Gassen – nahe der Wasserwelten an der östlichen Algarve laden Städtchen und Dörfer zu einem kulturellen Kontrastprogramm ein. Und zwischendurch lässt es sich im Salzbad entspannen und auch bisschen shoppen. Unerlässlich für die Mobilität ist ein fahrbarer Untersatz.

9.30 Uhr: Unterwegs in Tavira

7 ★★ Tavira ist erwacht. Starten Sie im Morgenlicht mit den Flussufern des träge dahinfließenden Rio Gilão, über den sich die alte Römerbrücke spannt. Verlieren Sie sich dann in der hügelwärts aufsteigenden Altstadt und rasch wird Ihnen klar, warum Tavira »Stadt der Kirchen« genannt wird. Die Igreja da Misericórdia ist ein Paradebeispiel für die Auskleidung der Gotteshäuser mit vergoldetem Holzschnitzwerk und strahlenden Azulejos, die sich hier zu figürlichen Szenen um christliche Barmherzigkeit zusammensetzen. 43 Stufen führen hinauf auf den Glockenturm, von dem ihnen das Meer der Ziegeldächer zu Füßen liegt.

Nächste Station ist das frei zugängliche Kastell mit dem pflanzenreichen Burghof. Noch höher ragt die nächste Kirche, die Igreja de Santa Maria do Castelo, aus der Altstadt. Der Turmaufstieg gibt die Aussicht bis zur Kanallandschaft der 24 Ria Formosa und das offene Meer frei. Das Innere der kalkweißen Kirche zeichnet sich durch überbordend ausdekorierte Kapellen aus.

Kehren Sie zurück in die Niederungen Taviras – aber nicht ohne in der Gasse Calçada da Galeria in der

15 Uhr: Entdecken und relaxen

17 Uhr: Schachbrettmusterstadt am Guadiana

9.30 Uhr: Unterwegs in Tavira

13.30 Uhr: Dorfjuwel mit Panorama-Spots

Kleiner Schwatz in den Gässchen von Tavira (links oben). Azulejos in der Igreja da Misericórdia von Tavira (links unten). Blaue und weiße Kontraste im idyllischen Dorf Cacela Velha (oben).

Casa do Artesão (S. 72) nach stilvollen Mitbringseln zu stöbern. Suchen Sie sich danach rund ums Flussufer ein Plätzchen für die Mittagsrast aus und genießen Sie hierbei Taviras begeisterndes Flair.

13.30 Uhr: Dorfjuwel mit Panorama-Spots

Kurs Nordost bringt Sie die Fahrt ins Algarve-Bilderbuchdorf 17 Cacela Velha. Schlendern Sie durch die Gassen bis zu den Aussichtspunkten hinter der Kirche. Hier haben Sie Teile des Naturparks Ria Formosa fantastisch im Blick. Und wenn Sie den Gedanken an Grabstätten als Besuchsziele nicht gruselig finden – der Dorffriedhof ist typisch für Portugal. Im Tod sind alle gleich, manche jedoch gleicher …

15 Uhr: Entdecken und relaxen

Die Salinen von 12 Castro Marim sind ein bedeutsamer Wirtschaftsfaktor – und das »weiße Gold« beschert Ihnen bei Água Mãe ein besonderes Erlebnis. Bei einem Besuch erfahren Sie mehr zur Salzgewinnung. Und beim Bad im Spa Salino (Salz-Spa) können Sie relaxen und wellnessen zugleich.

17 Uhr: Schachbrettmusterstadt am Guadiana

Größte Besonderheit im Herzen von 13 Vila Real de Santo António ist die im Schachbrettmuster erhaltene Stadtanlage aus dem 18. Jahrhundert. Da fällt die Orientierung leichter als die Auswahl beim Shoppen. Das Städtchen unweit der spa-

Vila Real de Santo António an der Mündung des Rio Guadiana hat nicht nur einen schönen Hafen (rechts oben), sondern bietet auch viele Shopping-Möglichkeiten (rechts unten).

nischen Grenze fährt eine riesige Auswahl an Geschäften auf; beliebt sind allerlei Produkte mit dem für Portugal so typischen Hahn von Barcelos. Urbaner Dreh- und Angelpunkt ist die Praça Marquês de Pombal. Was könnte schöner sein, als die entspannte Stimmung bei einem Drink zu tanken.

19 Uhr: Dinner und Flussuferbummel

Wenn die Hitze des Tages allmählich schwindet, wird es Zeit fürs Abendessen. Hierzu empfiehlt sich das Sem Espinhas mit breiter Palette an Fisch und Meeresfrüchten. Für einen kleinen Verdauungsspaziergang bietet sich schließlich die Flusspromenade am Rio Guadiana (S. 58) an.

i

Länge: ca. 35 km

Água Mãe/Spa Salino
210 C2 Salina Barquinha, EN 122
965 40 48 88 www.aguamae.pt
tägl. 9–20 Uhr 6 €,
Salzbad 6 €

❼ ★★ Tavira

Was?	Die Stadt der Kirchen und Uferpromenaden, der stillen Altstadtgassen und kleinen Entdeckungen
Warum?	Tavira – obgleich nicht am Meer gelegen, sondern an den Ufern von Rio Séqua bzw. Rio Gilão – setzt historische und stimmungsvolle Glanzpunkte.
Wann?	Der noch kühle Vormittag eignet sich für Besichtigungen, der Abend für eine Rück- und intensivere Einkehr – dann liegt die kleine Altstadt eingetaucht in orangefarbenes Licht da.
Wie lange?	Ein halber Tag fürs Sightseeing, ansonsten gerne auch länger
Resümee	Schönheit im Verborgenen!

Fixpunkt beim Bummel durch das 13 000 Einwohner zählende Städtchen ist die Praça da República. Geschichtsträchtiger Blickfang ist hier der gedrungen wirkende Ponte Romana, die sogenannte Römerbrücke, die sich in niedrigen Bögen über den Rio Gilão spannt. Den Strömen der Fußgänger vorbehalten, ist sie zugleich ein guter Aussichtspunkt. Auf der anderen Seite der Brücke liegt rund um die Rua Dr. Antonio Cabreira, die Rua 5 de Outobro und die Praça Dr. Padinha eine nette Ausgeh- und Restaurantzone – eine gute Anlaufstelle für eine spätere Einkehr am Abend. Dann erstrahlen auch die Brückenlaternen in einem herrlich warmen Licht. Und wenn man auf die sich im Wasser spiegelnden Lichter blickt, mag man über den etwas befremdlichen Umstand sinnieren, dass der Fluss auf Höhe der Brücke seinen Namen von Rio Séqua in Rio Gilão ändert.

Wohlhabend und bevölkerungsreich

Entlang des Flusses künden stolze Häuser aus alter Zeit von Tagen, als Tavira eine richtig prosperierende Stadt war. Während der islamischen Herrschaft im Mittelalter hatte sie samt ihrer Burg und ihrem Hafen bereits strategische Bedeutung, im 16. Jh. stieg sie zur bevölkerungsreichsten Stadt der Algarve auf und mehrte ihr Ansehen.

Der Wohlstand brachte im Laufe der Zeiten Herrenhäuser mit Walmdächern und reichen Dekors sowie zahlreiche

Auch am Abend ein guter Startpunkt für einen Streifzug durch Tavira ist die Praça da República, deren lebhaftes Treiben man am besten von den Stufen der Ponte Romana überblickt.

Kirchbauten hervor, die noch heute das Stadtbild prägen und Tavira zu einem architektonischen Freilichtmuseum machen. Insbesondere die Fassadenverkleidungen mit Azulejos sind ein Blickfang. Taviras Stern begann vorübergehend zu sinken, nachdem eine Pestkatastrophe die Stadt heimgesucht hatte, der Hafen zunehmend versandete und das Erdbeben an Allerheiligen 1755 das ganze Land erschüttert hatte. Einen neuerlichen Aufschwung initiierten der Tunfischfang, die Fischkonservenindustrie und den Fremdenverkehr. Tavira hat dank der zum Parque Natural da Ria Formosa (S. 97) gehörenden Wasserstraßen gute Verbindungen zur Ilha de Tavira (S. 68) und ihren schönen Stränden.

Wer sich ein wenig in die jahrhundertelange Ära der Mauren vertiefen will, besucht an der Praça da República das kleine Islamische Museum, den Nucleo Museológico Islâmico. Zu den Ausstellungsstücken in den Vitrinen zählen diverse Krüge und Henkelgefäße, Fragmente bemalter Keramik und ein besonders ausgefeiltes archäologisches Fundstück aus dem Mittelalter, der sogenannte Vaso de Tavira. Aus islamischer Ära soll sich im Übrigen auch der Stadtname ableiten: Tabara, später abgewandelt in Tabira und schließlich Tavira, bedeutete so etwas wie »versteckt« oder »verborgen«.

Der portugiesische Blues

Fado geht unter die Haut – auch wenn Sie kein einziges Wort verstehen. Die Musik kündet vom Weltschmerz eines ganzen Volkes, transportiert durch einen herzerweichenden Gesang, der meist nur durch ein oder zwei Gitarren begleitet wird. In der Altstadt von Tavira, bei der Kirche Misericórdia, unterhält die lokale Kulturvereinigung Fado com História (S. 73) ein Sälchen, wo gewöhnlich dreimal pro Tag kurze Fado-Konzerte veranstaltet werden. Die Atmosphäre ist intim, die Qualität hoch, das Publikum von den engagierten Auftritten sichtlich berührt.

Streifzug durch die Altstadt

Streifen Sie ab der Praça da República ein wenig an den Flussufern und Grünanlagen entlang bis zur früheren, vom Ende des 19. Jh.s datierenden Markthalle, dem Mercado da Ribeira. Bänke rund um den alten Musikpavillon laden zu einer Rast unter Palmen ein. Danach wenden Sie sich dem Altstadthügel und der Igreja da Misericórdia (16. Jh.) zu, einem wahren Prunkbau unter den über 20 erhaltenen Kirchen Taviras.

Spezialisten rühmen das Gotteshaus zu Recht als eines der schönsten Renaissancebauwerke der Algarve. Die verzierte Fassade wird von der Marienfigur der Nossa Senhora da Misericórdia gekrönt. Im Kircheninneren sind die unteren Bereiche mit Azulejos verziert: Die szenischen Bilder thematisieren die christliche Barmherzigkeit. Ebenso prägnant ist der vergoldete Altaraufsatz aus Holz, ein typisches Beispiel für die portugiesische Talha-dourada-Technik. Nicht versäumen sollten Sie den Aufstieg auf den Glockenturm. Integriert in den Kirchenkomplex ist schließlich ein kleines Museum, dessen sakrale Kunst eher etwas für Liebhaber dieses Genres ist.

Die für Portugal so typische Kunst der Azulejos lässt sich in Tavira am besten in der Igreja da Misericórdia studieren.

Historisches Flair

Wenn Sie etwas weiter in das historische Viertel hinaufgehen, kommen Sie zum Palácio da Galeria, einem museal aufbereiteten Barockpalast, dessen Eingangsbereich unter Glasplatten Spuren phönizischer Besiedlung und der Verehrung der Gottheit Baal bewahrt. Die Bereiche der immer wieder wechselnden Ausstellung des Museu Municipal (Stadtmuseum) sind allerdings etwas mager.

Eine Altstadtstufe höher erreichen Sie das Castelo, die kleine, zinnengekrönte Burganlage aus dem Mittelalter. Zur Burg gehört ein gepflegter Botanischer Garten en miniature, in dem Bougainvilleen, Hibisken und andere Pflanzenarten gedeihen – ein echtes Kleinod! Allein dieser Hofgarten lohnt den Besuch der täglich geöffneten und frei zugänglichen Burg. Zudem bietet er einen wunderschönen Ausblick über Ziegeldächer und Kamine.

Eine weitere sehenswerte Kirche gegenüber der Burg ist die Igreja de Santa Maria do Castelo (manchmal nur: Igreja de Santa Maria), die im Stil der Gotik wahrscheinlich über der vormaligen Hauptmoschee erbaut wurde. Innen wandert der Blick über beachtliche weiße Bögen, Azulejos, Ölgemälde und den Hochaltar mit der gekrönten Jungfrau Maria. Die Kirche ist die Begräbnisstätte von Paio Peres Correia (1205 bis 1275), einem Großmeister des Santiago-Ordens, sowie der ebenfalls jenem Kriegerorden angehörenden »Sieben Ritter«, die im Kampf gegen die Mauren ihr Leben gelassen haben sollen. Die elektrischen Kerzenkästen dürfen als deplatziert empfunden werden. Besondere Beachtung verdienen hingegen die Kapellen und Hochaltäre, u. a für den hl. Bartholomäus (Bartolomeu), die Seelen (Almas) und Jesus (als Senhor dos Passos bei der Passion). Angeschlossen ist der Kirche ein winziges Museu de Arte Sacra (Museum

Schon in römischer Zeit befand sich in Tavira eine Straßenbrücke – die heutige Ponte Romana stammt aus dem 17. Jahrhundert.

Kleine Fischerboote säumen den alten Hafen am Rio Gilão.

für sakrale Kunst), außerdem lohnt der Aufstieg auf den Glockenturm bis unter die drei Glocken, von wo sich eine schöne Aussicht bis zum Meer bietet.

Der Uhrturm der Kirche prägt ebenso das Stadtbild wie der einstige Wasserturm, bekannt als Torre de Tavira und Sitz einer Camera Obscura. Über einen Spiegel und zwei Linsen auf dem Dach werden Livebilder von Tavira in einen dunklen Raum auf eine Projektionsfläche geworfen. Das sind ungewöhnliche Ansichten, die bis zu den Salinen vor den Toren der Stadt reichen. Im oberen Teil der Altstadt liegen weiterhin das aus einem Kloster hervorgegangene Pousada-Hotel und die Igreja de Santiago, ein reich ausstaffiertes, einschiffiges und gleichwohl erstaunlich großes Gotteshaus aus dem 17. Jahrhundert.

KLEINE PAUSE

Für die Rast zwischendurch empfehlen sich die Cafés und Restaurants an Taviras zentraler **Praça da República.**

---

i

210 A1 Posto de Turismo, Praça da República 5 ☎ 281 32 25 11 www.cm-tavira.pt Di–Do 9.30–19, Fr–Mo 10–13, 15–19 Uhr Rua dos Pelames (http://eva-bus.com); Verbindungen u. a. nach Faro, Lissabon, Olhão, Vila Real de Santo António Largo de Santo Amaro (www.cp.pt); Verbindungen u. a. nach Faro, Lagos, Lissabon, Vila Real de Santo António

Nucleo Museológico Islâmico
Praça da República http://museumunicipaldetavira.cm-tavira.pt Sommer Di–Sa 10–12.30 & 15–18.30, restliches Jahr Di–Sa 10–12.30 & 14–17.30 Uhr 2 €, Kombiticket mit dem Palácio da Galeria 3 €

Igreja da Misericórdia
Largo da Misericórdia (Eintritt einige Meter die Gasse bergauf) Mo 9–12 & 14–17, Di–Sa 9–12.30 & 14–17.30 Uhr Kombiticket mit der Igreja de Santa Maria do Castelo (s. u.) und den Glockentürmen beider Kirchen 4 €

Palácio da Galeria/Museu Municipal
Calçada da Galeria http://museumunicipaldetavira.cm-tavira.pt Sommer Di–Sa 9.30–12.30 & 15–18.30 Uhr, restliches Jahr Di–Sa 9.30–12.30 & 14–17.30 Uhr 2 €, Kombiticket mit dem Nucleo Museológico Islâmico 3 €

Igreja de Santa Maria do Castelo/ Museu de Arte Sacra
Calçada da Galeria Mo–Fr 10–13 und 14–17, im Sommer bis 21.30, Sa 10–13, im Sommer zusätzlich 14–17 Uhr Kombiticket mit der Igreja da Misericórdia (s. o.) und den Glockentürmen beider Kirchen 4 €

Torre de Tavira/Camera Obscura
Calçada da Galeria 12 ☎ 281 32 25 27 www.torredetavira.com Mo–Fr saisonal leicht variierend 10–16/17 Uhr, Sa 10–13 Uhr 4 €

Igreja de Santiago
Rua Don Paio Peres Correia Mo–Fr 9.30–12 Uhr (nicht immer zuverlässig) frei

❽ ★★ Rio Guadiana

Was?	Einer der wichtigsten Ströme der Iberischen Halbinsel markiert auf seinen letzten Kilometern zum Meer die portugiesisch-spanische Grenze.
Warum?	An seinem Unterlauf drückt er der Landschaft seinen Stempel auf – besonders eindrucksvoll zu erleben auf einer Bootstour.
Wann?	Jederzeit
Wie lange?	Ein ganzer Tag
Resümee	Leinen los!

Brückenschlag: Die 1991 fertiggestellte Ponte Internacional do Guadiana an der Flussmündung verbindet Portugal mit Spanien.

Bringen wir Sie zur Einstimmung mit ein paar Fakten ins Bild. Das Quellgebiet des Guadiana liegt im mittleren Süden Spaniens. Rund 750 km ist der Fluss lang, der erst ein gutes Stück von Osten nach Westen verläuft, bevor er Portugal erreicht und gen Süden abbiegt. Sein Name ist arabischen Ursprungs, mutmaßlich abgeleitet von Wadi Yanah.

Einst war der Fluss bis tief ins Landesinnere hinein als Wasserstraße befahrbar. Schiffe transportierten die in den Minen von São Domingos geförderten Erze sowie alle erdenklichen Agrarprodukte. Die Bedeutung als Handelsroute hat der Rio Guadiana längst verloren. Dafür speist er Stauseen wie den Barragem de Alqueva im Alentejo, ist für die landwirtschaftlich geprägten Gegenden bedeutsam geblieben – und aus touristischer Sicht attraktiv! Es gibt an der Ostalgarve mehrere Stellen, wo Sie sich gut dem Rio Guadiana nähern können: so z. B. in den Orten Alcoutim (S. 60) und Foz de Odeleite, an der Flusspromenade von Vila Real de Santo António (S. 64) und südlich von Vila Real de Santo António, wo eine extrem holprige enge Straße parallel zur breiten Mündung am Fluss entlangführt.

River Cruise

Wer den Rio Guadiana aber so richtig entdecken will, bucht in Vila Real de Santo António eine ganztägige Flussfahrt, die Veranstalter wie Riosul oder Transguadiana drei- bis viermal wöchentlich anbieten und rund 50 € pro Person kosten. Dabei geht es meistens zunächst mit Fahrzeugen über Land bis zum Einstiegspunkt nach Foz de Odeleite (alternativ stellt der Überlandtransport den Schluss des Ausflugs dar). Im Preis enthalten ist ein landestypisches Mittagessen.

Unterwegs lernen Sie den Fluss aus einer anderen Perspektive kennen. Bei Foz de Odeleite zieht sich der Rio Guadiana – oft schlammbraun gefärbt – etwa 100 m weit auseinander. Er wird von seichten Hügeln begrenzt und mäandert in langen Schleifen durch die Landschaft, in der auf kleinen Feldern Orangen und Mandarinen gedeihen.

Je näher es auf die Mündung und die Ponte Internacional do Guadiana zugeht, desto breiter wird der Strom; rund 300 m sind es an der Brücke von Ufer zu Ufer. Rechter Hand liegt nun das von Sümpfen und Salinen durchsetzte Naturschutzgebiet Reserva Natural do Sapal (S. 66), in dem zahlreiche Vögel heimisch sind. In der Ferne buckelt sich der Doppelfestungshügel von Castro Marim (S. 62) auf, und es es nicht mehr weit bis Vila Real de Santo António (S. 64).

KLEINE PAUSE

Lassen Sie es sich nach Ende der Tour nahe der Marina von Vila Real de Santo António (S. 64) gut gehen – dort finden Sie flussnah nette Plätzchen zur Einkehr, darunter das **Sem Espinhas Guadiana** (S. 72).

---

210 C3

Riosul
☎ 281 51 02 00 www.riosultravel.com

Transguadiana
☎ 966 08 93 41
www.transguadiana.com

⓫ Alcoutim

Was?	Einer der schönsten Orte am Rio Guadiana
Warum?	Die zinnenbesetzte Burg und die Gassen bis hinab zum Flussufer sind die Kulisse für beschauliche Stunden.
Wann?	Besser nicht in der Mittagshitze
Wie lange?	Rund zwei Stunden
Was noch?	Im Schwebeflug per Zipline über die Grenze
Resümee	Friedliche Ruhe ... doch das war nicht immer so.

Eine freundliche, beschauliche Stimmung hängt über Alcoutim am Rio Guadiana (S. 58). Das war nicht immer so. Schließlich diente die Burg des Ortes vor Jahrhunderten der Fluss- und auch der Grenzverteidigung nach Spanien hin. Und so war es auch der strategisch wichtigen Lage am Rio Guadiana geschuldet, dass Alcoutim hier gegründet wurde: Als die Gezeiten des Atlantiks auf dem Fluss bis hier herauf noch deutlich zu spüren waren, mussten die Warentransportschiffe immer mal wieder Zwangsstopps einlegen, um auf günstigere Bedingungen zu warten. Zu diesem Zweck bildete sich im Grenzstädtchen eine entsprechende Infrastruktur heraus, unterstützt durch eine Festungsanlage zur Kontrolle und Verteidigung des Flussverkehrs – stets mit Spanien und dem Ort Sanlúcar de Guadiana im Blick. Heute leben beide Länder in friedlicher Eintracht zusammen; verbindendes Element ist das »Schmugglerfest«, das Festival do Contrabando, das meistens Ende März gefeiert wird.

Über die Dächer von Alcoutim reicht der Blick bis ins Nachbarland Spanien.

Burg mit Ausblick

Das von den Mauren genutzte Castelo Velho (altes Kastell) wurde bereits im 11./12. Jh. aufgegeben. Hauptmagnet für Besucher ist das neuere, aus dem Spätmittelalter datierende Castelo, das sich hoch über dem kleinen Zentrum des Orts und dem Lauf des Grenzflusses Rio Guadiana erhebt. Heute ist es eine Oase der Ruhe mit reichlich Grün zwischen dem Mauerwerk und dem fremd wirkenden Núcleo Museológico de Arqueologia (Archäologisches Museum). Das Beste ist der Panoramablick auf den Fluss und hinüber nach Spanien.

Der Streifzug durch Alcoutim führt zur Hauptkirche Igreja Matriz (16. Jh.), auf den Hauptplatz Praça da República und zur nett aufgemachten Flussuferzone. Verlaufen können Sie sich eigentlich nicht, alles liegt auf engstem Raum. In den beschaulichen Gassen steht so mancher Blumenkasten und Keramiktopf neben dem Hauseingang, Fenster- und Türumrandungen der weiß getünchten Häuser bringen Farbe ins Bild.

Für Motorisierte ist Alcoutim Sprungbrett in die Nachbarregion Alentejo, wo der Festungs- und Kirchenort Mértola als erste Station wartet (S. 181).

Alcoutim aktiv

Ein Vergnügen der rasanten Art ermöglicht die 720 m lange Seilrutsche des spanischen Betreibers Límite Zero, mittels der Sie gewissermaßen einmal über den Rio Guadiana fliegen. Unterwegs erreichen Wagemutige Höchstgeschwindigkeiten von 70 bis 80 km/h. Ein Fährdienst bringt Teilnehmer hinüber nach Spanien, nur damit sie im Sauseschritt nach Portugal zurückkehren.

Außerdem ist Alcoutim ein Schnittpunkt im Wanderwegenetz der Algarve. Gen Süden geht ein 65 km langer Wanderweg nach Vila Real de Santo António ab, Richtung Westen die bis zum Cabo de São Vicente reichende Via Algarviana.

KLEINE PAUSE

Im überschaubaren Zentrum von Alcoutim können Sie sich rund um die **Praça da República** gut in einem der Restaurants niederlassen.

ⓘ

+210 C5 Posto de Turismo, Rua 1° de Maio ☎ 281 54 61 79 http://cm-alcoutim.pt

Castelo (Núcleo Museológico de Arqueologia)
April–Sept. tägl. 9–19. Okt.–März tägl. 9–17 Uhr 2,50 €

Límite Zero
☎ +34 670 31 39 33 www.limitezero.com 18 €/Pers. (Mindestalter 14 Jahre, Höchstgewicht 110 kg)

⓬ Castro Marim

Was?	Festungsort im Salinengebiet
Warum?	Um rund um Hauptburg und dem beschaulichen Unterdorf den Spuren des Weißen Goldes zu folgen
Wann?	Besser nicht in der Mittagshitze
Wie lange?	Rund zwei Stunden
Resümee	Salz auf unserer Haut

Castro Marim ragt weithin sichtbar aus dem Flachland westlich des Mündungsgebiets des Rio Guadiana und der angrenzenden Sümpfe und Salinen. Landmarken sind die auf zwei Hügel verteilten Burgen: zum einen das Forte São Sebastião (17. Jh., nicht zugänglich), zum anderen das ältere und geschichtsträchtigere Castelo aus dem Spätmittelalter, dessen Turm- und Mauerwerk erkundet werden kann. Der Vorläufer des Kastells wurde bereits von den Mauren genutzt, im 13. Jh. initiierte König Afonso III. den Neuausbau. Die beiden Festungsanhöhen lassen erahnen, wie wichtig Castro Marim vormals für die Kontrolle über den nahen Grenzfluss Guadiana und die Verteidigung hin nach Spanien war.

Im Sog des Mittelalters

Das Castelo ist bestens geeignet, um in die lange Vergangenheit einzutauchen. Obgleich die Anlage im Laufe der Jahrhunderte mächtig gelitten hat und manches wie Flickschusterei aussieht, hebt sich die Struktur der maurischen Ursprungsfestung, die wie eine Burg in der Burg wirkt, noch sichtbar ab. Im 14. Jh. stieg das Kastell eine Zeit lang zum Hauptsitz des militärischen Christusordens auf, der in der Nachfolge der Tempelritter stand. Integriert in den Burgkomplex ist ein Museumsbereich mit historischen Fundstücken. Beim Blick von den Burgmauern schweifen die Blicke über das Forte São Sebastião, den Lauf des Rio Guadiana, die Autobahnbrücke, die ihn überquert, sowie die umliegenden Salzgärten und -berge.

Markantes Baudenkmal unterhalb des Castelo ist die kuppelgekrönte Igreja Matriz aus dem 18./19. Jahrhundert.

Erhellend: der Kontrast der alten Burg der Christusritter und das heute weiße Dorf

Das restliche, bescheiden wirkende Unterdorf besteht im Wesentlichen nur aus einigen Straßen und Gassen.

Im Zeichen der Salzwirtschaft

Die auf Verdunstung basierende Salzwirtschaft in der Umgebung von Castro Marim bedient unterschiedlichste Absatzmärkte. U. a. wird die Fischkonservenindustrie in Nordafrika beliefert, aus industriellen Becken wird auch Streusalz gefördert. Das höchste aller Salzgefühle beschert hingegen die bei Feinschmeckern geschätzte Salzblume (Flor de Sal), die in Handarbeit mit Holzschaufeln abgeschöpft wird. Die Salinen werden von Flamingos und vielen anderen Vögeln aufgesucht und gehören zum Naturschutzgebiet der Reserva Natural do Sapal (S. 66).

In einem ehemaligen Lagergebäude ist das Salzhaus, die Casa do Sal, untergebracht, die sich den Salinen und der dortigen Biodiversität multimedial widmet.

KLEINE PAUSE

Möglichkeiten zur Einkehr finden Sie im Unterdorf entlang der **Rua de São Sebastião** und der **Rua José Alves Moreira.**

210 C2 Posto de Turismo, Mercado Local, Rua de São Sebastião
281 53 12 32
http://cm-castromarim.pt

Castelo
April–Sept. tägl. 9–19, Okt.–März bis 17 Uhr 1,10 €

Casa do Sal
Rua São Gon Gonçalo de Lagos
tägl. 10–13 & 14–18 Uhr

⑬ Vila Real de Santo António

Was?	Das östlichste Städtchen der Algarve liegt am Rio Guadiana.
Warum?	In der überaus geschäftigen City mischt man sich unter Spanier im Kaufrausch, am Fluss lässt sich nett schlendern.
Wann?	Besser nicht in der Mittagshitze
Wie lange?	Mindestens zwei Stunden, passionierte Schnäppchenjäger bleiben länger.
Resümee	Aus diesem Stoff sind Urlaubssouvenirs.

Im Licht der Morgensonne geht es am Jachthafen meist noch sehr beschaulich zu. Nur einen Steinwurf von hier entfernt, erinnert der Obelisk auf der Praça Marquês de Pombal an jene, die ab 1774 den Wiederaufbau von Vila Real de Santo António in die Hand nahmen.

Es waren klare politische und wirtschaftliche Ziele, die 1774 zur Gründung von Vila Real de Santo António führten. In allererster Linie ging es um Aspekte einer umfassenden Staatskontrolle: den Wareneingang über den Rio Guadiana genauestens unter die Lupe zu nehmen, dem Schmuggel Einhalt zu gebieten und den Fischfang im nahen Monte Gordo (S. 66) unter königliche Oberaufsicht zu stellen, was später in Vila Real de Santo António die Gründung der so wichtigen Fischkonservenindustrie nach sich zog. Zum anderen schwang bei der Stadtgründung auch das Bedürfnis mit, gegenüber Spanien eine stärkere Präsenz am Rio Guadiana zu zeigen.

Lissabon war das Vorbild

Vila Real de Santo António entstand nach einem Muster, das sich beim Wiederaufbau der Unterstadt Lissabons nach dem schweren Erdbeben von 1755 bewährt hatte. Schachbrettartig – also ohne Windungen und Gassenlabyrinth – wurde das Städtchen angelegt, es basiert auf einer funktionalen, schnörkellosen Architektur und schnurgeraden Straßen. Das Zentrum bildet der Hauptplatz, benannt nach dem Mann, der unter König José I. seine staatsmännische Karriere gestartet und erfolgreich auf die Gründung von Vila Real de Santo António gepocht hatte: Sebastião José de Carvalho e Melo, besser bekannt als Marquês de Pombal (1699–1782).

Im Zentrum der Praça Marquês de Pombal sticht der Obelisk hervor, der als Symbol der Macht des Königs und seines Ersten Ministers zu interpretieren ist. Den Platz säumen das Rathaus und die Igreja Matriz de Nossa Senhora da Encarnação, ebenfalls aus dem 18. Jahrhundert. Im Inneren des Gotteshauses halten elektrische Kerzenkästen den Fortschritt des 21. Jh.s vor Augen. Ende des 19. Jh.s indessen hatte der Fortschritt Vila Real de Santo António zur ersten Stadt der Algarve mit Gasbeleuchtung gemacht.

Shoppen, shoppen, shoppen

Vila Real de Santo António wird von Spaniern förmlich überrollt, die einen Tagestripp über den Grenzfluss unternehmen und abends mit vollen Taschen nach Hause fahren – vor allem auf Textilien aller Art haben sie es abgesehen (S. 72). So pulsiert rund um den Hauptplatz und in den Straßen der Fußgängerzone das Leben in Cafés und Restaurants. Gelegentlich wird der Platz auch zur vortrefflichen Kulisse für Märkte und Freiluftkonzerte.

Höchstens ein paar Gehminuten trennen die Praça Marquês de Pombal von der nett aufbereiteten Flussuferpromenade am Rio Guadiana. Hier finden Sie Ruhebänke, Palmen, den Flusshafen und Restaurants.

KLEINE PAUSE

Rund um die **Praça Marquês de Pombal** herrscht an Freiluftterrassen kein Mangel! Bei der Einkehr können Sie das geschäftige Treiben um sich herum bestens verfolgen.

---

210 C2 Rua 5 de Outubro 16 ☎ 281 51 00 00 www.cm-vrsa.pt Avenida da República (http://eva-bus.com); Verbindungen u. a. nach Alcoutim, Castro Marim, Faro, Monte Gordo Rua da Estação Velha (www.cp.pt); Züge u. a. nach Faro und Lagos

Nach Lust und Laune!

14 Reserva Natural do Sapal

Dieses kleine Naturschutzareal erstreckt sich über knapp 2100 ha rund um Castro Marim (S. 62) und Vila Real de Santo António (S. 64) und grenzt im Osten an den Lauf des Rio Guadiana (S. 58). Sapal bedeutet Sumpf, der zusammen mit den Salinen prägend für das Landschaftsmosaik ist. Obgleich nicht unberührt von Menschenhand, wie die Besiedlung und die Salzwirtschaft beweisen, fungiert das Gebiet als Lebensraum für über 150 Vogelarten. Flamingos und Weißstörche zählen ebenso dazu wie Stelzenläufer. Vor allem nahe Castro Marim haben Sie gute Chancen, Flamingos dabei zu beobachten, wie sie scheinbar ungelenk durch die Salinen staksen. Die befestigten Erdwege, die an den Gewässern vorbeiführen, dürfen – falls nicht anders angegeben – von jedermann genutzt werden.

↔ 210 C2

Praia Verde: Sand, so weit das Auge blickt

15 Monte Gordo

Der Begriff »monte« (Berg) im Ortsnamen mag zunächst in die Irre führen, denn eine nennenswerte Erhebung sucht man rundherum vergebens. Prägend ist hingegen der lange, breite Sandstrand – ein Teil wird nach wie vor von den Fischern genutzt. Da Monte Gordo über keinen Hafen verfügt, ziehen sie dort ihre Fischerboote in Gemeinschaftsarbeit hinauf. Für Besucher sind die Boote mitsamt ihrem Fähnchenschmuck lohnende Fotomotive.

Zu übersehen ist nicht, dass der in den 1960er-Jahren aufgekommene Tourismus zur Verschandelung des Küstenorts durch Betonblocks geführt hat. Nichts zu rütteln gibt es hingegen an der Schönheit der Natur, die Sie nicht nur am Strand, sondern auch in den Pinienhainen rundherum genießen können. In der Ferienenklave mischt sich ein internationales Publikum, vor allem bei Niederländern ist sie beliebt. Sehr nett ist die Strandpromenade. Wer seine Urlaubskasse verspielen will, geht ins Kasino.

Östlich von Monte Gordo gelangt man zu den familienfreundlichen Sandstrandweiten der Praia de Santo António, die von Dünen begrenzt wird und etwas abgeschiedener ist.

↔ 210 C2

Meer, Sand, Dünen – über mehrere Kilometer hinweg prägt dieser Dreiklang die Küste rund um Monte Gordo.

16 Manta Rota

Sommer und Winter unterscheiden sich hier wie Tag und Nacht: Ausgelassene Partystimmung im Sommer, Totenstille im Winter. Der lange, breite, dünenbegrenzte Sandstrand, auf den samt riesigen Parkplatzflächen alles zuläuft, ist der Magnet dieses Küstenorts. Über die Dünenzone führen Zubringerstege zum Strand.

Im Gegensatz zu den Betonmassen von Monte Gordo hält sich Manta Rota in gedrungenerem und damit deutlich harmonischerem Rahmen. Hibiskussträucher prägen das Straßenbild. Der direkte Nachbarstrand heißt Praia da Lota. Weitere lohnende Strände östlich von Manta Rota auf dem Weg nach Monte Gordo sind die Praia do Cabeço, die Praia Verde und die Praia de Alagoa.

210 B/C1

17 Cacela Velha

Das kleine, denkmalgeschützte Dorf, etwa auf halbem Weg zwischen Monte Gordo und Tavira, liegt hoch über den Ostausläufern des Parque Natural da Ria Formosa (S. 97). Stellen Sie Ihr Fahrzeug am Dorfrand ab und lassen Sie sich durch die Gassen bis zu den Aussichtspunkten bei der Kirche treiben. Unterwegs können Sie die schmucken Kamine der Häuser und die leuchtend blau und gelb gestrichenen Hausfassaden auf sich wirken lassen.

Ein Platz und eine Gasse erinnern an zwei Dichter aus maurischer Zeit, Ibn Darraj Al-Qastalli und Abû Al-Abdarî. Unterhalb des Dorfs erstreckt sich die Lagunenlandschaft. Der schweifende Blick bleibt immer wieder an bizarren Opuntien und Feldparzellen hängen. Die kleine Festung ist nicht für Besucher zugänglich, dafür bietet sich am Dorfrand ein Streifzug über den Friedhof an. Typisch für Portu-

Von Cacela Velha überblickt man die weite Lagunenlandschaft der Umgebung.

gal sind die Etagengräber mit ihren Einschubfächern, Kunstblumen, Kerzenhaltern und Fotos der Verblichenen. In pompöseren Grabbauten erblicken Sie durch Glasscheiben die Särge, über denen sich Spitzendecken ausbreiten. Da stellt sich sogleich ein kleiner Grusel ein. Erweisen Sie den Toten Respekt: Filmen und Fotografieren ist auf dem Friedhof nicht erlaubt.

210 B1

18 Cabanas de Tavira

Rund 8 km östlich von Tavira liegt der Ort Cabanas de Tavira. Hier finden Sie einige Restaurants an der Lagunenpromenade, Unterkünfte und einen Linienbootdienst, der Sie nach kurzer Fahrt am Zugang zur attraktiven Praia de Cabanas absetzt.

210 B1

19 Santa Luzia

Der nette, unverfälschte Ort südwestlich von Tavira liegt gegenüber der Ilha de Tavira (s. unten) und ist durch Wasserstraßen von dieser getrennt. Santa Luzia ist Zentrum des Oktopusfangs, was sich auf den Speisekarten der Lokale niederschlägt. Hier sollten Sie unbedingt ein Essen einplanen, falls Sie Lust auf Meeresgetier haben. Fotogen – vor allem im Abendlicht – sind die vielen kleinen Fischerboote. Ein Bummel über die Promenade lohnt sich aber zu jeder Tageszeit. Während der Saison bringen Sie Bootszubringer außerdem auf die Ilha de Tavira, wo Sie zum Strandabschnitt der Praia da Terra Estreita gelangen.

209 F2

20 Ilha de Tavira

Die flache, lang gezogene Ilha de Tavira, Teil des Parque Natural da Ria Formosa (S. 97), begeistert durch ihre kilometerlangen, schier unendlichen Sandstrandweiten. Ab Tavira (S. 52) verkehren regelmäßig Bootszubringer, die Sie ab dem Ableger Quatro Águas hinbringen. Im Sommer gibt es auch citynahe Verbindungen, die bei der alten Markthalle Mercado da Ribeira starten. Die Boote steuern den äußersten Nordosten der Insel an, wo sich große Restaurants und ein im Sommer geöffneter Campingplatz auf die Besucherströme eingerichtet haben. Je weiter Sie sich von diesen touristischen Einrichtungen entfernen, desto einsamer und ursprünglicher wird es am Strand – wie herrlich ist es doch, bei ausgedehnten Spaziergängen Sand zwischen den Zehen zu spüren.

Südwestlich von Santa Luzia (S. 68) kommen Sie alternativ über einen rund 1 km langen Damm auf den Mittelteil der Ilha de Tavira. Das geht entweder zu Fuß oder mit einem Bimmelbähnchen, das fast von der Zeit überholt scheint. Hinter dessen Endstation liegt ein kleines Areal mit Einkehrmöglichkeiten. Ursprünglich wurde dieser Komplex Mitte des 19. Jh.s im Zuge des Thunfischfangs erbaut.

Das Ziel des Inselausflugs liegt gleich hinter den Dünen: die Praia do Barril, ein wunderbarer Sandstrand, der sich nach rechts und links erstreckt und in der Saison ein breites Wassersportangebot bereithält. Kuriosum in den Dünen hinter der Praia do Barril ist der Cemitério das Âncoras, der »Friedhof der Anker«, der als Hommage an die Epoche des Thunfischfangs an der Algarve zu verstehen ist. Tatsächlich haben hier Anker von Fischerbooten ihre letzte Ruhe im Sand gefunden. Ihre Zahl geht ins Dreistellige – ohne Zweifel eine der kuriosesten Szenerien an der gesamten Algarve!

⊹209 F2

Im Sommer herrscht zwischen Tavira und der gleichnamigen Insel ein reger Schiffsverkehr.

Wohin zum … Übernachten?

Preise für ein Doppelzimmer pro Nacht in der Hauptsaison:

€	unter 95 €
€€	95–150 €
€€€	über 150 €

CABANAS DE TAVIRA

Pedras da Rainha €/€€

Ein wenig abseits des Ortskerns von Cabanas de Tavira lassen sich in dieser großen Anlage Studios, Apartments und Häuser mieten. Selbstversorger werden sich in den für zwei bis acht Personen ausgerichteten Einheiten gut aufgehoben fühlen. In zehn Gehminuten sind Sie an der gastronomischen Zone an der Promenade, wo auch die Boote hinüber zur Praia de Cabanas starten. In den Komplex von Pedras da Rainha sind weite Rasenflächen und ein Freiluftpool integriert. Attraktive Nebensaison-Preise.

210 B1 ✉Lage an der Ortseinfahrt, von der EN-125 kommend rechter Hand
☎281 38 06 80 🌐www.pedrasdarainha.com

CASTRO MARIM

Quinta da Fornalha €€

Das Öko-Landgut ist auf all jene zugeschnitten, die statt landläufigem Beachtourismus Landleben suchen. Rundherum liegen Feigenplantagen. Produkte wie eingelegte Feigen und Chutneys stehen im Hofladen zum Verkauf. Es gibt sechs Häuschen für Selbstversorger, außerdem im Sommer einen Pool.

210 C2 ✉wenige Kilometer südwestlich von Castro Marim, an der Straße, die über São Bartolomeu Richtung EN-125 führt (ausgeschilderte Abzweigung) ☎917 10 71 47
🌐www.quinta-da-fornalha.com

MONTE GORDO

Vasco da Gama €€/€€€

Nun ja, es ist einer dieser Hotelblocks, die nicht gerade zur Verschönerung des Ortsbilds von Monte Gordo beigetragen haben. Auf der Habenseite steht allerdings, dass Sie hier direkt am weiten Sandstrand ohne dazwischenliegende Straße untergebracht sind. Auch ein Pool ist vorhanden. Die Preise hängen von der Zimmerausrichtung ab. Es werden auch Apartments vermietet.

210 C2 ✉Avenida Infante D. Henrique
☎281 51 09 00 🌐www.vascodagamahotel.com

SANTA LUZIA

Pedras d'el Rei €/€€

In dieser weitläufigen und familienfreundlichen Anlage stehen Studios, Apartments und Ferienhäuser zur Wahl, die für zwei bis acht Personen geeignet sind. Per pedes erreichen Sie im Handumdrehen den Startpunkt des Bähnchens, das über einen Damm hinüber Richtung Praia da Barril auf der Ilha de Tavira (S. 68) zuckelt. Für Hotelgäste ist die Fahrt kostenlos. Alternativ können Sie problemlos zur Ilha de Tavira hinüberwandern. Das Resort bietet große Rasenflächen, einen Outdoor-Pool und das Restaurante Vale d'el Rei, mit hervorragender regionaler Küche (auch Oktopus kommt auf den Tisch).

210 A1 ✉südwestlich von Santa Luzia
☎281 38 06 00 🌐www.pedrasdelrei.com

TAVIRA

Almargem Lusitano €/€€

Eine ideale Unterkunft für Freunde des Landhaustourismus ein Stück nordöstlich von Tavira. Die Übersichtskarte auf der Website hilft bei der Orientierung. Insgesamt stehen zehn Zimmer zur Verfügung, deren Preise von der Ausstattung abhängen. Die Einrichtung ist einfach, solide und sauber. Geschmackvolle Außenanlagen und eine kleiner Pool runden das Ganze ab.

210 A1 ✉Sítio do Almargem ☎916 14 57 42
🌐www.almargemlusitano.com

Vila Galé Tavira €€€

Das Hotel der bewährten Vila-Galé-Kette liegt nah am historischen Zentrum von Tavira. Das 268-Zimmer-Haus trumpft mit einem riesigen Foyer auf, doch sein Herzstück ist der Pool im Freien, um den sich die

Zimmer auf drei Ebenen verteilen. Gäste erwartet ein kleiner Spa- und Fitnessbereich und eine große Restaurantzone.
210 A1 Rua 4 de Outubro 281 32 99 00
www.vilagale.com

Wohin zum ... Essen und Trinken?

Preise für ein Drei-Gänge-Menü ohne Getränke und Service:

€	unter 25 €
€€	25–40 €
€€€	über 40 €

CACELA VELHA

Casa Velha €/€€
Zu dem einladenden, alteingesessenen Dorfrestaurant geht es an Zitronenbäumen vorbei etwas abwärts zu dem großen Innenhof, in dem man schön draußen sitzt. Das Speiseangebot – typische und schmackhafte Hausmannskost – reicht von Omelette und Salat bis zu Oktopus-Reis und gegrilltem Fisch. Die einfache, aber schmackhafte Küche ist auch bei den Einheimischen beliebt.
210 B1 Rua Sophia de Mello Bryener
281 95 22 97 Di–So 12–15 & 19–22 Uhr

PRAIA DO CABEÇO

Sem Espinhas €€
»Ohne Gräten« bedeutet der Name des Strandrestaurant – wobei die Grätenfreiheit bei dem reichlich aufgetischten Fisch natürlich nicht garantiert ist und es auch Fleischgerichte und Salate gibt. Pluspunkt ist die Lage an der Praia do Cabeço, wo in den 1970er-Jahren der Vorläufer des Restaurants als einfacher Imbiss und beliebter Treffpunkt aus der Taufe gehoben wurde.
210 C2 Praia do Cabeço, Castro Marim
281 95 60 26 www.semespinhas.net
nur Saisonbetrieb, dann tägl. 10–19 Uhr

Fisch satt – die Speisekarten der Algarve sind maritim geprägt.

SANTA LUZIA

Casa do Polvo €
Im »Oktopus-Haus« steht alles selbstredend im Zeichen der Spezialität von Santa Luzia. Für Tintenfischliebhaber ist ein Besuch hier ein Genuss, den auch die Einheimischen zu schätzen wissen. Man findet das Restaurant recht leicht an der Straße, die parallel zur Lagune verläuft.
210 A1 Avenida Engenheiro Duarte Pacheco 8 281 32 85 27 www.casadopolvo.pt Mi–Mo 12–15 und 18.30–22 Uhr

TAVIRA

A Ver Tavira €€
In der Nähe der Burg und der Kirche Santa Maria do Castelo genießt dieses Restaurant eine Vorzugslage oberhalb Taviras. Der Ausblick von der Panoramaterrasse lockt viele Gäste an und ist der größte Pluspunkt. Das Essen ist von solider Qualität.
210 A1 Calçada da Galeria 13
281 38 13 63 www.avertavira.com
tägl. 10–23 Uhr (Winter mitunter geschl.)

Pousada Conventoda Graça €€/€€€
Ein stilvolles Ambiente prägt das Pousada-Hotel, in dem Sie nicht nur in einem der 36 Zimmer übernachten, sondern im Restaurant auch hervorragend speisen können. Einst wurde hinter den Mauern des Augustinerkloster aus dem 16./17. Jh. gebetet, für Bedürftige gab es Brot und Suppe. Heute ist die vorwiegend südportugiesische Küche deutlich ausgefeilter.
210 A1 Rua Dom Paio Peres Correia
210 40 76 80 www.pousadas.pt
tägl. 12.30–15 & 19–22 Uhr

VILA REAL DE SANTO ANTÓNIO

Sem Espinhas Guadiana €€
Das Sem Espinhas Guadiana gehört zur selben kleinen Restaurantkette wie das gleichnamige Strandrestaurant an der Praia do Cabeço (S. 71). Es liegt zentrumsnah an der Straße, die am Fluss entlang verläuft. Für den späteren Verdauungsspaziergang brauchen Sie nur die Straße zu überqueren, um an der schönen Promenade am Rio Guadiana zu landen. Das Restaurant hat einen aufmerksamen Service und ein gediegenes, aber nicht übertrieben elitäres Ambiente. Auf der Speisekarte steht eine gute Mischung aus Gerichten mit Fisch- und Meeresfrüchten sowie Fleisch. Gute Weinauswahl.
210 C2 Avenida da República 51
281544605 www.semespinhas.net
tägl. 11–22.30 Uhr

Wohin zum ... Einkaufen?

Vila Real de Santo António ist ein nicht zuletzt bei den spanischen Nachbarn beliebtes Shoppingpflaster. In der Innenstadt reiht sich ein Geschäft ans nächste. Startpunkt für den Bummel ist die Praça Marquês de Pombal. Überall finden Sie Hand-, Bade- und Küchentücher, Tischdecken und Küchenschürzen. Nett shoppen Sie auch in Tavira, typisches Mitbringsel aus Castro Marim ist Salz.

Textilien aller Art warten in Vila Real de Santo António auf Kundschaft.

DER HAHN VON BARCELOS

Souvenirs, die der Hahn von Barcelos ziert, sind eine schönes und typisches Portugal-Mitbringesl. Zumindest in Kurzform sollte man daher die Legende zu diesem Motiv kennen: Es trug sich im Mittelalter zu, als eines Tages auf dem Weg zum Jakobusgrab im spanischen Santiago de Compostela ein Pilger im nordportugiesischen Barcelos Station machte. Plötzlich wurde der Fremde eines Verbrechens angeklagt und zum Tod durch den Strang verurteilt. Als letzten Willen erbat er sich aus, noch einmal vor den Richter treten zu dürfen. Der Gesetzesmann war gerade dabei, einen gebratenen Hahn zu essen. »Meine Unschuld ist bewiesen, wenn dieser Hahn kräht«, sagte der Pilger unter dem Gelächter der Umstehenden. Im selben Moment krähte der Hahn – und der Unschuldige kam frei ...

VON KUNSTHANDWERK BIS SALZ

Gut geeignet für den Schaufensterbummel ist in Tavira die flussnahe Rua Dr. José Pires Padinha und die geschäftige Rua da Liberdade. In Tavira hat zudem die Associação de Artes e Sabores ihren Sitz, eine Vereinigung, bei der sich alles um Kunsthandwerk und kulinarische Produkte dreht. Ihr Laden, die Casa do Artesão auf dem Altstadthügel (Calçada da Galeria 11, So geschl.) bietet Korkwaren, Schmuckkacheln, Taschen, Modeschmuck, Süßwaren, Feigenschnaps, selbstgemachte Liköre u. v. m. Im Salinenort Castro Marim können Sie sich gut mit Salz eindecken, u. a. mit der hochwertigen Flor de Sal (S. 63). Anlaufstelle ist der Markt (Rua de São Sebastião, www.castromarimlocal-market.com). Weitere Möglichkeiten zum Salzkauf gibt es in der Rua de São Sebastião, bei der Salzkooperative Terras de Sal (Rua Dr. José Alves Moreira 15) oder bei der Produzentenvereinigung Tradisal (Rua Dr. José Alves Moreira 22).

MÄRKTE

Großer Beliebtheit erfreuen sich Floh- und Trödelmärkte (»feiras de velharias«), die ihre regelmäßigen Veranstaltungsorte und -zeiten haben: in Tavira am jeweils 1. und ggf. 5. Samstag im Monat neben dem Mercado Municipal; in Monte Gordo am 4. Samstag im Monat; in Vila Real de Santo António am 1. Sonntag im Monat und am 2. Samstag im Monat jeweils um die Praça Marquês de Pombal. Hinzu kommen Freiluftmärkte, z. B. am 2. Samstag im Monat in Castro Marim und am 3. Samstag im Monat in Tavira (Vale Formoso, Parque de Feiras e Exposições). Infos unter http://associacaofeirantesalgarve.pt.

Wohin zum ... Ausgehen?

Kultureller Dreh- und Angelpunkt der Ostalgarve ist Tavira, wo diverse Kneipen (gelegentlich mit Live-Musik) und andere Treffs zur Auswahl stehen. Recht lebhaft geht es während der Saison auch in Strandorten wie Monte Gordo zu. In Touristenbüros liegt das monatlich erscheinende, kostenlose Heft »Algarve Guia/Guide« aus, das auch einen Veranstaltungskalender enthält.

FADO & SONSTIGE KONZERTE

Empfehlenswert: Die Kulturvereinigung Fado com História veranstaltet in Tavira in einem kleinen Saal bei der Igreja da Misericórdia ca. 40-minütige Fadokonzerte. Montags bis samstags können Sie dort Fado hören, gewöhnlich dreimal, um 12.15, 15.15 und 17.15 Uhr (Rua Damião Augusto de Brito Vasconcelos 4, Reservierungen unter www.fadocomhistoria.com, Tel. 968 77 46 13, Eintritt 8 € inkl. winziger Verkostung am Ende).

Auch in der Igreja da Misericórdia selbst finden ab und zu Konzerte statt.

Schauplatz für Kultur-Events in Vila Real de Santo António ist das Centro Cultural Antonio Aleixo im Herzen der Stadt.

UNTERNEHMUNGEN AUF DEM WASSER

Zu den beliebten Freizeitaktivitäten der Ostalgarve zählen Bootstouren durch die Lagunenwelt des Parque Natural da Ria Formosa. Ab Tavira startet der Veranstalter Sequa Tours (Tel. 960 17 07 89, www.sequatours.com), der auch Vogelbeobachtungstrips anbietet. Die etwa einstündige Standard-Lagunentour kostet 12 € pro Person, eine ausgedehntere zweistündige Tour 35 €.

Das besondere Erlebnis mit ein wenig Nervenkitzel beschert eine Seilrutsche in Alcoutim über den Rio Guadiana (S. 58). Kitesurfen können Sie bei Cabanas de Tavira lernen: bei Kitesurf Eolis (www.kitesurfeolis.com).

WELLNESS

Für eine besondere Art des Wohlbefindens sorgt bei Castro Marim das sommerliche Spa Salino (Salz-Spa) mit Bad in einem Salzbecken; auch Yoga, Salztouren und Selbstanwendungen mit mineralienreichem Salzschlamm werden an selber Stelle angeboten: Água Mãe (Salina Barquinha, EN 122, Tel. 965 40 48 88, www.aguamae.pt).

WANDERN, RADELN, GOLFEN

Wanderungen sind auf dem Fernwanderweg Via Algarviana (www.via-algarviana.com) möglich, der seinen Ausgangs- bzw. Endpunkt in Alcoutim nimmt.

Ziel bzw. Start im Westen ist das Cabo de São Vicente (S. 121). Neueren Datums ist der Fernwanderweg GR-15, der sich in der Ostalgarve über eine Länge von 65 km zwischen Vila Real de Santo António und Alcoutim erstreckt. Um Monte Gordo eignen sich die Pinienwälder gut zu kürzeren Wanderungen und zum Joggen. Östlich von Tavira bei Cabanas de Tavira lohnen sich Spaziergänge durch die Lagunenlandschaft der Ria Formosa.

Für Radfahrer bieten sich Streckenabschnitte auf dem küstennah verlaufenden Fernradweg der Ecovia (S. 191) an, wobei es auch mal an der Hauptstraße entlanggehen kann und die Beschilderungen nicht immer eindeutig sind.

Golfen können Sie u. a. bei Castro Marim (www.castromarimresort.com) und Vila Nova de Cacela (in den Resorts Quinta de Cima und Quinta da Ria, www.quintadaria.com).

Hinter dem Arco da Vila beginnt Faros gemütliche Altstadt mit Arkaden und historischem Pflaster.

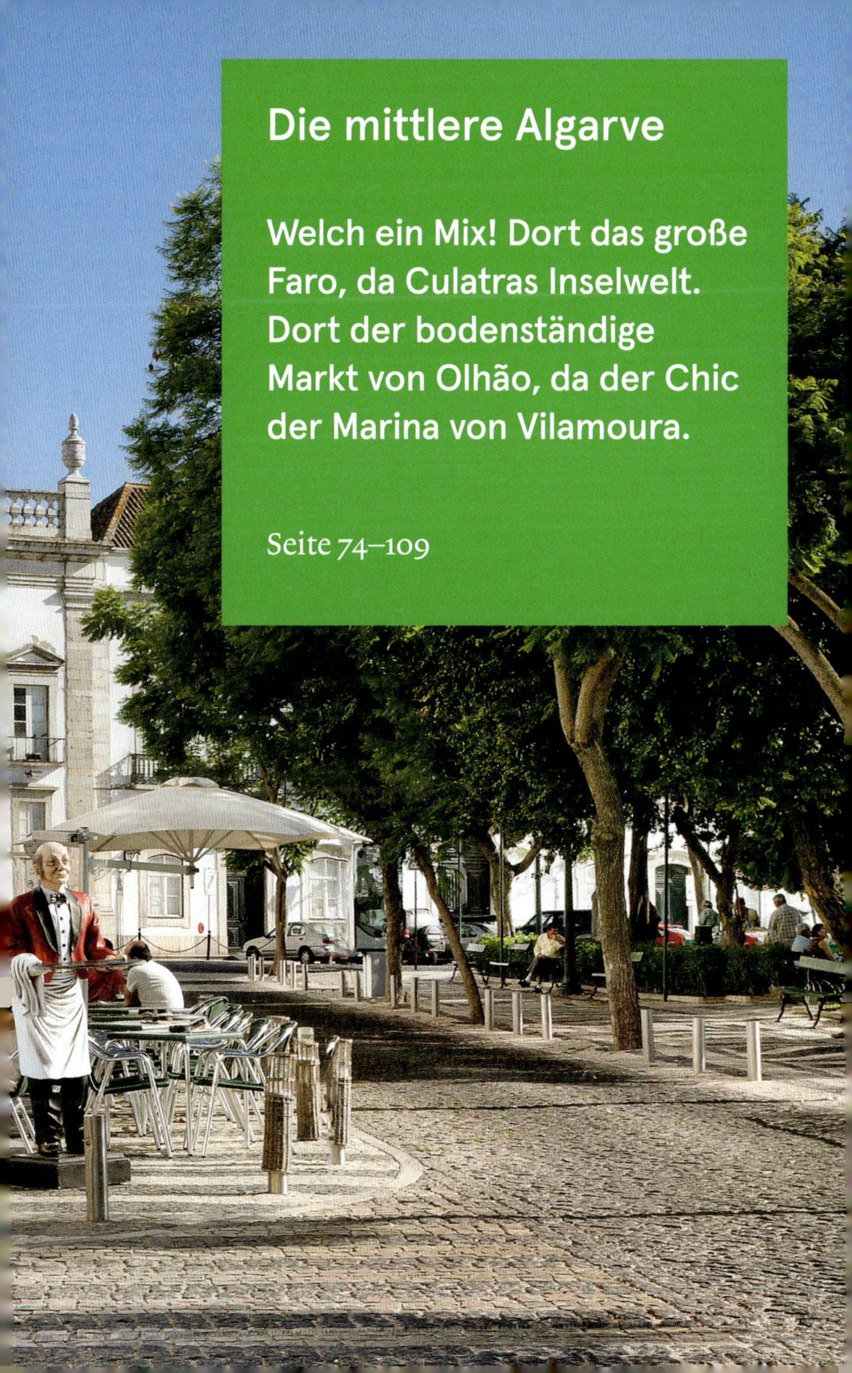

Die mittlere Algarve

Welch ein Mix! Dort das große Faro, da Culatras Inselwelt. Dort der bodenständige Markt von Olhão, da der Chic der Marina von Vilamoura.

Seite 74–109

Erste Orientierung

Die mittlere Algarve kommt einer doppelten Schnittstelle gleich: Sie erstreckt sich zwischen Atlantik und hügeligem Hinterland und zwischen langen Stränden und dem Labyrinth des Parque Natural da Ria Formosa. Freuen Sie sich auf das glasklare Licht, das so oft über der Algarve hängt, auf wundervolle Strände und Märkte, rauschendes Nightlife und kontrastreiche Erlebnisse.

Diese Kontraste bieten sich Ihnen bereits in Faro, der Hauptstadt der Algarve, wo die Altstadt mit historischem Mauerwerk und Kathedrale unmittelbar neben der mondänen Marina liegt. Naturliebhaber zieht es in den von Wasserstraßen und Inseln geprägten Parque Natural da Ria Formosa, dörflicher Charme wartet auf der Ilha da Culatra, geschäftiges Alltagstreiben in den Markthallen von Olhão und Loulé. Und dann wären da noch die fantastischen Strände nicht zuletzt rund um Albufeira, das wie auch Vilamoura für sein Nachtleben berühmt ist. Ganz still wiederum geht es im römischen Ausgrabungsareal von Milreu oder in der Igreja de São Lourenço am Ortsrand von Almancil zu.

TOP 10

- ❸ ★★ Praia da Falésia
- ❹ ★★ Olhão
- ❻ ★★ Igreja de São Lourenço
- ❾ ★★ Ilha da Culatra
- ❿ ★★ Faro

Nicht verpassen!

- ㉑ Vilamoura
- ㉒ Albufeira

Nach Lust und Laune!

- 23 Fuseta
- 24 Parque Natural da Ria Formosa
- 25 São Brás de Alportel
- 26 Milreu
- 27 Ilha de Faro
- 28 Quinta do Lago
- 29 Quarteira
- 30 Loulé
- 31 Alte

Mein Tag zum Genießen

Dort, wo das Meer den Tisch mit den frischesten Zutaten deckt, müssen Sie einfach kosten. So steht der erste Teil des Tages im Zeichen einer kulinarischen Tour durch Olhão – sofern Sie denn Fisch und Krustentiere mögen. Später führt eine Verdauungsrunde durch den nahen Naturpark Ria Formosa.

10 Uhr: Auftakt im Fischercafé

Der Startpunkt der »Ria Food Tour«, wie sie Eating Algarve Food Tours durch ❹ ★★ Olhão organisiert, liegt zentral beim Markt. Gut gefrühstückt haben müssen Sie heute nicht, denn während der viereinhalbstündigen Tour erwarten Sie einige köstliche Tastings. Voran geht es zu Fuß in Kleingruppen zwischen zwei und zwölf Interessierten. Gefüttert werden Sie aber nicht nur mit Leckereien, sondern auch mit Infos zu Kultur, Mentalität und Lokalgeschichte, die Ihnen der Guide auf Englisch präsentiert. Den Auftakt macht ein typisches kleines Café beim Markt, wo die Fischer gern zum Frühstück hinkommen und ein Schweinefleisch-Sandwich (Bifana) essen – eine willkommene Abwechslung auf dem Speiseplan.

10.30 Uhr: Frischeparadies

Das Markthallendoppel von Olhão ist ein Frischeparadies, das mit Kennerblick und Insider-Treffen an den Ständen zusätzlich Reize bekommt. Rare Delikatessen in der Fischhalle sind luftgetrocknete Thunfischstücke. Anderweitig erfahren Sie, dass man bei Fischen wie Makrelen die Frische an der Färbung der herausgeholten Kiemen erkennt. Sind sie leuchtend

10.30 Uhr: Frischeparadies
Parkplatz Quinta de Marim
24
Parque Natural da Ria Formosa
15 Uhr
Rua dos Operários Conserveiros
200 m
200 yd
4
Olhão
Av. 16 de Junho
Start
10.30 Uhr
Parkplatz am Hafen
Av. 5 de Outubro
Markt
Grupo Naval de Olhão
Jachthafen
19 Uhr
Ende
15 Uhr: Kleine Wanderung
19 Uhr: Dinnertime

Das Bifana, das Schweinefleisch-Sandwich ist ein beliebter portugiesischer Snack (oben). An den Markthallen von Olhão herrscht fast immer ein wuseliges Durcheinander (rechts).

blutrot, schwamm der Fisch noch vor Kurzem im Wasser.

In der Obst- und Gemüsehalle nehmen Sie sich Zeit für einen Fruchtsaft und einen Feigenstern mit Mandeln. Alles typisch lokal – Hausterrassen in Olhão wurden früher genutzt, um Feigen zu trocknen.

Außerhalb der Markthallen geht's zu einem Tasting von Dosenfisch, wie er in Olhão bis heute produziert wird. Bestseller ist die Sardinenpaste, die man auch probiert.

Die kulinarische Tour beschränkt sich nicht aufs Essen. Ein Gassenspaziergang führt an Graffitis vorbei, an Häusern mit Azulejos und Wäschespanngittern. Akustisch untermalt wird die Szenerie des nordafrikanisch anmutenden Fischerstädtchens vom gelegentlichen Schnäbelklappern der Störche.

12 Uhr: Genuss auf Genuss

Zur Mittagszeit folgen die nächsten Stationen der Einkehr, zum Glück nicht mit Mega-Portionen, die man wohl nicht alle schaffen würde. Ein Thunfischfilet mit gekochten Zwiebeln und Paprika findet sich wunderbar begleitet von einem fruchtigen Weißwein, andernorts wandern Oktopusstücke auf den Tisch, dann Garnelen in Sauce. Grundsätzlich gilt: Bei Krustentieren dürfen Sie auch im Restaurant die Hände zu Hilfe nehmen!

14.30 Uhr: Abschluss mit Cocktail

Nach einem schmackhaften Eis zwischendurch klingt die Tour mit einem Cocktail aus. Soll es noch weitergehen, ist eine alkoholfreie Variante wohl die bessere Wahl.

Erst spazieren Sie im Parque Natural da Ria Formosa und halten vom Vogelbeobachtunghaus Ausschau nach Federvieh (rechts oben). Später unternehmen Sie einen Abendspaziergang an der Promenade von Olhão (rechts unten).

15 Uhr: Kleine Wanderung

Denn so können Sie die kurze Anfahrt zum **24** Parque Natural da Ria Formosa mit dem Auto absolvieren: 1 km östlich der Stadtgrenze von Olhão ist die Abzweigung zum Besucherzentrum Quinta de Marim ausgewiesen. Am Kassen- und Infohäuschen bekommen Sie einen Übersichtsplan zu dem etwa 3,5 km langen Naturlehrpfad – dieser eignet sich perfekt für einen genussvollen Verdauungsspaziergang durch die Feuchtgebiete.

19 Uhr: Dinnertime

Das Gute an dem Ausflug in die Natur ist: Der Appetit ist zurück, wenn Sie zum Abendessen in Olhão im Restaurant der Grupo Naval de Olhão (S. 107) direkt an der Marina stranden und den genussvollen Tag abrunden.

i

Länge: Fußweg insgesamt ca. 6 km

Eating Algarve Food Tours
209 D1/2 ☎ 964 53 82 38
http://eatingalgarvetours.com
Eating Algarve Food Tours 87 €

❸ ★★ Praia da Falésia

Was?	Der längste Strand rund um Albufeira
Warum?	Sandstrand, rostbraune Klippen und der Atlantik verschmelzen wunderbar zu einem Gesamtkunstwerk.
Wann?	Jederzeit ... mittags aber besser mit Sonnenschirm! Besonders schön ist der Sonnenuntergang.
Wie lange?	Sonnenbaden, Schwimmen und Strandspaziergang füllen problemlos auch einen ganzen Tag.
Was noch?	Ein Perspektivenwechsel hinauf zu den Klippen
Resümee	Dieses Farbenspiel!

Traumbilder im Osten der Feriengemeinde Albufeira! Kilometerlang zieht sich die Praia da Falésia in die Weite, ganz im Hintergrund lässt sich die Marina von Vilamoura (S. 93) erahnen. Im Rücken des Strands erheben sich Steilküstenflanken, die fast an Wildwestkulissen erinnern – raue Abstürze, von der Natur zu Wänden, Türmen, Blöcken und Spitzen modelliert.

Die Felswände bäumen sich geschätzte 30 m hoch auf, vereinzelt geht es noch etwas höher hinauf. Dominanter Farbton der Klippen ist Rostrot, darunter mischen sich Ocker, bräunliche und hellere Töne, aber auch das Grün der Macchia. Und wenn das Meer – je nach Sonnenstand – dann noch eine karibisch anmutende Türkisfärbung trägt, ist das Maximum der Kontraste erreicht. Besonders eindrucksvoll wirkt das Farbenspiel im Morgen- oder Abendlicht.

Überlebenskünstlerin an der Steilküste – diese Pinie balanciert am Abgrund.

Abgeschottet durch Felswände

Oberhalb der Steilküste wiegen sich Zweige und Kronen von Pinien im Wind, breiten sich Mittagsblumenwiesen aus, verlaufen Wegabschnitte, über die sich manch guter Aussichtspunkt erreichen lässt. Außerdem liegen dort einige traumhafte Hotelanlagen wie das Pine Cliffs Resort. Achten Sie bei der Begehung von Wegen oberhalb der Steilküste darauf, dass Sie nicht zu nah an die Abbruchkante

kommen. Die Klippen können fragil sein. Umgekehrt sollten Sie sich unten nicht zu nah an die Felsen legen, weil nicht auszuschließen ist, dass oben Stücke abbrechen. Außerdem gilt einmal mehr der Rat, auf die Gezeiten zu achten.

Immer wieder führen Pfade hinab an den Strand, aber nicht überall – dazu schottet sich die Praia da Falésia zu sehr auf natürliche Weise ab. So kommt es auch, dass es hier keine lückenlos durchgehende Infrastruktur gibt. Dafür bieten die weiten und meist gepflegten Strandflächen und die flachen Einstiege ins Wasser beste Bedingungen für ein Bad oder einen ausgedehnten Strandspaziergang.

Suchen Sie Strandalternativen? Zwischen der Praia da Falésia und der westwärts gelegenen Kernstadt Albufeira stoßen Sie an weitere Strände vor, die einen großen Beliebheitsgrad genießen. Dazu zählen die Praia de Santa Eulália, die Praia da Oura und die Praia de Maria Luisa.

Die rötlich schimmernde Felskulisse der Praia da Falésia ist der Inbegriff der Felsalgarve.

KLEINE PAUSE

Wenn Sie bei einem langen Strandspaziergang an der Praia da Falésia in Richtung Vilamoura gehen, treffen Sie bereits vor der dortigen **Marina** auf Einkehrmöglichkeiten.

207 E2

❹ ★★ Olhão

Was?	Untouristisches Städtchen mit viel arabischem Flair
Warum?	Um in den Markthallen das üppige Angebot an Obst, Gemüse und Meeresgetier zu bestaunen … und zu kosten.
Wann?	Dienstags bis samstags, unbedingt vormittags – je früher, desto besser
Wie lange?	Ein halber Tag, inklusive Einkehr
Resümee	Nordafrika in der Algarve

Kommen Sie, staunen Sie, riechen Sie! Die Auslagen an den Dutzenden Ständen der Fischhalle des Marktes sind sensationell: von Sardinen und Stabmuscheln über Tintenfische bis zu Schwert- und Thunfisch u. v. m. Hier erhalten Sie kostenlosen Anschauungsunterricht dessen, was so alles im Atlantik lebt, auf Fischerbooten landet und letztlich in den Restaurants auf den Tisch kommt. Und wer es nicht so mit Meeresfrüchten hat, geht hinüber in die gegenüberliegende Halle mit Fleisch, Würsten, eingelegten Oliven, Obst und Gemüse.

Liebhaber von Meeresfrüchten sollten im August nach Olhão kommen. Dann steigt hier das Festival der Meeresfrüchte, das Festival do Marisco, mit reichlich Gelegenheiten, die Köstlichkeiten zu probieren.

Bootsverkehr und Freiluftmarkt

Das Markthallen-Duo (Mercados Municipais) wurde in den Jahren 1912–1916 erbaut, die Architektur jener Zeit hat sich nicht verändert. Die Hallen grenzen zum einen an die lebhafte Avenida 5 de Outobro, zum anderen an eine Promenade, von der sich Blicke über die Wasserweiten des Parque Natural da Ria Formosa (S. 97) bieten. Dort herrscht reger Bootsverkehr, da die Einfahrt in den großen Fischerhafen nicht weit ist. Versuchen Sie, am Samstagmorgen nach Olhão zu kommen. Dann wirken nicht nur die Markthallen wie ein Wimmelbild, sondern auch der Freiluftmarkt vor der Tür. Bauern und andere Kleinproduzenten der Gegend bieten dort Obst und Gemüse an. Hinzu kommen Stände mit Modeschmuck, Taschen, Sonnenbrillen und Wühltische mit Kleidung.

Aber auch abseits der Markthallen hat die kleine Altstadt von Olhão mit ihren unverfälschten Gassen, Kirchen und Azulejo-Fassaden ihre Reize. Die Schachtelwerke mancher Häuser wirken regelrecht kubistisch und muten nordafrika-

Wer Fisch nicht riechen kann, wird in der Fischhalle des Mercado Municipais auf eine harte Probe gestellt. Dann lieber an die frische Luft und dem Treiben der Fischer zuschauen. Oder gleich abseits vom Wasser durch die authentischen Gassen schlendern ...

nisch an, hier und da hängt Wäsche auf Spanngittern zum Trocknen aus. Sehenswert ist auch die barocke Igreja Matriz de Nossa Senhora do Rosário aus dem 17./18. Jh., in deren angegliederte Aflitos-Kapelle Gläubige Votivgaben darbringen.

KLEINE PAUSE

Zwischen den beiden Markthallen können Sie sich gut für einen Snack oder Drink niederlassen und das bunte Treiben beobachten, so z. B. im **Café do Mercado.**

Café do Mercado: Av. 5 de Outubro 89B

---

209 D1/2 Posto de Turismo, Largo Sebastião Martins Mestre 8 A
☎ 289 71 39 36 www.cm-olhao.pt
Rua General Humberto Delgado (http://eva-bus.com); Verbindungen u. a. nach Faro, Fuseta, Lissabon, Monte Gordo, Tavira, Vila Real de Santo António

Mercados Municipais
Avenida 5 de Outobro
Di–Sa 7–13 Uhr

6 ★★ Igreja de São Lourenço

Was?	Das Kirchlein in Almancil bewahrt einen der bedeutendsten kulturellen Schätze der Algarve.
Warum?	Der überbordende Azulejo-Schmuck und der vergoldete Hochaltar faszinieren auch Kunstmuffel.
Wann?	Jederzeit
Wie lange?	Eine halbe Stunde sollte es schon sein.
Resümee	Blau-weiße Herrlichkeit

Bis zur Decke schmücken Azulejos die Igreja de São Lourenço. Der mit Blattgold verzierte Altar ist typisch für den portugiesischen Barockstil im 18. Jahrhundert.

Das von außen unscheinbare, kalkweiß getünchte Kirchlein des hl. Laurentius liegt auf einer winzigen Anhöhe am Ortsrand von Almancil. Wer nicht weiß, was es im Innern bereithält, rauscht auf der nahen Durchgangsstraße EN 125 am ausgeschilderten Abzweig vorbei – und das wäre wahrlich ein Jammer!

Die Azulejos (S. 34) außen und im seitlichen Vorsaal des Gotteshauses können Sie lediglich als Vorspiel verstehen. Sobald Sie die eigentliche Kirche betreten, werden Sie von einer regelrechten Flut aus blau-weißen Fliesen überwältigt. Grafen aus dem Norden Portugals, die sich zusammen

mit Freunden in der Gegend aufhielten und auf Jagd gingen, sollen die Ausschmückung des Kirchenraums mit den bemalten Fliesen veranlasst haben. Ob dahinter ein Gelübde oder Ähnliches stand, verliert sich im Dunkel. Gewiss ist, dass die Dekoration und der Einbau des vergoldeten Hochaltars im 18. Jh. vorgenommen wurden. Die Kirche selbst existierte seit Beginn des 16. Jahrhunderts.

Die Legende des hl. Laurentius

Die Kirche ist einschiffig, fast fensterlos. Bis hinauf in die Bögen und die Kuppel reichen die Azulejos. Blüten, Dolden, Kelche, Granatäpfel, Trauben, Engel, Girlanden aus Blumen und vielerlei weitere Motive in Blau-Weiß-Tönen gibt es da zu entdecken. Und natürlich Szenen aus dem Leben des Namensgebers der Kirche, des hl. Laurentius. Laut Überlieferung stand dieser zu Römerzeiten als Erzdiakon in den Diensten von Papst Sixtus II., im Jahr 258 soll er in Rom sein Martyrium erlitten haben. Seinem Glauben schwor er bis zum letzten Atemzug nicht ab. Man briet ihn auf einem Rost zu Tode. Zuvor hatte er im Namen von Sixtus, der drei Tage vor Laurentius hingerichtet wurde, noch die Schätze der Kirche an die Armen verteilen können. Verehrt wird Laurentius bis heute als Patron der Armen.

Einen warmen Kontrast zu den kühl wirkenden Keramikfliesen bildet der vergoldete Hochaltar. Wer das wundervolle Ensemble schuf, ist unbekannt. Für Ihren Besuch spielt das aber auch keine Rolle. Lassen Sie sich einfach auf einer der Holzbänke nieder, um die Kühle im Kircheninneren und die Pracht der Azulejos-Kunst auf sich wirken zu lassen. Das Kirchlein wird übrigens nach wie vor für Gottesdienste der Pfarrei genutzt, immer am Sonntagvormittag um 9 Uhr.

KLEINE PAUSE

An der kleinen Zubringerstraße hinauf zur Kirche liegt die **Pastelaria São Lourenço**, die sich für eine Stärkung und Rast anbietet.

---

i

208 B2
Mitte April–Mitte Okt.
Mo 15–18, Di–Sa 10–13 & 15–18,
restliches Jahr bis 17 Uhr
http://paroquia-almancil.pt
2 €

❾ ★★ Ilha da Culatra

Was?	Laguneninsel im Parque Natural da Ria Formosa
Warum?	Hier gibt es viel Platz für wenig Leute, lange Sandstrände, kleine Sommerhütten und den Charme alter Fischerdörfer.
Wann?	Am besten im Frühling oder Herbst; im Winter wirkt manches ausgestorben.
Wie lange?	Ideal für einen Tagesausflug inklusive Bootsfahrt, aber auch längere Aufenthalte in Privatunterkünften sind möglich.
Resümee	Sommerinsel

Schon die Bootsfahrt durch die Wasserwelten des Naturparks Ria Formosa lohnt den Weg und macht Sie unterwegs mit Kanälen, Muschelzuchtfarmen und der Vogelwelt vertraut. Überall tuckern Fischerboote vorbei, Salz liegt in der Luft und eine frische Brise weht durchs Haar, während Sie die Laguneninsel ansteuern, deren östlichen Ausläufer in gerader Linie südlich von Olhão (S. 84) beginnen. Die Anfahrt per Boot – anders gelangt man nicht hierher – dauert von dort etwa eine halbe Stunde.

Die Orte Culatra und Farol stehen auf den Fahrplänen der Boote zur Ilha da Culatra. Hangares, der dritte Ort der Insel,

Der Leuchtturm von Farol weist den Fischerbooten im Parque Natural Ria Formosa auch im Dunkeln den Weg.

spielt für Besucher keine Rolle. Fischfang und Muschelzucht sind die Haupterwerbszweige der Inselbewohner. Culatra, der größte und ganzjährig von rund 1000 Menschen bewohnte Ort, wendet sich zur geschützten Lagunenseite hin. Eben dort empfängt Sie einer der malerischsten Fischerhäfen Südportugals. Hier geht es geschäftig zu. Bunte Boote, aufgestapelte Netze, Fischer bei der Arbeit und Möwen, die sich mit Vorliebe auf die Fischabfälle stürzen, fügen sich zu typischen Bildern. Kurios ist, dass dieser Fischerhafen erst seit dem Jahr 2008 existiert. Bis dahin galt es in Culatra, die Boote ausnahmslos auf den Strand hochzuziehen.

Eine eigene Welt

Auf der Ilha da Culatra gibt es keine Straßen und keine Ampeln, als Transportmittel dienen lediglich wenige Traktoren und Golfbuggys. Obgleich das Festland mit seiner »richtigen« Zivilisation und seinen Häusermassen fast zum Greifen nah liegt, ist der Ort Culatra eine Welt für sich. Ein langer Zugangssteg führt hinüber zum flachen, von Dünen begrenzten Strand. Ende des 19. Jh.s ließen sich hier erste Fischer nieder, bauten sich einfachste Hütten. Heute wirken viele der kleinen Häuser solide und schmuck, zwischenzeitlich erbaut aus Stein und Beton, wenn auch alles andere als luxuriös.

Auch im zweiten sehenswerten Ort, Farol, am äußersten Südwestende der Insel, sollten Sie einmal zwischen den Häuserreihen entlangschlendern. Blickfang in Farol ist der Leuchtturm vom Ende des 19. Jh.s, der 1921 auf eine Höhe von 50 m aufgestockt wurde. Sein Licht ist noch in rund 50 km Entfernung zu sehen (mittwochs öffnet der Leuchtturm seine Pforten für Besucher). Auch in Farol liegt der Strand in unmittelbarer Nähe. Und wer noch nicht genug vom Inseldasein hat, kann weiter zu Ilha Deserta ziehen, ein weiteres empfehlenswertes Strand- und Sommerziel.

KLEINE PAUSE

In Culatra und Farol gibt es diverse einfache Lokale. Unweit des Fischerhafens von Culatra empfiehlt sich das ganzjährig geöffnete Restaurant-Café **Janoca** mit maritimen Speisen.

---

209 D1 Fährverbindungen und Wassertaxis ab Olhão

i

⑩ ★★ Faro

Was?	Hauptstadt der und Tor zur Algarve
Warum?	Die attraktive Altstadt, die elegante Gassen und lebendigen Straßencafés sowie die feine Kathedrale machen Faro zu mehr als nur Durchgangs- und Anflugstation.
Wann?	Besser nicht in der Mittagshitze und montags
Wie lange?	Einen halben Tag, danach geht's ans nahe Meer.
Was noch?	Eine kuriose Knochenkapelle
Resümee	Faro überrascht!

Auf den ersten Blick wirkt Faro vielleicht etwas abschreckend – umso mehr überrascht das Herz der Stadt mit Arkaden und historischem Pflaster.

Unübersichtlich? Ja, das mag die mit 50 000 Ew. (Großraum: 65 000 Ew.) größte Stadt der Algarve für Besucher zunächst einmal sein. Und auch die Geräusche des nahen Flughafens lassen sich schwer ausblenden. Doch wer sich auf das Wesentliche konzentriert, wird äußerst angetan sein und sich rasch zurecht finden. Legen Sie Ihr Hauptaugenmerk auf die Altstadt, die Vila Adentro.

Bedeutsam ist Faro schon seit über 2000 Jahren. Aus einer phönizischen Siedlung entstand in Römerzeit Ossonoba, das als Keimzelle von Faro gilt. Südlich grenzt die Stadt an den

Parque Natural da Ria Formosa (S. 97) – die Lagunengebiete des Naturparks beginnen unmittelbar am Stadtrand, während Weißstörche Natur in die Stadt bringen. Ein netter Platz ist das Hafenbecken, von dem aus der Gürtel der Stadtmauer um das historische Viertel bereits in Sichtweite liegt. Bester Einstiegspunkt ist das alte Stadttor Arco da Vila (Stadtspaziergang, S. 168).

Der dreischiffige Innenraum der Sé präsentiert sich mit all den goldenen Altären voll und ganz als kostbare Bischofskirche.

Panorama vom Glockenturm

Wer sich dahinter durch die teils kopfsteingepflasterten Gassen treiben lässt, landet früher oder später an der Sé, der wuchtigen Kathedrale Faros, das seit 1577 Bischofssitz ist. Ihre Ursprünge reichen ins Spätmittelalter zurück, doch ein Brand, Plünderungen und Schäden durch Erdbeben machten im Laufe der Zeiten Erneuerungen nötig. Im Inneren der Kathedrale sind Kachelschmuck und Orgel zu beachten, während rund 70 Stufen auf den Glockenturm führen. Lohn für den Aufstieg ist die Aussicht über die Stadt und die angrenzenden Feuchtgebiete des Naturparks.

Für einen kleinen Gänsehauteffekt sorgt die mit Menschenknochen gefertigte Kapelle im Garten der Kathedrale. Dies ist übrigens nicht die einzige ihrer Art in Faro. Außerhalb des Stadtmauerrings liegt die wesentlich größere, zur Igreja do Carmo gehörende Knochenkapelle (Capela dos Ossos) mit einer Wand- und Deckenzier aus 1200 Totenschädeln und anderen menschlichen Knochen!

Unweit der Kathedrale liegt der Bischofspalast, ein Denkmal auf dem Kathedralvorplatz zeigt Francisco Gomes do Avilar (1739–1816), einen der bedeutendsten Vertreter aus der langen Reihe bischöflicher Würdenträger. Sakralen Ursprungs ist auch das nahe Museu Municipal (Stadtmuseum); es ist in dem ehemaligen Kloster Nossa Senhora da Assunção aus dem 16. Jh. untergebracht, einem schönen Bau aus der Renaissance. Die Sammlung widmet sich vor allem der Archäologie, Geschichte und Kunstgeschichte: Zu sehen sind

u. a. Säulen und Kapitelle, ein großes römisches Mosaik und Gemälde aus diversen Epochen. Mehrere Räume dienen für Wechselausstellungen. Beachtung verdient auch der doppelstöckige Kreuzgang.

Schön schaurig! Faros Igreja do Carmo ist für ihre Knochenkapelle berühmt.

Lebensfrohe Stadt

Wer nun aber meint, Faro sei historisch angestaubt und ersticke ansonsten im Verkehr, der täuscht sich: Die Stadt steckt voller Leben! Dafür sorgen alleine die vielen Studenten, die beim Nachtleben mit Vorliebe rund um eine Straße ausschwärmen, die der Volksmund Rua do Crime nennt. Außerhalb des Stadtmauerwalls eignet sich die Fußgängerzone sehr gut zum Bummeln, vielerorts laden Cafés und Restaurants zum Verweilen ein. Und so nutzen mittlerweile viele Ausgehfreudige die guten Flugverbindungen in die Hauptstadt der Algarve, um ein paar Tage in Faro zu verbringen.

KLEINE PAUSE

Rund ums Hafenbecken finden Sie Einkehrmöglichkeiten für den kleinen wie großen Hunger; Letzterer wird mit viel frischem Fisch und Seafood auch im **Vivmar** (S. 107) gestillt.

---

i

✈208 C1, Stadtplan 202/203 ❶ Posto de Turismo, Rua da Misericórdia 8–12 ☎ 289 80 36 04 🌐 www.cm-faro.pt ◷ tägl. 9.30–17.30 Uhr, mitunter 13–14 Uhr geschl.
🚌 Avenida da Républica (http://eva-bus.com); Verbindungen u. a. nach Lagos, Loulé, Olhão, Portimão, São Bras de Alportel, Vila Real de Santo António und Lissabon 🚆 Largo da Estação (www.cp.pt); Verbindungen u. a. nach Lagos, Lissabon, Tavira und Santo Vila Real de Santo António

Sé
✈202 C2 ✉ Largo da Sé ◷ Feb.–Nov. Mo–Fr 10–18.30, Sa 9.30–13, Dez./Jan. Mo–Fr 10–18, Sa 9.30–13 Uhr 🎟 3,50 €

Capela dos Ossos (Igreja do Carmo)
✈202 C5 ✉ Largo do Carmo ◷ Sommer Mo–Fr 9–13 & 15–18, sonst 9–13 & 15–17, Sa immer 10–13 Uhr 🎟 2 €

Museu Municipal
✈202 C1 ✉ Praça do Afonso III 14 🌐 http://museusdoalgarve.wordpress.com ◷ Juni–Sept. Di–Fr 10–19, Sa/So 11.30–18, Okt.–Mai Di–Fr 10–18, Sa/So 10.30–17.30 Uhr 🎟 2 €

㉑ Vilamoura

Was?	Exklusives Ferienziel aus der Retorte mit einer der größten Marinas in ganz Europa
Warum?	Während Sie an einem Cocktail nippen, können Sie die glänzend weißen Jachten des Jetsets bestaunen.
Wann?	Nach einem Tag am Strand – die beste Stimmung herrscht am frühen Abend
Wie lange?	Wer nur bummeln will, benötigt nicht mehr als ein Stündchen.
Was noch?	Die berühmte Praia da Falésia und ein archäologisches Museum
Resümee	Wer's mag ...

Promis, Geschäftsleute und Adabeis treffen sich in den Terrassencafés an der Marina, die bereits als »bester Jachthafen Portugals« geadelt wurde.

Es ist eine stolze Zahl an Liegeplätzen, mit der Vilamouras Marina auftrumpft: 825. Hier öffnet sich einer der größten Freizeithäfen in Südportugal, eingerahmt von zahlreichen Restaurants, Kneipen und Geschäften. Immer wieder herrscht Promi-Alarm. Als Normalsterblicher braucht man nur um das Hafenbecken zu flanieren, um Flair und Stimmung in sich aufzunehmen. Der Wechsel von Chic und Bodenständigkeit hat durchaus seinen Reiz. Ob man an der Marina irgendwo einkehrt – was etwas teurer, aber dank großer Terrassenflächen auch stimmungsvoller als andernorts sein mag – bleibt jedem selbst überlassen.

Und sonst?

Vilamoura entstand ab den 1970er-Jahren eigens für den Küstentourismus aus der Retorte – die entsprechenden Bausünden etwa in der angrenzenden Touristenhochburg Quarteira inklusive. Je nach Jahreszeit steigt reichlich Animation. Im östlichen Eck der Marina ist 2018 ein großes, neues Kongresszentrum entstanden.

Nichtsdestotrotz hat das historisch nicht uninteressante Vilamoura auch etwas Kultur zu bieten: Dass der Küstenvorlauf an dieser Stelle vor Jahrhunderten ein ganz anderer war, belegen die Reste eines römischen Hafens, der wohl an einer Lagune lag. Unmittelbar an die Marina angrenzend legten Archäologen Reste eines Patrizierhauses, mehrerer kleiner Häuser sowie Brunnen und Wasserreservoirs frei, die heute im Cerro da Vila Estação Arqueológica besichtigt werden können. Erhalten sind u. a. schöne Mosaike aus dem 3. Jh. n. Chr. Ausgrabungsfunde, auch aus westgotischer und arabischer Zeit, werden in einem kleinen Museum gezeigt

Einer der am schönsten gelegenen Golfplätze der Algarve, der Vale do Lobo Ocean Golf Course, ist von Vilamoura in wenigen Autominuten erreicht.

KLEINE PAUSE

Um die Marina von Vilamoura gibt es eines ganz gewiss nicht: einen Mangel an Einkehrmöglichkeiten. Suchen Sie sich ein passendes Plätzchen aus, das Ihrem Geschmack entspricht: abhängig von Zulauf, Stimmung, Preisniveau und Vorliebe für Sonne oder Schatten.

i

208 A2
www.marinadevilamoura.com

Cerro da Vila Estação Arqueológica
Av. Cerro da Vila 2 ☎ 289 312153
Di–So 9.30–12.30 & 14–18 Uhr 3 €

㉒ Albufeira

Was?	Das einstige verschlafene Fischernest ist heute der umtriebige Touristik-Hotspot der Algarve – mit allem, was dazu gehört.
Warum?	Pralles Sommerleben rund um die Uhr, eine vibrierende City, ein langer Stadtstrand und Wassersportmöglichkeiten ohne Ende richten sich vor allem an Urlauber und Nachtschwärmer, die den Trubel lieben.
Wann?	Einen Stadtbummel unternimmt man am besten früh abends, wenn die Hitze des Tages etwas abflaut.
Wie lange?	Einen ganzen Urlaub oder kurzen Spaziergang lang
Resümee	All inclusive!

Die Feriengemeinde Albufeira hat viele Gesichter und ist angesichts einer Küstenlänge von 15 km kaum auf einen Nenner zu bringen. Die Ziele liegen entsprechend weit verstreut: Im Westen finden Sie die Marina mit knapp 500 Liegeplätzen und Strände wie die Praia do Castelo, weit im Osten den Steilküstenstrand der Praia da Falésia (S. 82), ein Gebiet, in dem sich manche Spitzenhotels konzentrieren. In der weit auseinander gerissenen Gemeinde Albufeira leben etwa 25 000 Menschen. Wer Kurs auf die Innenstadt nimmt, fin-

Am Largo Engenheiro Duarte Pacheco schlägt Albufeiras Herz. Benannt ist der Platz nach dem Bauminister der Salazar-Regierung, der den Tunnel zum Stadtstrand initiierte.

Auch wenn vom einstigen Fischerdorfcharme nicht mehr übrig ist – die Lage Albufeiras ist immer noch grandios.

det auf dem Largo Engenheiro Duarte Pacheco den idealen Ausgangspunkt zur Entdeckung der Fußgängerzonen mit reichlich Kneipen und Souvenirshops.

Nicht jedermanns Sache

Überall bewegt man sich im Strom der Tourismusmassen. Ein solcher Rummel wie in Albufeiras City ist eher untypisch für die Algarve. Das kann anziehen, aber auch etwas abschrecken – entscheiden Sie selbst!

Ein Tunneldurchgang führt von der Rua 5 de Outobro zu Albufeiras Hausstrand, der Praia dos Pescadores. In der Oberstadt mit der Hauptkirche Igreja Matriz, der an der Praça Miguel Bombarda gelegenen Ermida de São Sebastião und der Igreja de Sant'Ana verebben die Besuchermassen dann ein wenig. Alle drei Kirchen gehen auf das 18. Jh. zurück. Ein weiterer Blickfang von Albufeira ist der Torre do Relógio, der Uhrturm des ehemaligen Bezirksgefängnisses.

KLEINE PAUSE

Die **Marina** ist einen Abstecher wert. Dort finden Sie reichlich Terrassenplätzchen für einen erfrischenden Drink.

---

i

207 D2 Posto de Turismo, Rua 5 de Outobro ☎ 289 58 52 79 www.cm-albufeira.pt, www.turismodealbufeira.com tägl. 9–13, 14–17/18 Uhr Busbahnhof, Alto dos Caliços http://eva-bus.com; Verbindungen u. a. nach Faro. Lagoa, Lissabon, Portimão, Silves

Nach Lust und Laune!

23 Fuseta

Eine unscheinbare Landstraße zweigt von der EN-125 zwischen Olhão und Tavira ab und führt nach Fuseta (auch: Fuzeta). Der nette, noch recht authentisch gebliebene Ort bestand in den Anfängen nur aus ein paar Fischerhütten. Seine Entwicklung ging mit dem Bau würfelförmiger Häuser einher, die durch ihre typischen Dachterrassen und Schornsteine auffallen. Reizvoll für Besucher ist Fusetas Lage an der Lagunenwelt des Parque Natural da Ria Formosa (S. 97).

In Fuseta leben noch viele Menschen vom Fischfang. Beliefert werden auch kleine Restaurants in der Umgebung, die exzellenten Fisch auftischen. Fischerboote machen am tiefen, schmalen Einschnitt des Hafens fest, am Ortsrand dehnt sich weitflächiger Sandstrand zur Lagune hin; der dortige Strandeinstieg ist flach. An der Promenade zum Hafen können Sie gut die Ein- und Ausfahrt der Fischerboote verfolgen.

Bootspendeldienste bzw. Wassertaxis bringen Sie regelmäßig hinüber zur langen Praia da Fuseta – ein schöner Strandausflug! Vom Hafen starten aber auch längere, von Passeios Ria Formosa (S. 109) durchgeführte Bootstouren durch den Parque Natural da Ria Formosa. Die meisten Touren beinhalten einen Halt an einem einsamen Lagunenstrand, der Praia do Homem Nú.

✈ 209 E2

24 Parque Natural da Ria Formosa

Der Parque Natural da Ria Formosa gilt als eines der großen Naturwunder Portugals. Der rund 18 400 ha große Naturpark erstreckt sich über 60 km über das ganze Küstengebiet

Eile mit Weile – in Fuseta ticken die Uhren noch etwas langsamer.

Flatterhaft

Psst! Stille ist das oberste Gebot, wenn es mit Feldstecher und Teleobjektiv bewaffnet auf die Pirsch nach den gefiederten Bewohnern der Ria Formosa geht. Sie haben keine Erfahrung im Birdwatching? Dann engagieren Sie am besten einen Guide. Sie werden verblüfft sein, was dieser noch alles entdeckt. Webervögel, Rohrweihen, Löffler, Flamingos, Hänflinge, mit Glück einen Fischadler oder Wiedehopf. Reiher und Weißstörche sind da schon eher »gewöhnlich«. *ProactiveTur, Rua de Portugal 35, Loulé, Tel. 289 41 61 98, http://proactivetur.pt*

westlich von Faro bis kurz vor Manta Rota (S. 67) im äußersten Osten der Algarve. Charakteristisch sind Lagunen, bewohnte und unbewohnte Barriereinseln, die sich nicht zuletzt durch ihre langen Sandstrände auszeichnen, sowie Kanäle, die dem starken Tidenhub des Atlantiks unterworfen sind.

Das Naturschutzgebiet bringt einige Besonderheiten mit sich. Mancherorts fühlt man sich regelrecht weltentrückt, dann wieder drängen das Häusermeer und der internationale Flughafen von Faro nah heran. Wichtige Einkommensquellen für die einheimische Bevölkerung sind Fischfang und Muschelzucht. Es gibt auch Austernfarmen, die auch Absatzmärkte in Frankreich beliefert – und zwar meist ausnahmslos, sind doch die Austern, die etwa sechs bis zwölf Monate in den nährstoffreichen Gewässern reifen, lange im Voraus verkauft. Allein dieses wirtschaftliche Interesse zeugt davon, dass der Naturpark alles andere als unberührt von menschlichen Einflüssen ist. Andererseits bietet er zahlreichen Vögeln Lebensraum, darunter Flamingos, Reihern und den zu den Kormoranen gehörenden Krähenscharben. Es gibt auch eine Seepferdchenkolonie.

Die größten und auch für Besucher zugänglichen Inseln im Naturpark sind die Ilha de Tavira (S. 68), die Ilha da Armona (S. 99), die Ilha da Culatra (S. 88) und die Ilha Deserta. Während die Insel Culatra von zahlreichen Fischern im Ort Culatra bewohnt wird, ist Deserta besonders einsam. Hinzukommt die ebenfalls bewohnte Ilha de Faro (S. 102) mit einem langen Strand, die Sie westlich von Faro über Land über eine Dammstraße erreichen. Ansonsten sind die Inseln verkehrsfrei (mit Ausnahme von Traktoren, die auf Culatra zum Transport dienen). Daher sind Einheimische wie Besucher auf Boote und Wassertaxis angewiesen. Ab Tavira (S. 52) verkehren regelmäßig Boote zur Ilha de Tavira, ab Olhão (S. 84) zur Ilha da Armona, Ilha da Culatra und Ilha Deserta. Kleinere Einstiegspunkte in die Inselwelten sind auch die beiden Orte Cabanas de Tavira (S. 47 & 68) und Santa Luzia (S. 68).

Östlich von Olhão ist ein kleiner Teil des Naturparks von der Landseite her zugänglich. Gegen Eintrittsgebühr können Sie einen ca. 3,5 km langen Naturlehrpfad angehen und in den Feuchtgebieten bzw. Salzmarschen Vögel beobachten. Hier leben Weißstörche und Purpurhühner, Teichrallen, Blässhühner, Seiden- und Graureiher, Grünschenkel, Enten- und Möwenarten. Vogelsichtungen hängen natürlich vom Tagesglück wie auch von der Jahreszeit ab – die besten Chancen hat man im Frühjahr und Herbst. Aber auch die Vegetation im Parkgelände hat ihren Reiz, sie besteht aus hochstämmigen Kiefern, Kakteen, Stechginster, Röhricht, Kräutern, Sumpf- und Salzpflanzen.

Die beste Möglichkeit zu einer intensiveren Erkundung des Naturparks ist eine organisierte Bootstour, die auch Familien mit Kindern begeistern wird. Der Zeitrahmen reicht von einer einstündigen Ausfahrt bis zum Ganztagesausflug. Es gibt mehrere Anbieter, darunter den an mehreren Stützpunkten vertretenen Veranstalter Passeios Ria Formosa (S. 109). Bei den Seekajaktrips von Formosamar setzen Sie dabei ganz auf die Kraft der eigenen Muskeln und fühlen sich umso stärker im Einklang mit der Natur.

↟209 D1

25 São Brás de Alportel

Einen Abstecher in dieses Landstädtchen rechtfertigt das Museu do Traje, ein Museum, das sich volkskundlich relevanten Trachten widmet – aber nicht ausschließlich! Interessant ist allein der Rahmen, ein Palais aus dem 19. Jh., errichtet von einem vormaligen Maultiertreiber, der es durch wirtschaftlichen Weitblick, den Korkhandel und die hiesige Korkindustrie zu Wohlstand brachte. Das Herrenhaus empfängt Sie mit einem netten Vorhof, die Fassaden sind mit Azulejos überzogen. Die Dauerausstellung, die regionale Trachten der Algarve zeigt, wechselt im Schnitt alle zwei Jahre. Hinter dem Gebäude erstreckt sich ein langer Hof, wo unter Schutzdächern Kutschen stehen. Vom Hof aus geht es auch in die ehemaligen Stallungen mit aufschlussreicher Ausstellung zum Thema Kork (S. 19). Außerdem hat das Museu do Traje diverse Kulturveranstaltungen im Programm. Und für eine kleine Pause bietet sich die museumseigene Snackbar O Cantinho an.

Der Rest des 12 000-Einwohner-Städtchens ist rasch durchquert. Das

Auch abseits der Küste warten kleine Juwelen, so in São Brás de Alportel das kleine, aber feine Museu do Traje, das in einem wundervollen Palais residiert.

historische Zentrum gibt sich mit Kachelfassaden und der Hauptkirche Igreja Matriz (Ursprung im 15. Jh.) bescheiden. Rund um São Brás de Alportel gibt es Korkeichenhaine und nach wie vor mehrere Korkfabriken.

209 D3 Posto de Turismo
Largo de São Sebastião 23
289 84 31 65 www.cm-sbras.pt
Rua João Louro (http://eva-bus.com); Verbindungen nach Faro

Museu do Traje
Rua Dr. José Dias Sancho 61
289 84 01 00
www.museu-sbras.com
Mo–Fr 10–13, 14–17, Sa/So nur 14–17 Uhr 2 €

Nicht gerade ein Pompeji, aber doch sehr stimmungsvoll: die römischen Ruinen von Milreu

26 Milreu

Auf dem Areal der Ruínas Romanas de Milreu können Sie sich Reste von Römerbauten aus dem 1.–4. Jh. n. Chr. ansehen. Sie stammen von einer sogenannten Villa Rustica, einer typischen Villen- bzw. Wohnanlage, von der aus damals die umliegende Land- und Viehwirtschaft kontrolliert wurde. Wein und Oliven zählten zu den wichtigen Agrarprodukten der damaligen Provinz Lusitania; heute wachsen rundherum Orangen und Mandeln. Bei einem Rundgang gibt es mehrere interessante Mosaike mit Fischmotiven zu entdecken, außerdem noch Überreste der Ziegelstruktur eines Tempels und freistehende Säulenfragmente. Im Inneren des moderneren Blocks der Casa Rural de Milreu sind ebenfalls römische Mauerreste und Mosaike zu entdecken.

Das Areal von Milreu ist klein, übersichtlich und einfach zu erkunden. Der Eingang liegt etwa 600 m vom Ortskern von Estoi entfernt an der Straße Richtung Faro. Im nahen Ort Estoi selbst hebt sich der Palácio de Estoi als wichtigstes Bauwerk ab. Das Adelspalais datiert ursprünglich vom Ende des 18. Jh.s, die Wiederherstellung von Palast und Gärten erfolgte 1893 bis 1909. Heute ist – hinter einem modernen Mauermantel – ein Hotel aus der Kette der Pousadas untergebracht. Erhalten haben sich aus alter Zeit die stilvollen Salons, die Gartenanlage und die zur Gartenseite weisende Fassade.

208 C2 ☎ 289 997 823 www.monumentosdoalgarve.pt Mai–Sept. Di–So 10.30–13 & 14–18.30, Okt.–April Di–So 9.30–13 & 14–17 Uhr 2 €

27 Ilha de Faro

Die Anfahrt am internationalen Flughafen vorbei mag zunächst befremden – die Starts und Landungen der Maschinen sind weder zu übersehen noch zu überhören –, doch ein Abstecher auf die Ilha de Faro lohnt sich trotzdem. Dazu braucht es kein Boot, sondern für Fahrzeuge (oder auch Räder) geht es über die Dammzufahrt. An deren Ende landen Sie am dicht bebauten Mittelstück der extrem schmalen Insel, die zum Westteil des Parque Natural da Ria Formosa (S. 97) gehört. Zur offenen Seeseite hin wendet sich der kilometerlange Sandstrand Praia de Faro, der zum Baden, Sonnenbaden und Beachwalking einlädt. Restaurants sorgen fürs leibliche Wohl. Je weiter Sie sich von den zentralen Bereichen wegbewegen, desto ursprünglicher wird es. Interessant in den abgelegeneren Teilen der Insel sind die vielen Fischerhäuschen, die zuweilen nur über Bohlenwege erreichbar sind.

208 C1

28 Quinta do Lago

Ein Stück südlich von Almancil steht der Bereich der Quinta do Lago für einen der schicksten und exklusivsten Teile der Algarve. Villen, Golfgreens, Ferienhäuser und Fünf-Sterne-Nobelhotels wie Conrad (www.conradalgarve.com) und Monte da Quinta (www.montedaquintaresort.com) sind frequentierte Treffs der Geldelite. Gelegentlich finden sich Prominente ein oder haben sich gleich angesiedelt – nicht zufällig ist Quinta do Lago schon als das »Beverly Hills von Portugal« bezeichnet worden. Manche Protzvillen haben eine befremdliche Blockarchitektur, die überhaupt nicht in die Gegend passt. Gelegentlichen Fluglärm des Airports von Faro darf man ebenfalls als unpassend empfinden – aber ein Mitverursacher ist man als Fluggast ja selber …

Bodenständig sind die Wander- und Radwege in der nahen Umgebung, auf denen sich ein Teil der Feuchtgebiete des Parque Natural da Ria Formosa (S. 97) bestens erkunden lässt. Naherholung pur! So fühlen sich dort nicht zuletzt Birdwatcher wohl. Gute Beobachtungsterrains sind die Salzpfannen (zu erkennen an den Becken und den Salzhügeln) und – nahe von Golfgreens – die Gewässer des Lagoa de São Lourenço. An diesem kleinen See, an dem der beliebte gleichnamige Wanderweg vorbeiführt, gibt es ein hölzernes Vogelbeobachtungshaus. Ebenso können Sie Ausschau nach kleinen Wasserschildkröten im See halten.

Naturidyll für Vogel- und Naturbeobachter: das Lagunensystem, hier bei Quinta do Lago

Ein Dünengürtel trennt die inneren Feuchtgebiete von der langen, sandigen Praia da Quinta do Lago; in Richtung dorthin spannt sich ein Fußgängersteg.

208 B2

29 Quarteira

Vormals ein bescheidenes Fischerdorf, wurde Quarteira im Zuge des Küstentourismusbooms ab den 1960er-Jahren weitestgehend zubetoniert. Unter diesen Vorzeichen ist der Ort alles andere als eine Schönheit, doch der Fischerhafen und die traditionelle Fischmarkthalle bewahren ein wenig vom alten Flair. Es gibt einige Fischrestaurants. Gewöhnlich Ende Mai feiert Quarteira sein Fischerfest, am 8. Dezember das Marienfest. Die Promenade entlang der hiesigen Sandstrandabschnitte ist ansehnlich angelegt, die außerhalb beginnende Praia do Forte Novo ein schönes Strandziel.

207 F2

30 Loulé

Im Mittelalter waren die Mauren hier ansässig, später war die geografische Lage im Hinterland verantwortlich dafür, dass Loulé vergleichsweise wenig von den Profiten aus der Entdeckerzeit und vom Tourismus abbekam. Dennoch ist es im umliegenden Landwirtschaftsbezirk das bedeutendste Zentrum geblieben, das allein wegen seiner Markthalle, dem Mercado Municipal, einen Abstecher lohnt. Das neomaurische Bauwerk an sich ist bereits ein Blickfang, die Ständevielfalt im Inneren eine Entdeckung wert. Hier bekommen Sie auch Süßwaren aus Mandeln und Feigen, Chutneys, Kräutersäckchen und Weine. Obst und Gemüse werden im Überfluss offeriert. Samstagvormittags herrscht der größte Zulauf, dann greift das Marktleben auf die angrenzenden Straßen aus – stürzen Sie sich einfach mit ins Getümmel!

Loulés nennenswerte historische Bauten liegen weiträumig im Ort verteilt. Die im Stil der Spätgotik aus einer Moschee hervorgegangene Hauptkirche Igreja Matriz de São Clemente (13. Jh.) steht am Largo Batalhão Sapadores Caminhos de Ferro. Sehenswerter ist aber der Stadtbezirk um die kleine, zinnengekrönte Burganlage, die Sie unweit des Largo de Dom Pedro I. betreten.

Perfekt, um dem Trubel an der Küste zu entfliehen: Loulé mit seiner maurisch anmutenden Markthalle

Dieses Castelo datiert aus dem Mittelalter. Treppen führen hinauf auf den Turm. Im unteren Teil der Burg geht es in das Archäologische Gemeindemuseum, das Museu Municipal de Arqueologia, und in eine typische Algarve-Landküche (Cozinha Tradicional). In derselben Gasse, von der aus ein Abzweigung zur Burg führt, liegt die Ermida de Nossa Senhora da Conceição. Im Inneren des kleinen Gotteshauses, das recht leicht zu übersehen ist, überrascht eine wahre Pracht aus barocker Dekoration und Azulejos.

Im Kontrast dazu steht auf einem Hügel außerhalb der Stadt ein modernes Marienheiligtum, das überkuppelte Santuario de Nossa Senhora da Piedade von 1995. Aus der Ferne wirkt es, als wäre ein Ufo dort gelandet und hätte riesige Greifarme ausgebreitet. Wem das zu modern ist, findet gleich daneben die alte, einschiffige Wallfahrtskapelle mit Azulejos, schlichten Gemälden und einer Schmerzensmutter – ein stimmungsvoller Platz! Auf den Hügel führt wahlweise ein Sträßchen oder ein Wallfahrtsweg.

Die Bewohner von Loulé sind übrigens für ihr feierfreudiges Wesen bekannt. Wichtige Veranstaltungen im Jahreskalender sind der Karneval und die Festa da Mãe Soberana; dieses Patronatsfest beginnt Ostersonntag und erreicht zwei Wochen später seinen Höhepunkt. Gewöhnlich Ende Juni steigt das Med-Musikfestival.

208 B3 Posto de Turismo, Avenida 25 de Abril 9 289 46 39 00 www.cm-loule.pt Rua Nossa Senhora de Fátima (http://eva-bus.com); Verbindungen u.a. nach Albufeira, Armaçâo de Pêra, Faro, Lagoa, Portimâo, Sâo Bras de Alportel

Castelo (mit Museu Municipal de Arqueologia und Cozinha Tradicional)
Rua de Paio Peres Correia
Mo–Fr 9.30–17.30, Sa 9.30–16 Uhr
2 €

Ermida de Nossa Senhora da Conceição
Rua de Paio Peres Correia Di–Fr 9.30–17.30 , Sa 9.30–16 Uhr frei

31 Alte

»Der Weg ist das Ziel«, heißt es bei der Fahrt nach Alte. Sie lohnt sich allerdings nur für jene, die sich etwas Zeit nehmen, um das Hinterland der Algarve ausgiebiger zu erkunden. Dort, wo Granatapfel- und Orangenbäume wachsen, wo die Höhenrücken der Serra do Caldeirão ansteigen und wo der Rhythmus des Lebens ein anderer ist als an der Küste, lässt es sich herrlich umherbummeln und entspannen. Alte ist ein wundervoll beschaulicher Ort mit weiß getünchten Häusern, einem Kirchplatz und einem kleinen Quellgebiet. Nur einmal im Jahr geht es hier hoch her, dann nämlich, wenn Alte einen rauschenden Karneval feiert.

Wer nordwestwärts von Alte über São Bartolomeu de Messines angefahren ist, sollte die Tour östlich von Alte über Benafim und Salir fortsetzen. Hier zeigen sich weitere Seiten des typischen Landlebens.

207 E4

In Alte, einem weiteren Vorzeigedorf im Hinterland, folgt der Alltag einem gemütlicheren Tempo.

Wohin zum … Übernachten?

Preise für ein Doppelzimmer pro Nacht in der Hauptsaison:

€	unter 95 €
€€	95–150 €
€€€	über 150 €

ALBUFEIRA

Epic Sana €€€
Ein lichtes, riesiges Foyer markiert den Auftakt in dieses topmoderne Spitzenhaus, das von Pinienwäldern umgeben ist. Es bietet gut ausgestattete Hotelzimmer, einen Komplex mit Apartments, ein Spa und ein rund um die Uhr zugängliches Fitnesscenter. Ansprechend sind das Gourmetrestaurant Al Quimia und die Außenanlagen. Außerhalb des Geländes führt ein kurzer Fußweg zur Praia da Falésia.
207 D2 Pinhal do Concelho, Praia da Falésia, Olhos de Água ☎ 289 10 43 00
www.algarve.epic.sanahotels.com

Wohlfühloase im Epic Sana

Quinta do Mel €€/€€€
Das feudale Landhausquartier im äußersten Osten der Feriengemeinde Albufeira liegt auf dem Weg zum Jachthafen von Vilamoura, aber nicht am Meer. Es eignet sich für alle, die den etwas anderen Algarve-Tourismus im Küstenhinterland mögen und relaxen wollen. Mit Pool und lokaler Gastronomie. Echte Schnäppchen außerhalb der Saison.
207 D2 Olhos de Água ☎ 289 54 36 74
www.quintadomel.com

LOULÉ

Loulé Coreto Hostel €
Eine einfache Unterkunft zu niedrigem Preis abseits der Küstenregion und ausgetretener Pfade im Zentrum von Loulé. Die günstigste Möglichkeit der Unterbringung ist ein Bett im Schlafsaal bzw. Mehrbettzimmer (nach Geschlechtern getrennt). In der Gemeinschaftsküche und auf der Dachterrasse kommt man schnell in Kontakt mit Gleichgesinnten.
208 B3 Avenida José da Costa Mealha 68 ☎ 966 66 09 43
http://loulecoretohostel.com

OLHÃO

Casa Modesta €€€
In der familiengeführten Landhaus-Unterkunft mit Komfortfaktor finden zeitgenössisches Feeling und die Geschichte um den Gründer und alten Seebären Joaquim Modesto de Brito zusammen. Rundherum sind Sie in direktem Kontakt mit der Natur.
209 D1/2 Quatrim do Sul ☎ 964 73 88 24
www.casamodesta.pt

VILAMOURA

Anantara Vilamoura Algarve Resort €€€
Dieses traumhafte, serviceorientierte Fünf-Sterne-Haus ist ideal für jene, die keinen Beach-Kracher wollen, sondern ein ruhiges Umfeld bevorzugen. Es liegt wenige Kilometer landeinwärts, in Nachbarschaft des Victoria Golf Course (S. 109). Fixpunkte sind der Palms Pool und der Cascades Pool – Letzterer ist nur während der Hauptsaison geöffnet und bleibt Erwachsenen vorbehalten. Es gibt insgesamt 280 Zimmer und Suiten, ein Spa, Fahrradverleih, buchbare Tuk-Tuk-Touren, einen rund um die Uhr zugänglichen Fitnesssaal sowie einen Shuttle zur Marina von Vilamoura und zu Golfplätzen in der Umgebung. Das Ria Restaurant tischt mittags exzellente Fischgerichte auf, abends ist das Restaurant EMO (S. 107) auch für Nicht-Hotelgäste eine hervorragende Wahl.
Avenida dos Descobrimentos
☎ 289 31 70 00 http://vilamoura.anantara.de.com

Wohin zum ...
Essen und Trinken?

Preise für ein Drei-Gänge-Menü ohne Getränke und Service:

€	unter 25 €
€€	25–40 €
€€€	über 40 €

FARO

Vivmar €€

Meeresfrüchte und Fisch dominieren die Speisekarte. Kein Wunder, steht doch die Fischervereinigung hinter dem Vivmar. Das Restaurant mit rustikaler Note wirkt etwas unscheinbar und liegt direkt außerhalb des Stadtmauerrings nahe dem Centro Ciência Viva do Algarve.
208 C1 Rua Comandante Francisco Manuel 8 916 14 55 84 Mo–Sa 12–15 & 19–22 Uhr

FUSETA

Casa Corvo €

Dieses einfache Restaurant ist eine Institution in Fuseta und entsprechend gut besucht. Gelegentlich muss man sich auf Wartezeiten einstellen, was sich aber lohnt, um den exzellenten Fisch vom Grill zu probieren. Ebenso hervorragend wie die Qualität ist das Preisniveau, penible Sauberkeit sollte man aber nicht erwarten. Gegrillt wird direkt neben der Terrasse, wo das Essen auch serviert wird.
209 E2 Largo 1° de Maio 33
914 13 00 29 wechselnde Zeiten, meistens Di–Sa 12–15 & 19–22.30 Uhr

ILHA DA CULATRA

A-do-João €/€€

Das Inselrestaurant im Leuchtturmort Farol ist für seinen frischen Fisch und typische Meeresfrüchtegerichte bekannt und bietet auch draußen nette Sitzgelegenheiten.
209 D1 Ilha da Culatra, direkt am Strand
289 71 42 09 während der Saison tägl. 12–24 Uhr

LOULÉ

11 da Villa €

Der beliebte und stimmungsvolle Gastropub liegt an einem netten Platz in der historischen Altstadt. Sie können draußen sitzen oder es drinnen im grottenartigen Backsteingewölbe gemütlich angehen lassen. Eine gute Adresse für einen Drink oder Snack.
208 B3 Largo de D. Pedro I.
289 09 30 49 Di–Do 11–23, Fr/Sa 11–1 Uhr

Café Calcinha €

Das traditionelle Kaffeehaus, das vom Ende der 1920er-Jahre datiert, wurde damals einem brasilianischen Café nachempfunden. Heute ist es für Einheimische und Besucher ein beliebter Treffpunkt. Draußen sitzt der in Loulé verstorbene Heimatdichter António Aleixo (1899–1949) in Bronze. Sie können drinnen oder auf der Terrasse Platz nehmen.
208 B3 Praça da República 67
289 41 57 63 Mo–Fr 11–22, Sa 11–16 Uhr

OLHÃO

Grupo Naval de Olhão €

Das einzige Restaurant direkt an der Marina, der Zugang ist etwas versteckt. Umso schöner ist es, sich hier kulinarisch mit Fisch und Meeresfrüchten überraschen zu lassen. Fantastische Qualität zu fantastischem Preis.
Marina von Olhão 961 34 85 08 und 911 54 44 40 tägl. 11–23 Uhr

VILAMOURA

EMO €€€

Das nur abends geöffnete Restaurant ist im Anantara Vilamoura Algarve Resort untergebracht, doch auch für Nicht-Hotelgäste lohnt sich der Weg. Die Küche kommt mit avantgardistischem Touch daher. Klassiker sind das Standard- und das Degustationsmenü, zu dem sich zusätzlich das erlesene »Wine Pairing« ordern lässt: der passende Wein zum jeweiligen Gang. Der aufmerksame Service lässt keine Wünsche offen.
Avenida dos Descobrimentos 289 31 70 00
http://vilamoura.anantara.de.com
Di–Sa 19–22 Uhr, im Sommer ggf. länger

Wohin zum … Einkaufen?

Die Markthallen von Olhão und Loulé, zwei der schönsten Südportugals, präsentieren sich samstagvormittags besonders bunt und stimmungsvoll; dann werden auch rund um die Hallen viele Stände aufgebaut. Loulé gilt als Hochburg für Kunsthandwerk, während Olhão und Faro mit großen Einkaufszentren aufwarten.

KULINARIA

Auf den Märkten von Olhão und Loulé bekommen Sie frische Produkte: Obst und Gemüse, Fisch, Käse, Gewürze u. v. m. In Loulé führen diverse Stände auch Wein und süße wie äußerst nahrhafte Backwaren aus Mandeln, Feigen und Johannisbrot. Eine besondere Adresse in Olhão, nicht weit von den Markthallen entfernt, ist der Shop der Fischfabrik Manná (Avenida 5 de Outubro/Ecke Rua da Conserveira; Mo–Fr 10–13 & 15–19, Sa 8–13 Uhr), der Fischkonserven und Sardinenpastete frisch aus der Produktion zu äußerst günstigen Preisen verkauft.

KUNSTHANDWERK UND KUNST

Bei Keramikarbeiten genießt Loulé einen hervorragenden Ruf. Davon können Sie sich in den Geschäften der Innenstadt überzeugen, z. B. in Teresa's Pottery am Largo Dom Pedro I. 15, wo Sie handbemalte Kaffeetassen und Teller bekommen. Im Trend liegt auch ausgefeiltere Designerkeramik, während in der Umgebung von Loulé noch traditionelle Fertigungskünste aus Binsengeflecht gepflegt werden. Endprodukte sind Gebrauchsartikel wie Körbe, Hüte und Fußmatten. Gefäße, Cataplanas und Schmuckarbeiten aus Kupfer finden Sie in Loulé in der Werkstatt Oficina de Caldereiros (Rua da Barbacã 26) – die Schläge der Kupferhandwerker hören Sie oft bereits aus der Ferne!

Auf Keramikarbeiten und moderne Kunstgegenstände ist im Zentrum von Olhão die Galerie 4elements (Rua Capitão João Carlos Mendonça 27) spezialisiert.

SHOPPINGZENTREN

Ein komplett anderes Publikum spricht Algarve Ria Shopping/Algarve Outlet (www.algarveoutlet.pt) bei Olhão an. Im August können Sie hier bis Mitternacht einkaufen, sonst bis 23 Uhr. Am nordwestlichen Stadtrand von Faro liegt das Shopping Center Forum Algarve (www.forumalgarve.net).

NICHT IMMER IN DER ALTSTADT

Das Zentrum von Albufeira ist ein großer Shopping-Tummelplatz. Allerdings sind viele Souvenirstände gesichtslos und austauschbar. Faro eignet sich ebenfalls für den Schaufensterbummel, wobei die meisten Geschäfte außerhalb der Altstadt liegen, z. B. rund um die Rua de Santo António.

TERMINE

Große Zugkraft üben Floh- und Allerleimärkte (feiras de velharias) aus. Empfehlenswert sind: am jeweils 2. und 3. Samstag in Albufeira (gegenüber Mercado dos Caliços), am 1. Sonntag im Monat in Fuseta (direkt neben dem Campingplatz) und am 3. Sonntag im Monat in São Brás de Alportel (Parque Roberto Nobre). Aktuelle Infos haben die Touristenbüros und die Händlervereinigung http://associacaofeirantesalgarve.pt.

Wohin zum … Ausgehen?

Die mittlere Algarve eignet sich hervorragend für Nachtschwärmer. Am höchsten steigt das Stimmungsbarometer in Albufeira und in Faro. Jeden Monat erscheint das Heft »Algarve Guia/Guide«, das in den Touristeninformationen gratis ausliegt und über Feste, Events, Ausstellungen, Sportveranstaltungen etc. informiert.

HOTSPOTS

Ein Höhepunkt für Partytiger in der Gemeinde Albufeira ist die Avenida Dr.

Francisco Sá Carneiro, die als Albufeira-Strip bekannt ist. Manchmal steppt der Bär hier im Sommer so richtig erst nach Mitternacht. Im Zentrum der Stadt geht es um den Largo Engenheiro Duarte Pacheco ausgesprochen lebhaft zu.

Faros Nachtleben profitiert von den vielen Studenten, die auswärtigen Besuchern gegenüber offen und herzlich sind. Der am meisten frequentierte Hotspot des Nachtlebens ist als Rua do Crime bekannt, obwohl Sie den Namen auf keinem Stadtplan finden: Gemeint ist der Bereich rund um die Rua do Prior.

Ein verlässlicher Dauerbrenner am Abend ist die Marina von Vilamoura. Beliebter Treff am Strand von Vilamoura ist der Beach Club Purobeach.

So manche junge Nachtschwärmer zieht es auch in die Diskothek Kadoc (Cerca da Areia; www.kadoc.pt).

FREIZEITAKTIVITÄTEN

Bei den sportlichen Aktivitäten stehen in dieser Region alle erdenklichen Wassersportarten und Golf an erster Stelle. Die Wassersportmöglichkeiten reichen vom Stand Up Paddling bis zum Kitesurfen. Zu den Anbietern zählt Kite Culture Algarve (Tel. 919 31 88 20, www.kite-algarve.com) mit Stützpunkt in Fuseta. Und in Quinta do Lago gibt es einen See mit einem Wassersportzentrum, das u.a. Kajak- und Tretbootfahren anbietet (Tel. 289 39 49 29, www.lagowatersports.com).

Die Golfplätze an der Algarve konzentrieren sich geografisch auf die mittlere Algarve. Der Victoria Golf Course (Vilamoura; www.dompedrogolf.com), Pinheiros Altos (Sítio dos Pinheiros, Quinta do Lago; www.pinheirosaltos.com) und der Vale do Lobo Ocean Golf Course (Vale do Lobo, www.valedolobo.com) zählen zu den bekannten Anlagen.

PER BOOT UNTERWEGS

Ein schönes Urlaubserlebnis sind Bootsfahrten, wie sie an den Marinas von Albufeira und Vilamoura angeboten werden. Ab Albufeira starten z. B. Touren mit Jacht oder Katamaran von Algarve Charters (Tel. 289 31 48 67, www.algarvecharters.com). Passeios Ria Formosa (Tel. 962 15 69 22, www.passeios-ria-formosa.com) bietet ab Fuseta gar Hausboote zum Mieten an. Wer sich ganz auf das Naturerlebnis konzentrieren möchte, kann an naturkundlichen Ausflüge, ebenfalls von Passeios Ria Formosa, oder an Seekajaktouren im Parque Natural da Ria Formosa teilnehmen, wie sie u. a. Formosamar (Avenida da República, Stand 1, Doca de Recreio de Faro, Tel. 918 72 00 02, www.formosamar.com) veranstaltet.

Volle Kraft voraus: Eine Kajaktour durch das Lagunensystem der Ria Formosa ist nicht nur »ökologisch wertvoll«, sondern macht einfach Spaß.

Traumküste: Zu bizarren Felsnadeln und -bögen erodierte Schichten aus Kalk- und Sandstein prägen den Westen der Algarve.

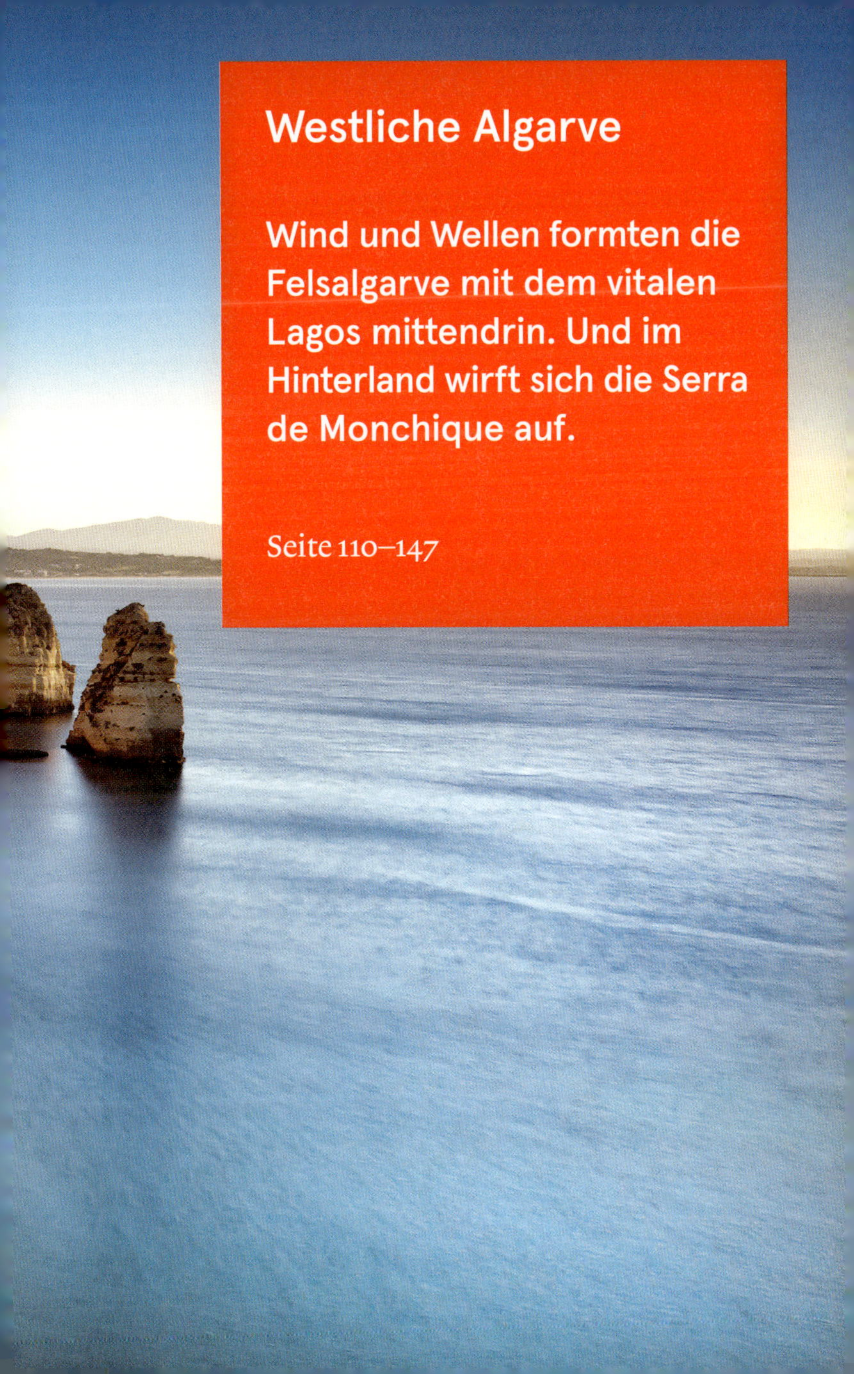

Westliche Algarve

Wind und Wellen formten die Felsalgarve mit dem vitalen Lagos mittendrin. Und im Hinterland wirft sich die Serra de Monchique auf.

Seite 110–147

Erste Orientierung

Klippen und Strände in allen Formaten, Landspitzen, bizarre Grotten, Natursteinbögen – der Westteil der Algarve gehört zum Barlavento, der spektakulären Felsalgarve. Individualreisende freuen sich über kleine Urlaubsgebiete wie Luz und Burgau, Birdwatcher über Beobachtungsspots wie an der Ria de Alvor.

Lagos ist die schönste, vitalste und historisch bedeutsamste Stadt der westlichen Algarve, wohingegen die Häusermeere von Portimão und Armação de Pêra erst einmal abschrecken. Doch überall gibt es Besonderheiten zu entdecken – nicht immer zählt der erste Eindruck. Eine durchgehende Küstenstraße existiert nicht, was bedeutet, dass immer wieder kleine Stichstraßen zu Stränden und Strandorten führen. Vereinzelt beschränken sich Strandzugänge auf schmale Zufahrten oder steile Treppen. In der Hochsaison kommt es – das sei ungeschminkt erwähnt – vielfach zum Parkplatznotstand.

Den Schlusspunkt der Geografie im äußersten Westen setzen die Ponta de Sagres und das sturmgepeitschte Cabo de São Vicente. Dort gebärdet sich das Meer ungestüm, schlägt die Brandung gegen die Steilküste. Im Hinterland erreicht die Serra de Monchique auf dem Fóia eine Höhe von 902 m. Die Bergbarriere hält die Winde des Nordens zurück und sorgt für ein ausgeglichenes Küstenklima.

<u>TOP 10</u>

❶ ★★ Ponta da Piedade

❷ ★★ Cabo de São Vicente

<u>Nicht verpassen!</u>

32 Lagos

33 Serra de Monchique

<u>Nach Lust und Laune!</u>

34 Armação de Pêra

35 Pêra

36 Silves

37 Carvoeiro

38 Ferragudo

39 Portimão

40 Praia da Rocha

41 Alvor

42 Ria de Alvor

43 Luz

44 Burgau

45 Sagres

Mein Tag an den Klippen

Spektakuläre Landschaft – geformt von Wind und Wellen und garniert mit tollen Meerblicken – erwartet Sie auf dem Küstenpfad »Percurso dos Sete Vales Suspensos«, dem »Trail der sieben hängenden Täler«. Unterwegs gibt es genug Gelegenheiten für Pausen.

13.30: Rast am Wendepunkt

10 Uhr: Empfang mit Traumpanoramen

Start und Ziel der mittelschweren Wanderung entlang der wundervollen Küste ist der Parkplatz oberhalb der Praia da Marinha, der höchste Punkt des Weges liegt 45,5 m über dem brandenden Meer. Es geht auf und ab, Kurzabstecher werden Sie ans bzw. ins Meer bringen. Damit die Tour gelingt, benötigen Sie solides Schuhwerk (keine Flip-Flops!), Badesachen, Sonnenschutz, Wasser und Proviant. Und: Sollte die Sommerhitze allzu erbarmungslos sein, verschieben Sie die Tour besser auf ein andermal.

Bevor es losgeht, lohnt noch ein Blick auf die Infotafel. Auf ihrem Weg folgen Sie anschließend den rot-gelben Wanderzeichen. Kurz hinter dem Parkplatz bilden Felsformationen, die es durchaus mit der bekannteren Ponta da Piedade aufnehmen können, das Empfangskomitee. Klippen und Felsen, über Millionen Jahre von Wind und Wasser skulptiert, werden ebenso Ihre

Wegbegleiter sein wie Möwen, Wacholdersträucher und Agaven. Schroffe Küstenhügel formen regelrechte Westernkulissen. Zur Klippenseite hin schützen manchmal Holzgeländer. Bald taucht der erste »algar« auf, eine natürliche Sinkhöhle im Fels; weitere, alle aus Sicherheitsgründen von Absperrungen umzogen, werden folgen.

Mal knirscht Sand unter den Schuhsohlen, mal geht es über Felsplatten oder Geröll oder Kies. Schwertlilien setzen gelb-lila Farbtupfer. Typisch für die Vegetation sind auch Zwergpalmen und

Mitunter geht es zu den Stränden steil bergab (oben links) – mancherorts ist man froh über ein schützendes Geländer. Die Praia Carvalho mutet mit ihren vorgelagerten Felsen fast thailändisch an, nur sind die Felsspitzen hier nicht begrünt (oben rechts).

Mastixsträucher. Die hängenden Täler, die keine spezifischen Namen tragen, sind kleine, canyongleiche Einschnitte, Zeugnisse der Erosion. Nicht weit entfernt brodelt die See. Vereinzelt sehen Sie Muscheleinschlüsse im Fels auf dem Weg, dann duftet es nach wildem Thymian. Wacholdersträucher wachsen teils übermannshoch. Und manchmal schickt der Atlantik ein Wellendonnern als Gruß herauf, so wie aus dem Riesenloch der Gruta de Benagil, in die ein paar Etagen darunter Ausflugsboote hineinfahren.

11 Uhr: Erster Badestopp

In Benagil führt der Weg kurzzeitig über Asphalt und ein Abzweig zum Strand, der Praia de Benagil. Zeit für eine Erfischungspause mit Badestopp!

Der Weg treibt abermals den Puls in die Höhe und den Schweiß ins Shirt, Felsen schieben sich heraus wie Schiffsbuge. Der nächste Strand, die Praia Carvalho, sticht als Unikat an der Algarve hervor, denn der einzige Zugang führt über Treppen durch den Fels.

Auf die Senke folgt ein langer Treppenaufgang. Erosionslandschaft säumt den Weg, der später am Farol de Alfanzina vorbeiläuft, dem Leuchtturm über dem Kap Carvoeiro. Traumhafte Abschnitte bringen Sie hoch und gefahrlos über den Klippen voran, dann geht's abwärts zur Praia de Vale Centianes.

Wie in einer anderen Welt – ein Ausflugsboot in der Gruta de Benagil (rechts oben). Oberhalb der Praia de Benagil können Sie das kühle Nass auch schlürfen … (rechts unten)

13.30 Uhr: Rast am Wendepunkt

Diese markiert das Ende des Trails und Ihren Wendepunkt. Gönnen Sie sich oberhalb des Strandes eine ausgiebige Pause im O Stop, Restaurant und Snackbar zugleich.

15 Uhr: Rückmarsch

Frisch bei Kräften? Dann beginnen Sie jetzt den Rückmarsch auf selber Strecke. Die Aufs und Abs sind kein Zuckerschlecken, das wissen Sie längst. Gut, dass Sie kurz vor der Praia de Benagil in der Casa Lamy nochmals pausieren können!

18 Uhr: Letzte Abkühlung

Lust auf eine letzte Abkühlung nach der Tour? Tief unten erwartet Sie die Praia da Marinha. Vorausgesetzt, Sie haben noch Energie für den Ab- und Aufstieg …

i

Länge: 11,8 km; **Dauer:** 5–6 Stunden; **Höhenunterschied gesamt:** 260 m

O Stop
206 B2 Praia de Vale Centianes
☎ 282 35 75 12 tägl. 9.30–21 Uhr

Casa Lamy
206 B2 Rua dos Pescadores, Benagil ☎ 282 35 98 39
Di–So 10–22 Uhr

❶ ★★ Ponta da Piedade

Was?	Eine der spektakulärsten Felsenküste Europas
Warum?	Die bizarre Schönheit der Klippen zieht jeden in ihren Bann.
Wann?	Vormittags oder früh nachmittags
Wie lange?	Für einen Spaziergang am Klippenrand rund zwei Stunden, für eine Bootstouren nochmals eine Stunde dazu
Was noch?	Alternative zur motorisierten Erkundung ist ein Ausflug mit dem Kajak – nur so gelangt man an kleine isolierte Strände.
Resümee	Unglaublich!

Der Landvorsprung Ponta da Piedade stößt etwa 2 km südlich von Lagos weit in den Atlantik. Wind und Wellen haben die Felsformationen und auch die versprenkelten Felsinselchen zu riesigen Skulpturen gemeißelt, die nicht nur die steinernen Visitenkarten der Großgemeinde Lagos, sondern die Wahrzeichen der kompletten Algarve sind. Kein Werbeprospekt der Sonnenregion kommt ohne ein Foto dieses Steilküstenabschnitts aus, dessen Begehung auf den oberhalb verlaufenden Wegen nur eine halbe Sache ist. Die besten Ansichten bekommen Sie von der Seeseite – ob nun im Ausflugsboot oder im Seekajak entscheiden Sie!

Fantasievolle Felsgebilde

Türme, Zacken, Dome, kuppenartig abgerundete Massive – oder sind es überdimensionierte Faustkeile, Tiere in Gigantenformat? Beim Anblick der Felsgebilde bekommt die Fantasie Flügel, noch mehr inspiriert durch die Hinweise der Bootsführer, die ein gemütliches Tempo an den Tag legen. Plötzlich taucht ein Katzenkopf auf, ein Elefant, ein schlafendes Kamel, das Schichtwerk eines Hochzeitskuchens, Pinocchio mit seiner langen Nase, die berühmte Titanic, der aus Paris bekannte Triumphbogen, das gekrönte Haupt einer Königin. Auch ein Falke oder ein Gorilla lassen sich hineininterpretieren. Dann wiederum glaubt man, sich regelrechten Augenhöhlen im Gestein gegenüberzusehen. Welch eine Zauberlandschaft aus Felsen und Meer! Ausgewaschen, angenagt und wie von Geisterhand gestaltet.

Weitere Höhepunkte sind die Fahrten durch Felsbögen und in Höhlen, fast zentimetergenau in Links-rechts-links-Manövern an Spitzen und Kanten vorbei. Keine Sorge, die Bootsführer kennen sich aus, selbst bei kompliziert erscheinenden Wendemanövern! Ein erfahrener Steuermann weiß selbstverständlich mit dem Vorwärts- und Rückwärtsgang umzugehen. In den Meeresgrotten schäumt, gurgelt, strudelt und wogt die See. Je nach Tag und Sonnenstand sind die Grotten von blaugrünen Lichteffekten durchflutet, als würden künstliche Scheinwerfer das Ganze in Szene setzen. Und himmelwärts öffnen sich wahre Kamine. Derweil reichen die Farbnuancen der umliegenden Felswände von Rostbraun und Hellbraun bis Grau.

Eine wilde, aber keine weltferne Szenerie

Die Küstenfelsen sind Lebensraum zahlreicher Seevögel. Agaven wurzeln bis kurz vor die allerletzten Abstürze. Aller-

Die Ponta da Piedade: umschwärmt von Möwen und Ausflugsbooten

dings ist inmitten der wilden Naturszenerie auch die Zivilisation nicht weit, wie deplatzierte Betonkästen oberhalb der kleinen Strandabschnitte nördlich der Ponta da Piedade belegen. Dass der kleinste Strand Praia Grande (großer Strand) heißt, sei nur nebenbei bemerkt. Richtung Lagos schließen sich weitere Strände in kleinen von Felsen eingerahmten Buchten an, darunter die Praia do Camilo, die Praia de Dona Ana und die Praia do Pinhão, die über Treppen und Trampelpfade von oben zu erreichen sind.

Immer wieder in anderem Licht präsentiert sich die Ponte da Piedade bei Bootstouren entlang der Felsküste.

Auf Bootstouren lassen sich Fotospeicherkarten bestens füllen, der Erlebniswert ist hoch. Verfallen Sie jedoch nicht der Illusion, allein auf weiter Flur zu sein. Ein Geheimtipp ist die Ponta da Piedade nicht, dafür aber ein unverzichtbares Highlight, wie die Besucherströme zeigen. Empfehlenswert ist der Startpunkt des Bootstrips in der Marina von Lagos. Ab dort schippern Sie für rund 20 € durch die Flussmündung des Bensafrim und werfen bei der Vorbeifahrt einen Blick auf das kleine Kastell, ehe Sie sich den Felsformationen der Ponta da Piedade langsam nähern. Das steigert die Vorfreude. Und bei der Rückkehr lässt sich die Szenerie der Masten in der Marina bestens fotografieren.

Die Eindrücke runden Sie auf dem Landweg ab. Nahe der Ponta da Piedade liegen winzige Strände, zu denen Sie von oben über Treppenstufen gelangen, darunter die bereits erwähnten Praia do Camilo und die Praia de Dona Ana.

KLEINE PAUSE

Nach der Rückkehr können Sie gut im Bereich der Marina von Lagos einkehren, ob zum kühlen Drink oder zum opulenteren Tafeln.

---

i ✢205 D2

❷ ★★ Cabo de São Vicente

Was?	Südwestspitze Portugals (und des europäischen Festlands)
Warum?	Portugals Finisterre, das »Ende der Welt«, ist einer der schönsten Küstenthrone in Europa – Aussichten und Atlantikstimmung sind schlichtweg grandios!
Wann?	Nur nicht mittags – dann trübt die hoch stehende Sonne das Fotografieren.
Wie lange?	Mindestens eine Stunde, zum Sattsehen gerne auch länger
Resümee	Nächster Stopp: Amerika

Wie eine Steigerung in mehreren Akten ist die Zufahrt von Sagres (S. 141) zum Cabo de São Vicente. Sie führt durch ein wildes, menschenfeindliches, kaum besiedeltes Gebiet, über das häufig ein höllischer Wind pfeift. Die Vegetation ist niedrig. Für Orientierung sorgt der Kap-Leuchtturm, der wie ein Wächter in der Landschaft wirkt. Die kleine Straße endet kurz davor auf dem Parkplatz, wo Snack- und Souvenirstände nicht so recht ins Bild passen wollen. Wer die Fahrzeugtür öffnet, muss an manchen Tagen richtig Kraft aufbieten, dass die Sturmböen sie nicht wegreißen.

Achtung: Wagen Sie sich unter keinen Umständen zu nah an die Klippen heran, an denen sich bereits tödliche Unfälle ereignet haben! Die Messerschärfe der Winde und das unwegsame Felsgelände ist zu keiner Zeit zu unterschätzen.

Wo der Atlantik schäumt und kocht

Die 60 bis 70 m hohen Klippenabstürze und die spektakulären Panoramen um das Kap sind kaum zu toppen. Der Wind trägt das Grollen der Brandung gegen die Klippen herauf zum Kap. Wetterfeste Naturfreunde können hier stundenlange ausharren und auf den Horizont hinaussehen, wo die Schaumkrönchen treiben und oft ein dramatisches Licht hängt. Besonders schön sind die Ausblicke nordwärts entlang der Costa Vicentina. Dort kocht der Atlantik, da schäumt, donnert und gischtet es oft besonders stark.

Südostwärts des Kaps breitet sich vergleichsweise geschützt die Ensenada do Beliche aus, eine Bucht, die sich bis zur Ponta de Sagres (S. 124) spannt. Zuflucht vor dem scharfen Wind finden Sie im Hof vor dem Leuchtturm und in einem kleinen Museum, das in bescheidenem Rahmen u.a. Bootsmodelle und nautisches Gerät präsentiert.

Legendenumwoben

Um das Cabo de São Vicente ranken sich Mythen, Legenden und Anekdoten. Es besteht kein Zweifel daran, dass es dank seiner naturräumlichen Gegebenheiten – ebenso wie die nahe Landspitze Ponta de Sagres (S. 124) – bereits in der Antike als heiliger Felsvorsprung und Göttersitz verehrt und geachtet wurde. Ob die Römer am Kap aber tatsächlich ein Sanktuarium oder eine Art Freilufttempel errichteten, ist ebensowenig bewiesen wie Mutmaßungen, ob Saturn oder Herkules hier verehrt wurden.

Der Kapname »São Vicente«datiert aus späterer Zeit und gründet sich auf den hl. Vinzenz, der zu Beginn des 4. Jh.s im spanischen Valencia sein Martyrium erlitt. Sein Leichnam, so will es eine Legende, wurde in einen mit Steinen beschwerten Seesack eingenäht und auf dem Meeresgrund versenkt, trieb aber ans Ufer zurück. Zwei Raben tauchten auf und beschützten die sterblichen Überreste, bis sie schließlich von frommen Leuten gefunden und bestattet wurde. Nach dem Einfall der Mauren im 8. Jh. musste er vor möglicher Schändung in Sicherheit gebracht werden. Ein von Raben begleitetes Schiff brachte ihn von Südspanien aus bis zum Cabo de São Vicente. Dort bekamen die Reliquien ihren Ehrenplatz in einer kleinen Kirche, die schon vorher Pilger angelockt hatte. Die Raben hielten Wache um das Gotteshaus, das man Igreja do Corvo (Rabenkirche) nannte. Im 12. Jh. gingen die Reliquien erneut auf Reisen – zu ihrem endgültigen Bestimmungsort nach Lissabon. Stellt sich noch die Frage nach fassbaren Spuren der Legende. Nein, die sucht man am Kap vergebens. Eine Kapkirche, so sie überhaupt eine gegeben hat, ist nicht erhalten. Und doch gibt es ein Detail in der Nähe, etwa 15 Straßenkilometer nordöstlich im Inland: ein Reliquiar mit einem winzigen Knochenstückchen des Heiligen, aufbewahrt im ebenso winzigen, unregelmäßig geöffneten Museum der Pfarrkirche von Vila do Bispo.

Ein wunderbarer, unmittelbar von der Straße zum Kap nicht einzusehender Strand ist die Praia do Beliche. Vom Parkplatz am Restaurant Terra ist er über eine Treppe zu erreichen.

Lichtstarker Leuchtturm

Zurück zum Kap. Die Geschichte besagt, dass auf die ominöse, nicht dokumentierte »Rabenkirche« die Bauten eines Klosters, einer Festung und eines Leuchtturms folgten. Die Aufrechterhaltung der Leuchtfeuer auf dem Leuchtturm

Die Umseglung des rauen Kaps war für die Seefahrer früherer Zeiten eine wahre Herausforderung. Ein Signalfeuer eines erstmals im 16. Jh. hier errichteten Leuchtturms weist ihnen bis heute den Weg.

zählte ebenso wie die Verteidigung der Anlage zu den Aufgaben der Mönche. Immer wieder kam es zu Zerstörungen, ob durch Feindeshand oder durch Erdbeben. Der heutige Leuchtturm aus dem Jahr 1846 wurde während der Regentschaft von Dona Maria II. errichtet. Er ragt aus den umfassend restaurierten Festungsanlagen empor und ist technisch mehrfach nachgerüstet worden, zuletzt zu Beginn dieses Jahrtausends. Sein Licht lässt sich bei klarer Sicht noch aus über 50 km Entfernung erkennen. Der Leuchtturm ist besuchbar, immer mittwochs von 14 bis 16 Uhr.

KLEINE PAUSE

Am Parkplatz vor dem Cabo de São Vicente steht der Imbissstand **Letzte Bratwurst vor Amerika.**

Letzte Bratwurst vor Amerika: Mitte März–Okt, www.letztebratwurst.com

✈204 A1

i

Die südwestlichste Spitze Europas

Die Ponta de Sagres bildet gemeinsam mit dem Cabo de São Vicente Europas Südwestspitze. »Wo das Land endet und das Meer beginnt«, beschrieb Portugals Nationaldichter Luís de Camões vor 500 Jahren dieses meerumtoste Kap. Und Plinius d. Ä. berichtet, dass die Römer das Kap und die nahe Landspitze Ponta de Sagres für einen alten Sitz der Götter hielten.

1 Cabo de São Vicente: Im 16. Jh. wurde hier eine Festung mit einem Kloster und Pilgerunterkünften gebaut, die 1587 bei einem Angriff von Sir Francis Drake zerstört wurde. Die heutige Festungsanlage entstand Mitte des 19. Jahrhunderts.

2 Leuchtturm: Das Cabo de São Vicente wird durch einen 22 m hohen Leuchtturm markiert, der in seiner heutigen Version auf das Jahr 1846 zurückgeht. Der erste Leuchtturm wurde jedoch bereits zusammen mit der Klosterfestung im 16. Jh. errichtet.

3 Ponta de Sagres: Auf der Ponta de Sagres sind nur spärliche Reste der alten Festung erhalten sowie die Kirche Igreja Nossa Senhora da Graça, die ebenfalls im 16. Jh. erbaut wurde.

4 Fortaleza de Sagres: Geografen, Astronomen und Seefahrer aus mehreren Ländern trugen unter Heinrich dem Seefahrer in der Festung auf der Ponta de Sagres ihre Kenntnisse zusammen, so besagt eine nicht überprüfbare Legende. Von dem Wissenschaftszentrum aus dem 15./16. Jh. blieb nichts erhalten. Die Festung in ihrer heutigen Form stammt von 1793.

5 Rosa dos ventos: Aus dem 15. Jh. ist noch ein Bodenkreis mit 43 m Durchmesser erhalten. Er ist in 40 Segmente eingeteilt und wird im Volksmund als »Windrose« bezeichnet; seine Bedeutung ist aber unklar.

1
2
3
4
5
©BAEDEKER

㉜ Lagos

Was?	Stimmungsvoller touristischer Hotspot der Felsalgarve
Warum?	Der perfekte Urlaubsmix: spektakuläre Felsformationen und Strände, historische Bauten im Zentrum, freundliche Gassen, Promenaden und Plätze und reichlich Cafés und Restaurants
Wann?	Rund um die Uhr
Wie lange?	Einen Tag oder gleich einen ganzen Urlaub lang
Resümee	»Perle der Algarve«

Die Igreja de Santa Maria und der Sklavenmarkt sind romantisch beleuchtet, die Vergangenheit des Ortes ist dagegen düster.

Lagos (30 000 Ew.) wird – ein wenig übertrieben vielleicht – gerne »Perle der Algarve« genannt. Unbestritten ist dagegen die lange Geschichte, auf die es zurückblickt: Der ursprüngliche Stadtname Lacobriga soll auf die Kelten zurückgehen, später rückten Phönizier, Griechen, Römer und Mauren an. Seit jeher haben Hafen und Handel eine wichtige Rolle gespielt. Besonders im Spätmittelalter aber erlebte Lagos eine goldene Ära, diente doch der Hafen im 15. Jh. als Start- und Zielpunkt für Schiffe, die den Afrikahandel und den Aufstieg Portugals als Seemacht in Gang brachten. Lagos war fest mit den Entdeckungsreisen durch den Initiator Prinz Heinrich den Seefahrer (1394 bis 1460, S. 24) verknüpft und stieg zum Umschlagplatz kostbarer exotischer Waren auf – leider auch von Sklaven, die schändlich wie Vieh behandelt wurden.

Im Jahr 1444 fand nachweislich der erste Sklavenmarkt statt. Der neue Reichtum wurde in Kirchen und Häuser gesteckt. Lagos stieg zum Tummelplatz von Kaufleuten auf, die Stadtmauern wurden verstärkt, Festungsbauten errichtet. Das schwere Erd- und Seebeben 1755 bedeutete einen Rückschlag, später brachten Fischkonservenindustrie, abermaliges Handelsgeschick und nicht zuletzt der Fremdenverkehr neuen Aufschwung. Heute ist Lagos einer der größten touristischen Fixpunkte an der Algarve.

Repräsentative Plätze und barocke Kirchenpracht

Beliebter Startpunkt für einen Stadtbummel ist die Praça Gil Eanes, wo eine befremdlich moderne Skulptur an König Sebastião (1554–1578) erinnert und geschäftige Gassen von der Fußgängerzone abgehen. Eine besonders lebhafte Gasse ist die Rua 25 de Abril, in der sich zahlreiche Restaurants reihen.

Nächster bedeutsamer Platz ist die Praça do Infante Dom Henrique, über der Heinrich der Seefahrer auf seinem Denkmal wacht. Ein kleiner Arkadenbau im Nordwesteck des Platzes zeigt an, wo 1444 der erste Sklavenmarkt (portugiesisch: Mercado de Escravos) abgehalten wurde. Dort ist ein bescheidenes Museum untergebracht, das sich – mit dürftigen Exponaten – dem unliebsamen Thema der Sklaverei stellt. Weitere Gebäude am Platz sind die barocke Igreja de Santa Maria (Pfarrkirche), der ehemalige Gouverneurspalast und ein wappengeschmücktes Warenlager aus dem 17. Jahrhundert.

Lagos größte kulturelle Sehenswürdigkeit liegt ein wenig versteckt abseits der Praça do Infante Dom Henrique: die Igreja de Santo António (18. Jh.). Von innen ist die Barockkirche überreich mit Azulejos, vergoldeten Holzschnitzereien und Gemälden dekoriert, die Szenen aus dem Leben des hl. Antonius zeigen. Mit dem Sakralbau verbunden ist das Stadtmuseum, das Museu Municipal Dr. José Formosinho, in dem bei Redaktionsschluss umfangreiche Restaurierungsarbeiten liefen. Zur Sammlung zählen archäologische Exponate, sakrale Kunst, Bootsmodelle, Gemälde.

Festungsmauern und ein Heiliger

Südlich der Praça do Infante Dom Henrique streifen Sie am besterhaltenen Teil der Stadtmauern entlang. Palmen spen-

Fischfang (ganz oben) hat in Lagos und andernorts an der Algarve nach wie vor Tradition. Wer nach einem langen Strandtag etwa an der Praia Dona Ana (links) ausgehen möchte, findet in Lagos stimmungsvolle Gassen (oben).

den Schatten. Ein Denkmal zeigt Gil Eanes, im 15. Jh. einer der maßgeblichen Entdeckungsreisenden im Dienst Heinrichs des Seefahrers. Ein Stückchen weiter öffnet sich das schönste Stadtmauertor, der Arco de São Gonçalo (14. Jh.), bevor Sie über die Straße zu dem kleinen Kastell hinübergehen, das zu besichtigen ist: Das Forte Ponta da Bandeira wurde Ende des 17. Jh.s an der Flussmündung des Bensafrim zur Verteidigung des alten Hafens erbaut.

Schöne Strände

Südlich der Festung erreichen Sie – teils über steile Treppen – kleine Strände und Buchten, die sich in Richtung der Ponta da Piedade (S. 118) fortsetzen: die Praia da Batata, die Praia dos Estudantes, die Praia do Pinhão, die Praia de Dona Ana, die Praia do Camilo und die Praia Grande.

Lagos längster Strand beginnt an der anderen Seite der Flussmündung: Die Meia Praia bringt es auf eine Länge von 4 km und grenzt östlich an die Ria de Alvor (S. 140). Im Bereich hinter der Meia Praia liegen einige Hotels. Der Zugang zur Meia Praia führt über Bahngleise und weitläufige Dünenzonen.

Markt und Marina

Im Norden der Altstadt bildet die sehenswerte Markthalle an der Avenida dos Descobrimentos den Abschluss. Wenige Meter weiter nördlich führt ein Fußgängerüberweg zur Marina, wo Bootstouren zur Ponta da Piedade (S. 118) und zum Dolphin Watching starten. Die Chancen, Delfine weit draußen vor der Küste zu sehen, stehen erfahrungsgemäß gut. In einem versteckteren Teil der Marina führt der Weg ins Wachsfigurenkabinett des Museu de Cera dos Descobrimentos. Hier finden Sie Portugals Zeitalter der Entdeckungen mit diversen Figuren wie Prinz Heinrich dem Seefahrer und Vasco da Gama dokumentiert.

KLEINE PAUSE

Zwischen der Praça Gil Eanes und der Praça do Infante Dom Henrique haben Sie viele Möglichkeiten zur Einkehr, vor allem entlang der **Rua 25 de Abril.** Eine gute Alternative ist die **Marina,** wo Sie von Terrassenplätzen auf die Jachten blicken.

---

i

205 D2 Posto de Turismo, Praça Gil Eanes, Antigos Paços do Concelho 282 76 30 31 www.cm-lagos.pt Juli–Mitte Sept. tgl. 9–19, Mitte Sept. bis Juni Mo–Sa 9.30–17.30 Uhr
Largo Rossio de São João (http://eva-bus.com); Verbindungen u. a. nach Albufeira, Armação de Pêra, Faro, Lagoa, Portimão, Sagres, Vila do Bispo
Estrada de São Roque (www.cp.pt); Verbindung u. a. nach Faro

Mercado de Escravos
Praça Infante Dom Henrique 1
Di–So 10–12.30 & 14–17.30 Uhr 3 €

Igreja de Santo António/Museu Municipal Dr. José Formosinho
Rua General Alberto da Silveira
Di–So 9.30–13 & 14–18 Uhr 3 €, nur Kirche 1,50 €

Forte Ponta da Bandeira
Cais da Solaria Di–So 10–12.30, 14–17.30 Uhr 3 €

Museu de Cera dos Descobrimentos
Marina de Lagos www.museuceradescobrimentos.com
März–Juni, Sept. & Okt. tägl. 10–18, Juli/Aug. bis 19, Nov.–Feb. bis 17 Uhr
6 €

Zoo de Lagos
www.zoolagos.com April–Sept. tägl. 10–19, Okt.–März bis 17 Uhr
18 € in der Saison Buszubringer ab Lagos (hin & zurück 8 €/Pers.)

㉝ Serra de Monchique

Was?	Grüne Höhenfrische auf dem bis zu 902 m hohen Dach der Algarve
Warum?	Um tief durchzuatmen, zu wandern und vom Gipfel Fóia fantastische Fernblicke zu genießen
Wann?	Der frühe Vogel fängt den Wurm.
Wie lange?	Für diesen Ausflug sollte man einen ganzen Tag reservieren.
Was noch?	Entspannung im Thermalort Caldas de Monchique
Resümee	Diese Sicht, dieses Licht, dieser Duft ...

Speziell an heißen Tagen am Küstensaum werden Sie die Höhen der Serra de Monchique besonders zu schätzen wissen. Dort oben riecht es nach Eukalyptus und Wildblumen, dort wurzeln Erdbeerbäume, aus deren Früchten der kräftige Medronho-Schnaps gebrannt wird. Kulinarisch sind die Gebirgswelten auch für Wildgerichte, Würste und Honig bekannt. Kiefern, Korkeichen und Esskastanienbäume sorgen für grüne Tupfer. Insgesamt sind über 1000 Pflanzenarten dokumentiert.

Wer mag, bricht im Gebirge zu Wanderungen auf. Ein Teil des Fernwanderwegs Via Algarviana führt hier hindurch, ein beliebtes Wanderterrain ist auch der Berg Picota. Bei der Straßenauffahrt auf den Fóia powern sich Rennradfahrer gern aus. Die Zufahrt ab der Küste ist denkbar einfach: Sie erfolgt nordwärts auf der N-266, die sich über Caldas de Monchique und den Ort Monchique hinaufzuschlängeln beginnt.

Hauptort und Bergthron

Monchique, der wichtigste Ort im Gebirge, wurde einst durch Woll- und Leinenweberei sowie Holzschnitzarbeiten bekannt. Heute gibt sich Monchique, das mit seinem weißen Häusermeer den Hang hinaufklettert, eher bescheiden. Interessant ist die im 15./16. Jh. erbaute Kirche Igreja Matriz mit ihrem gedrungenem Glockenturm und dem manuelinischen Hauptportal. Die im Kircheninneren verehrte Muttergottes-

Durchgangsstation in die höhere Bergwelt ist der Thermalort Caldas de Monchique.

figur der Nossa Senhora da Conceição wird dem Bildhauer Joaquim Machado de Castro (1731–1822) zugeschrieben. Ein Stück oberhalb des Orts liegen die Reste des Klosters Convento de Nossa Senhora do Desterro, das 1631 gegründet und durch das Erdbeben von 1755 schwer in Mitleidenschaft gezogen wurde.

Ab Monchique erwartet Sie eine 8 km lange Straßenstrecke hinauf bis zum Fóia, dem eigentlichen Bergthron, der sich mit reichlich Antennenmasten ankündigt und damit erst einmal abschreckend wirkt. Auch die großen Parkplatzflächen haben dem Fóia allzu sehr den Stempel der Zivilisation aufgedrückt, ein Tribut an die Moderne, ebenso wie die Windkrafträder im Gebirge. Die Ausblicke ins Küstenvorland und auf den Atlantik sind von hier oben jedoch unschlagbar!

Wohltuendes Wasser

Für Heilwasserfans ist Caldas de Monchique, wenige Kilometer vor Monchique, ein Wellnessziel und Standquartier im Vorgebirge. Die einzige Therme der Algarve macht den Ort mit einigen Unterkünften zur Besonderheit. Etwas abseits der Hauptstraße, knapp 20 km nördlich der Küstenstadt Portimão, liegt er eingefasst in einem sattgrünen Tal-

Nur wenige Kilometer vom Meer entfernt lässt es sich in der Serra wunderbar wandern – den dabei aufkommenden Hunger stillen Sie am besten mit deftigen Wurst- und Fleischgerichten.

einschnitt mit üppiger Vegetation. Der Blick ins Buch der Geschichte zeigt, dass die Heilwasser schon von den Römern genutzt wurden und sich König João II. 1495 hier aufhielt. Im 17. Jh. entstanden auf Initiative des Algarve-Bischofs die ersten Badehäuser samt Krankenstation, ab 1899 begann mit dem Hotel Central der Fremdenverkehr.

Heute entspricht der Komfort des Orts nach umfangreichen Aufpolierungsarbeiten zwar dem Stand der Moderne, dennoch ist man hier sympathisch bodenständig geblieben – kein exklusiver Hyperluxus. Die bikarbonat-, natrium- und fluorhaltigen Wasser haben eine wohltuende Wirkung bei Problemen mit Atemwegen, Muskeln, Gelenken und Knochen. Treffpunkte von Kurgästen und Besuchern sind die zentrale Ulmenpromenade und der kleine, baum- und wasserreiche Park. Dort trinken abergläubische Menschen aus dem »Brunnen der Jugend« und der »Liebesquelle«. Im Dorf gibt es auch eine kleine Kirche – die Capela de Santa Teresa.

KLEINE PAUSE

Beliebt für die Einkehr ist der Hauptplatz in Monchique, da sitzen Sie geruhsam. Auch entlang der Auffahrt zum Fóia liegen einige Restaurants.

i

205 E5 Posto de Turismo, Largo de S. Sebastião, Monchique ☎ 282 911 189 www.cm-monchique.pt Mo–Fr 9.30–13, 14–17.30 Uhr Verbindungen nach Portimão (www.frotazul-algarve.pt)

Nach Lust und Laune!

34 Armação de Pêra

Das Städtchen an der Mündung der Ribeira de Alcantarilha hat sich aus einem Fischerdorf entwickelt. Früher wurden hier vor allem Thunfische und Sardinen gefangen und eingesalzen. An das Gewerbe, das in Teilen noch fortbesteht, erinnert der Name des Stadtstrands: Praia dos Pescadores (Strand der Fischer). Im 17. Jh. kam es zur Anlage einer Festung, an der der Zahn der Zeit stark genagt hat. Touristisches Grundkapital und Hauptgrund für den Besuch von Armação de Pêra ist die Praia Grande, der lange Strand südöstlich des recht zugebauten Städtchens. Dort öffnen sich herrliche, dünenbegrenzte Sandweiten. Stege aus Holzbohlen erleichtern den Weg zum Strand durch die Dünen und tragen zu deren Schutz bei.

Ein Stück hinter der Dünenbarriere zur Praia Grande breitet sich die Lagoa dos Salgados aus, ein Binnensee, der über eine nicht speziell ausgewiesene Piste zu erreichen ist. Er ist ein Ziel für Vogelbeobachter, allerdings ist das Areal chronisch von Neubauvorhaben in der Umgebung bedroht.

Armação de Pêra ist alles andere als eine Küstenschönheit, hat aber eine passable Promenade. Das Städtchen ist ein guter Ausgangspunkt, um weitere Strände und Buchten zu entdecken: weiter südostwärts erstreckt sich die schöne Praia da Galé, Richtung Westen warten die Praia da Cova Redonda, die Praia dos Beijinhos und die Praia da Senhora da Rocha, über der die Ermida de Nossa Senhora da Rocha thront, eine der hl. Maria geweihte Wallfahrtskapelle. Der kalkweiße und gedrungene Sakralbau behütet eine Skulptur der Gottesmutter mit dem Kind aus dem 16. Jh., die durch eine Glasscheibe bewundert werden kann. Von dem schmalen, in den At-

Armação de Pêra: Wo Fischer sind, sind vierbeinige und gefiederte »Mitesser« meistens nicht weit.

lantik ragenden Felsvorsprung haben Sie eine schöne Aussicht.

↪206 C2 ℹ Posto de Turismo, Avenida da Beira Mar, Armação de Pêra ☎282 31 21 45

35 Pêra

Der Inlandsort Pêra wäre ein blasser Fleck auf der Landkarte, gäbe es nicht das internationale Sandskulpturen-Festival. Zwischen März und Oktober/November (das genaue Datum variiert) lockt das Areal der »Sand City« über 100 000 Besucher an. Groß und Klein begeistern sich an den vergänglichen Kunstwerken, die aus fantasiereichen, ausdrucksstarken Figuren bestehen und aus unzähligen Tonnen Sand Gestalt bekommen. Dabei liegt das Gelände nicht am Meer, sondern ein kleines Stück außerorts nahe der EN 125. Jedes Jahr steht das Festival unter einem anderen Motto.

↪206 C2 🌐www.sandcity.pt, www.fiesa.org ◑ März–Anfang Juni & Mitte Sept.–Okt./Nov. tägl. 10–19, Anfang Juni–Mitte Juli tägl. 10–22, Mitte Juli bis Mitte Sept. tägl. 10–24 Uhr 🎟9,90 €

36 Silves

Orangenhaine tauchen auf, der Flusslauf des Rio Arade und schließlich das markante Monumente-Duo auf dem Hügel von Silves: die mutmaßlich über der vormaligen Moschee erbaute Sé Velha (Alte Kathedrale, Ursprünge 13.–15. Jh.) und das mächtige, zinnenbesetzte Castelo (Burg), das wie kein anderes Bauwerk in der Region die maurische Vergangenheit ins Gedächtnis ruft.

Silves kristallisierte sich bereits im 8. Jh. als Stützpunkt der Mauren heraus, stieg im 11. Jh. zur Hauptstadt der Algarve auf und soll damals die Ausmaße und Bedeutung von Lissabon übertroffen haben. Silves war ein Zentrum der blühenden Kultur des Islam, bis es im 13. Jh. von den Truppen der Christen erobert wurde und hiernach an Bedeutung verlor. Der so wichtige Fluss Arade versandete, die Handelsbeziehungen mit Nordafrika endeten, im 16. Jh. wurde der Bischofssitz von Silves nach Faro verlegt. Ab dem 19. Jh. sorgte die Korkindustrie für neuerlichen Aufschwung für das 11 000-Einwohner-Städtchen, das ein gern besuchtes Ziel im Hinterland ist.

Im Mittelalter war die gewaltige Burganlage die größte der Algarve und umfasste etwa 12 000 m². Bei der Errichtung dürften die Araber Material eines Vorgängerbaus aus spätrömischer oder westgotischer Zeit verwendet haben. Heute sind Eingriffe restauratorischer Art nicht zu verleugnen. Dennoch ist der Rundgang durch die Welt der Mauern und Wachtürme aufschlussreich. Im Inneren der Anlage breitet sich ein weiter Freiplatz aus. Und ein Abgang führt zu einer Zisterne, die im Volksmund »Zisterne der verzauberten Maurin« genannt wird.

Spuren der wechselvollen Vergangenheit zeigen in Silves außerdem das archäologische Stadtmuseum Museu Municipal de Arqueologia mit einem Brunnen islamischen Ursprungs und die Casa da Cultura Islâmica e Mediterrânica (Haus der Islamischen und Mittelmeer-Kultur). In der Unterstadt ist die weit ausgreifende Esplanade mit Wasserflächen und modernem Skulpturenwerk einen Bummel wert. Sie ist immer mal wieder Veranstaltungsort von Konzerten. Im August ist Silves Schauplatz eines großen Mittelalterfestes, der Feira Medieval, mit über einer Woche Programm.

206 B3 Posto de Turismo, Estrada Nacional 124, Parque das Merendas, Silves ☎ 282 09 89 27 www.cm-silves.pt Mo–Fr 9.30–13, 14–18 Uhr Busse u. a. nach Albufeira und Armação de Pêra

Castelo
Jan.–Mai & Mitte Okt.–Dez. tägl. 9–17.30, Juni & Sept.–Mitte Okt. tägl. 9–20, Juli/Aug. tägl. 9–22 Uhr
2,80 €, Kombiticket mit dem Museu Municipal de Arqueologia 3,90 €

Museu Municipal de Arqueologia
Rua da Porta de Loulé 14
tägl. 10–18 Uhr 2,10 €, Kombiticket mit dem Castelo 3,90 €

Casa da Cultura Islâmica e Mediterrânica
Largo da República, Jardim Cancela de Abreu
frei

Sé Velha
Mo–Fr 9–17 Uhr 1 €

37 Carvoeiro

Klein, aber eine feste touristische Größe der Westalgarve! Das einstige Fischerdorf hat sich zu einem 3000-Einwohner-Ort gemausert, der sich ein Stück weit hinauf ins Inland zieht und mit reichlich Restaurants und Kneipen aufwartet. Aller Augen richten sich auf die kleine Promenade und den von Felsen begrenzten Hauptstrand, die Praia do Carvoeiro, auf den noch Fischerboote hochgezogen werden. Im Westteil des Orts liegt der sogenannte Paradiesstrand, die Praia do Paraíso.

Angeboten werden Bootstouren entlang der zerklüfteten, von Naturgrotten, Felsformationen und -einschnitten geprägten Küste. Eine schöne Unternehmung an Land ist der Spaziergang auf einer Stegpromenade, die auf den Höhen hinter der modernen Kirche Nossa Senhora da Encarnação beginnt und oberhalb der Klippenküste etwa zehn Gehminuten ostwärts nach

Die Kathedrale Sé Velha und das Castelo überragen die Dächer von Silves.

Algar Seco führt. Unterwegs haben Sie wunderbare Panoramaausblicke auf die See. Am Ende kommen Sie an einem Parkplatz raus und können einen Treppenabstieg zu einem Restaurant bzw. zu Aussichtspunkten auf Felsformationen in Angriff nehmen.

Ein Stück ostwärts liegen weitere Strände. Die Praia de Vale Centianes ist Ausgangspunkt von Bootstouren sowie Start und Ziel der herrlichen Küstenwanderung auf dem »Percurso dos Sete Vales Suspensos« (S. 114). Über diesen erreicht man u. a. die Praia Carvalho (Strandzugang über einen Treppentunnel) und die Praia de Benagil; auch hier starten Bootstouren zu den nahen Küstenfelsformationen wie der „Kathedrale".

Einige Kilometer nördlich von Carvoeiro liegt der Ort Lagoa an der Hauptdurchgangsstraße EN 125. Dort stoßen Sie im Gebäude der Wein-Kooperative, der Adega Cooperativa do Algarve, auf die ambitioniert geführte Kunstgalerie Lady in Red, die sich als Kulturtreff mit buntem Veranstaltungsprogramm etabliert hat.

206 B2 Posto de Turismo, Largo da Praia, Praia do Carvoeiro 282 35 77 28 www.praiacarvoeiro.com

Lady in Red
206 B2 282 35 61 31 www.galeria-de-arte.net Mo–Sa 10–18 Uhr Kunstausstellung frei

38 Ferragudo

Ferragudo, an der Ostseite der Mündung des Rio Arade, wirkt sympathisch und ein wenig befremdlich zugleich. Sympathisch, weil sich der 2000-Einwohner-Ort im Kern das Bild des alten Fischerdorfs bewahrt hat und rund um den Dorfplatz Plaça Rainha Dona Leonor richtig viel los ist. Befremdlich, weil sich die wenig ansehnlichen Häusermeere von Portimão und Praia da Rocha auf der Gegenseite des Rio Arade nicht ganz ausblenden lassen.

Das Gute: In Ferragudo erleben Sie keine touristische Massenabfertigung. Streifen Sie an den Flussufern entlang und schauen Sie sich dort die Fischerboote und aufgestapelten Reusen an. Und lassen Sie sich von den Stränden überraschen! Zur Auswahl stehen die Praia Grande, die Praia do Pintadinho unterhalb eines modernen Betonleuchtturms und die von einer Mole begrenzte Praia do Molhe. Der letzte Strand in Richtung Carvoeiro ist die Praia dos Caneiros.

Im Oberdorf von Ferragudo geht es zur Kirche Igreja de Nossa Senhora da Conceição und einem Miradouro (Aussichtspunkt) hinauf. Das etwas abseits gelegene Schlösschen Castelo de São João Arade ist zwar ein Blickfang, aber in Privatbesitz und daher nicht öffentlich zugänglich.

205 F2

Treue Begleiter

Raus aufs Meer! Doch diesmal spielen die Felsformationen nur eine Statistenrolle, sind Kulisse für ein tierisches Naturschauspiel: Im Motorboot fliegen Sie zunächst mit Highspeed übers Wasser, bis der Steuermann das Knattern des Motors abstellt und Sie stattdessen das Schnattern der Delfine hören. Scheinbar schwerelos schnellen sie aus dem Wasser und vollführen in der Luft akrobatische Kunststücke. Dolphin Watching an der Algarve – einfach unvergesslich! Anbieter gibt es an der ganze Küste, einer davon ist Wildwatching Algarve in Ferragudo. *Tel. 282 42 23 73, www.wildwatch.pt*

Malerisch, nicht nur im Abendlicht: Ferragudo am Rio Arade

39 Portimão

Portimãos lange Geschichte und mittelalterliches Gepräge sind in den Strömen der Zeit versunken, die Überlagerungen in der Stadt (50 000 Ew.) am Rio Arade weitgehend unansehnlich und unübersichtlich. So gilt es, sich in Portimão auf das Wesentliche zu konzentrieren: die freundliche Flussuferzone (Zona Ribeirinha) mit ihrer Marina und das interessante und moderne Museu de Portimão. Untergebracht in einer umgebauten Fischkonservenfabrik, ist dieses ein echtes Unikat: Die Dauerausstellung widmet sich u. a. Fischfang und -produktion. Filmeinspielungen und Geräuscheffekte gestalten den Besuch lebendig. Zu sehen sind beispielsweise einst verwendete Maschinen zur Eindosung von Fisch und Handwerksutensilien für den Bootsbau. Ausgestellt sind auch Fundstücke aus der Römerepoche, darunter Amphoren zum Transport von Öl und Garum (Fischsauce). Etwas versteckt führt im Museum eine Treppe hinab zur Zisterne. Ein Teil des Museums bleibt Sonderausstellungen vorbehalten. Ungewöhnlich sind die spätabendlichen Öffnungszeiten des Museums im August.

205 F3 Posto de Turismo, Edifício Tempo/Teatro Municipal, Largo 1° de Dezembro ☎ 282 40 24 87
www.cm-portimao.pt
Mo–Fr 9.30–17.30 Uhr Rua da Abicada (http://eva-bus.com); Verbindungen u. a. nach Albufeira, Armação de Pêra, Carvoeiro, Faro, Lagos, Loulé, Sagres, Vila do Bispo

Museu de Portimão
Rua D. Carlos I. ☎ 282 40 52 30
www.museudeportimao.pt
Sept.–Juli Di 14.30–18, Mi–So 10–18
Aug. Di 19.30–23, Mi–So 15–23 Uhr
3 €

40 Praia da Rocha

Sommerliches Highlife zeichnet diesen südlichen Vorort von Portimão aus. Wer hierher kommt, weiß, was er will – abgeschiedene Seelenruhe gehört ganz sicher nicht dazu. Praia da Rocha grenzt an die Mündung des Rio Arade und profitiert von seinen makellosen weiten Sandstränden, zu denen es vom oberen Ortsteil hinabgeht.

Das Strandziel wurde ab Ende des 19. Jh.s vom Tourismus entdeckt. Zunächst tummelten sich hier jedoch nur wohlhabende Familien aus Südportugal und Südspanien, bis schließlich der richtige Fremdenverkehr einsetzte und wie oft in dieser Zeit reichlich Bausünden mit sich brachte. Die dichte gesichtslose Bebauung oberhalb des Strands entspricht sicher nicht jedermanns Geschmack.

An der östlichen Strandausdehnung verlaufen Zubringerstege durch den Sand und erleichtern den Weg auch zu Restaurants. Eine Oase abseits des Trubels im oberen Bereich ist die Fortaleza de Santa Catarina, ein im 17. Jh. zum Schutz der Flusseinfahrt erbautes, kleines Festungsareal. Hier haben Sie eine schöne Aussicht, nicht zuletzt auf den Jachthafen. Felsformationen prägen das Bild, so auch an den hübschen und beliebten Stränden weiter westlich in Richtung Alvor wie der Praia do Vau, der Praia da Prainha und der Praia dos Três Irmãos.

205 F2 Posto de Turismo, Avenida Tomás Cabreira ☎ 282 419 132

41 Alvor

Im Altstadtviertel von Alvor, das um die winzigen Kastellreste aus dem Mittelalter, den Markt und die Pfarrkirche Igreja Matriz (16. Jh.) auf einem Hügel liegt, geht das Leben seinen gewohnten, dörflichen Gang. Die Straßen sind eng, manche Hausfassaden mit Azulejos in geometrisch-floralen Mustern überzogen, Wäsche trocknet vor den Häusern. Auf den ersten Blick wirkt der Ort bescheiden, auf den zweiten bietet Alvor aber dank seiner Lage höchst attraktive Seiten.

Westwärts stößt der Ort an die Ria de Alvor (S. 140) mit der Zona Ribeirinha am Ufer (samt Restaurants und Hafen), nach Süden hin an die Praia de Alvor. Dieser wunderbar lange und breite Sandstrand erstreckt sich bis zur Flussmün-

Die Pfarrkirche ist das Schmuckstück von Alvor.

dung und geht ostwärts in die Praia da Torralta über. Die dahinter aufragenden Betonblöcke sind zwar Schandflecke, trüben das Strandvergnügen deshalb aber nicht. Hinter der Praia de Alvor können Sie herrlich über Stege durch die Dünen gehen und kommen auf Ihrem Weg bis an die Ria de Alvor (S. 140).

Die Besiedlung in und um Alvor ist bereits seit vorgeschichtlicher Zeit belegt. Im Hinterland wird dies bei einem Abstecher zu dem kleinen restaurierten Megalithkomplex Alcalar Monumentos Megalíticos deutlich. Der Komplex etwa 8 km nördlich von Alvor datiert aus dem 3. Jt. v. Chr.

205 E3 Posto de Turismo, Rua Dr. Afonso Costa 51 ☎ 282 45 75 40

Alcalar Monumentos Megalíticos
Zufahrt über eine ausgeschilderte Abzweigung der EN-125
☎ 282 47 14 10 www.monumentosdoalgarve.pt Sept.–Juli Di–Sa 10–13, 14–16.30 Uhr, im Aug. Di–Sa 10–13, 14–18 Uhr 2 €

42 Ria de Alvor

Salz- und Süßwasser verschmelzen in der Ria de Alvor, die mehrere kleine Flüsse aus der Serra de Monchique (S. 130) aufnimmt und trichterförmig in den Atlantik übergeht. Westlich der Mündung stößt die zu Lagos (S. 126) gehörende Meia Praia an, östlich der Strand von Alvor (S. 139), die Praia de Alvor. Die Ria de Alvor verdient das Prädikat »ökologisch wertvoll« und ist eines der besten Gewässer der Algarve zum Birdwatching.

Feldstecher dabei? Beim Birdwatching in der Ria Alvor kann man ihn gut brauchen.

Austernfischer und Brandseeschwalben können Sie hier ebenso beobachten wie Stelzenläufer, Sichelstrandläufer, Seeregenpfeifer, Möwen und Flamingos. Bei Ebbe sind Muschelsucher in den Marschlandschaften unterwegs. Der Schlick glitzert in der Sonne, ein Salzhauch hängt in der Luft.

Nah ans Ufer der Ria de Alvor führen gut ausgebaute Spazierwege. Sie beginnen auf der Seite von Alvor südwestlich des Hafens und erstrecken sich bis zu den Dünen der Praia de Alvor und zum Steinwall am Auslauf der Ria de Alvor. Das Areal wird durch ein kilometerlanges, familienfreundliches Wegenetz erschlossen. Bringen Sie bei Interesse ein Fernglas für das Birdwatching mit, aber auch ohne Vogelbeobachtungen lohnt sich der Weg durch die Natur allemal. An Alvors Uferzone, der Zona Ribeirinha, starten saisonal auch Bootstouren ins Mündungsgebiet.

⊹ 205 E2

Alvor Boat Trips
✉ Zona Ribeirinha, Alvor ☎ 966 80 76 21
🌐 http://alvorboattrips.com
🕐 Abfahrtszeiten je nach den Gezeiten
💶 dreistündige Bootstour 35 €

43 Luz

Der Strand- und Ferienort im Westteil der Gemeinde Lagos ist keine Touristenenklave von der Stange, sondern hat sich seine freundliche Atmosphäre bewahrt. Dafür sorgen die Bewohner, kleine Restaurants und Unterkünfte, eine von Palmen und Laternen gesäumte Promenade sowie der schöne Sandstrand. Die Igreja Matriz, zu erkennen an ihrem klobigen Turm, beherbergt einen Altaraufsatz aus dem 18. Jahrhundert. In der einstigen Festung ist heute ein Restaurant untergebracht. In der Gegend fühlten sich bereits Karthager und Römer wohl, die hier ihren Fisch einsalzten. Für den nahen Cerro de Lorvão ist der Fund einer römischen Grabstätte nachgewiesen.

⊹ 205 D2

44 Burgau

Eine Nummer kleiner als Luz ist der weiße Küstenort Burgau, der sich ein Stück weiter westlich über dem Meer erhebt. Auch Burgau trotzt der touristischen Massenabfertigung und zeichnet sich durch einen freundlichen Charakter, kleine Einkehrmöglichkeiten und einen hübschen Dorfstrand aus.

Burgau zählte zusammen mit Boca do Rio, Figueira, Luz, Zavial, Baleeira und Beliche zum Verbund der im 16./17. Jh. erbauten Küstenfestungsanlagen in dieser Gegend. Wer motorisiert ist, bricht westlich von Burgau zu wildromantischen Stränden wie der Praia de Cabanas Velhas, der Praia da Boca do Rio und der Praia da Salema auf. Im Ort Salema können Sie gut eine kleine Pause einlegen, bevor sich eine Ausdehnung des Ausflugs bis zur isoliert gelegenen Praia das Furnas (schwierige Zufahrt; am Strand interessante Natursteinbögen) und zur ebenfalls lohnenden Praia do Zavial anbietet. Beachten Sie einmal mehr, dass bei Flut weite Strandflächen vom Wasser eingenommen sein können.

Fahren Sie bei der Rückfahrt Ihres Strändeausflugs eine Schleife durchs Inland und nehmen vorübergehend ein Stück EN 125, können Sie ein Kulturziel anhängen: die Ermida de Nossa Senhora de Guadalupe (Mo geschl., 2 €). In dieser einsamen Kapelle soll sich Prinz Heinrich der Seefahrer im 15. Jh. öfter zur Messe eingefunden haben.

⊹ 204 C2

45 Sagres

Sagres sollte keine bloße Durchgangsstation auf dem Weg zum sagenumwobenen Cabo de São

Vicente (S. 121) bleiben. Die nüchterne Einfahrt und manch blasse Straßenzüge sind kein Maßstab, denn das Städtchen hat auch schöne Seiten. Dazu zählt der pittoreske Fischerhafen, wo es Spaß macht, den Fischern bei der Arbeit oder beim Ausladen des frischen Fangs zuzuschauen, wenn Sie zur rechten Zeit zur Stelle sind.

Ein Stückchen nordöstlich erstreckt sich ein geschützter Küstenstreifen mit dem Sandstrand Praia do Martinhal und weiter südlich ein raues Stück Natur um die Ponta de Sagres (S. 124). Diese von Klippen geprägte Landspitze war bereits in vorrömischer Zeit ein heiliger Platz. Teile des schroffen Landvorsprungs nimmt die Fortaleza ein, eine zum Nationalmonument erhobene Festungsanlage mit Wurzeln im Spätmittelalter. Obgleich die erhaltene Bausubstanz spärlich ausfällt und befremdlich moderne Strukturen hineingemischt worden sind, sticht die Festung als historisch bedeutsamer Punkt hervor. Hier soll Prinz Heinrich der Seefahrer (1394–1460) mit der Nautikschule von Sagres den Grundstein zur Seemacht Portugal gelegt haben – wobei dies viele Forscher für eine komplette Mythisierung und Verklärung der geschichtlichen Tatsachen halten. Zweifelsfrei war Prinz Heinrich allerdings hier und begründete die Vila do Infante. Im November 1460 verstarb er in Sagres. Ganz interessant sind die Windrose (Rosa dos Ventos) und die Kapelle in der Festungsanlage. Streifen Sie auch ein wenig über das Wegenetz der Ponta de Sagres und genießen Sie die grandiose Aussicht hinüber auf das Cabo de São Vicente (S. 121).

Westlich der Ponta de Sagres breitet sich ein weiterer Strand aus, die Praia do Tonel. In Sagres gibt es einige Unterkünfte und familiär geführte Restaurants. Auch Surfer beziehen im Ort gern Quartier. Manche Traveller lassen sich im Tuk Tuk umherkutschieren und auch zum Kap bringen.

204 B1 Posto de Turismo, Rua Comandante Matoso ☎ 282 62 48 73
Di–Sa 9–12.30 & 13.30–17.30 Uhr
Busse u. a. nach Lagos, Vila do Bispo

Fortaleza de Sagres
Ponta de Sagres ☎ 282 62 01 42
www.monumentosdoalgarve.pt
Mai–Sept. tägl. 9.30–20, Okt.–April tägl. 9.30–17.30 Uhr 3 €

Netzwerken auf Portugiesisch: Fischer im Porto da Baleeira von Sagres

Wohin zum ... Übernachten?

Preise für ein Doppelzimmer pro Nacht in der Hauptsaison:

€	unter 95 €
€€	95–150 €
€€€	über 150 €

CARVOEIRO

Tivoli Carvoeiro Algarve Resort €€€

Das Traditionshaus hat ein komplettes Facelifting mit der Verwandlung in ein Fünf-Sterne-Hotel erlebt. Es liegt ein Stück außerorts, nicht direkt am Strand, sondern über der Bucht Vale do Covo, und bietet schöne Blicke auf die Klippen und die riesige Naturhöhle. Die nächstgelegenen Strände sind Vale Centianes und Carvoeiro. Ohne Aufpreis stehen Hallenbad, Sauna, türkisches Dampfbad und das Fitnesscenter zur Verfügung. Ferner gibt's Freiluftpools, den Tivoli Spa für entspannende Behandlungen und die schöne Sky Bar mit Chillout-Zonen auf dem Hoteldach. Im Haus lassen sich bei Bedarf geführte Ausflüge buchen. Zur Buchtseite hin läuft direkt vor der Anlage ein Küstenwanderpfad vorbei. Attraktive Nebensaisontarife.
✉Vale do Covo, Carvoeiro ☎282 35 11 00
🌐www.tivolihotels.com

FERRAGUDO

Hotel Casabela €€€

Das Vier-Sterne-Hotel liegt abseits des touristischen Mainstreams und außerhalb von Ferragudo. Es zeichnet sich durch schönen Meerblick aus, Ruhe und eine erholsame, elegante Atmosphäre. Der Pool ist recht klein, der Abgang zum nächsten Strand nicht weit.
✈205 F2 ✉Vale de Areia, Ferragudo
☎282 49 06 50 🌐www.hotel-casabela.com

LAGOS

Marina Club Lagos Resort €€€

In der ansprechenden Anlage hinter der Marina können Sie zwischen Studios, Apartments und Suiten wählen. Dank der günstigen Lage sind Sie nah am Geschehen der Marina und doch etwas abseits einquartiert. Zu den Annehmlichkeiten zählen der zentrale Pool, das Spa, die Bar Regata Club und das Restaurant Way Point. Die Altstadt ist von hier aus gut zu Fuß zu erreichen.
✈205 D2 ✉Marina de Lagos ☎282 79 06 00
🌐www.marinaclub.pt

Marina Rio €€

Das serviceorientierte und in einschlägigen Foren oft gelobte Haus ist durch eine Durchgangsstraße von der Marina getrennt (Fußgängerbrücke hinüber). Zu Fuß sind Sie in etwa zehn Minuten in der Altstadt.
✈205 D2 ✉Avenida dos Descobrimentos
☎282 78 08 30 🌐www.marinario.com

Vila Galé Lagos €€€

Die attraktive, beliebte Hotelanlage liegt im Ostteil der Stadt, ein Stück hinter der Meia Praia auf einem weiten großzügigen Areal. Vorzeigestück ist die große Außenpool-Landschaft. Der Health Club ist täglich von 7 bis 22 Uhr geöffnet und kann ohne Aufpreis genutzt werden.
✈205 D2 ✉Rua Sophia de Melo Breyner Andresen ☎282 77 14 00
🌐www.vilagale.com

LUZ

Luz Beach Apartments €/€€

Im Ferienort Luz bieten die familienfreundlichen Apartments gleich hinter dem Strand eine gute Möglichkeit unabhängiger Urlaubsgestaltung. In der Hochsaison liegt der Mindestaufenthalt bei vier, sonst bei drei Nächten.
✈209 E2 ✉Rua do Poço, Praia da Luz
☎282 79 26 77
🌐www.luzbeachapartments.com

SAGRES

Baleeira €€–€€€

Vier-Sterne-Komfort abseits der Hauptpfade, etwas oberhalb des Hafens von Sagres. Das Design ist zeitgenössisch, zu den Einrichtungen gehören Pool, Spa, Restaurant,

Bar. Sportaktive buchen gleich einen Surfkurs. Das Preisgefüge schwankt extrem.
204 B1 Sítio da Baleeira 282 62 42 12
www.memmohotels.com

Martinhal Beach Resort & Hotel €€€
Das luxuriöse und familienfreundliche Resort in Form eines Dorfs bietet Pools, Sport und sonstige Aktivitäten. Das Resort liegt außerhalb mit schönem Blick nach Sagres. Weitläufige Außenbereiche und direkter Strandzugang zur Praia do Martinhal. Es gibt mehrere Restaurants und ein Spa.
204 B1 Quinta do Martinhal
218 50 77 88 www.martinhal.com

SERRA DE MONCHIQUE

Villa Termal das Caldas de Monchique Spa Resort €€/€€€
In dem Thermaldorf gibt es fünf Unterkünfte. Das Hotel Central hat sich den Charme aus dem ausgehenden 19. Jh. bewahrt, während das Gasthaus Estalagem D. Lourenço direkt an die Ulmenpromenade grenzt und das Hotel D. Carlos einer großen Villa gleicht und von den Balkonen einen schönen Blick ins Grüne bietet. Ins Hotel Termal mit einer eher gesichtslosen blockartigen Architektur ist der Thermalkomplex integriert. Hinzu kommt der kleine, etwas teurere Apartmentkomplex D. Francisco. Die Spa-Einrichtungen und Pools sind relativ klein, es herrscht ein durchweg legeres Ambiente. Es werden günstige Nebensaisonpreise und regelmäßig Pauschalpakete angeboten.
205 E4 Caldas de Monchique
282 91 09 10 www.monchiquetermas.com

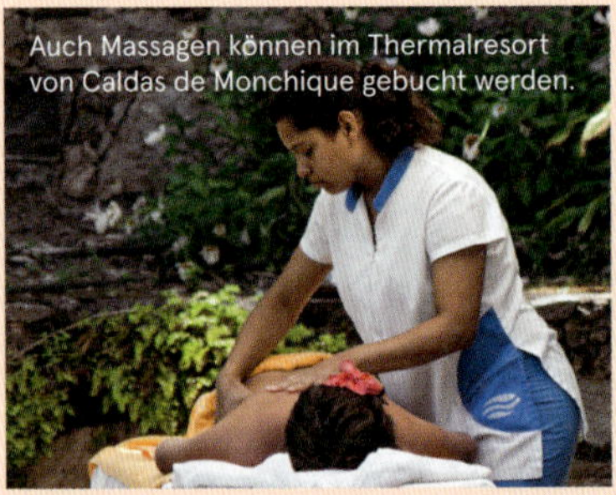
Auch Massagen können im Thermalresort von Caldas de Monchique gebucht werden.

Wohin zum … Essen und Trinken?

Preise für ein Drei-Gänge-Menü ohne Getränke und Service.

€	unter 25 €
€€	25–40 €
€€€	über 40 €

ALGAR SECO

Boneca €€
Der attraktive Spot, umgeben von Felsenkulissen, ist über einen Treppenabstieg vom Parkplatz aus zu erreichen. Unter Sonnensegeln lassen Sie sich auf der Terrasse nieder und Dorade, Thunfisch, Seezunge und vielerlei mehr schmecken.
Algar Seco 282 35 83 91
in der Saison tägl. 10 Uhr bis spätabends

ALVOR

O Navegador €/€€
Eine zuverlässige Adresse für Fisch- und Meeresfrüchte in allen Varianten. Spieße, gegrillter Fisch und Cataplanas zählen zu den Spezialitäten. Das innen erstaunlich große Restaurant hat auch eine Terrasse. Es liegt in einem besonders schönen, für den Durchgangsverkehr gesperrten Abschnitt der Ria de Alvor, sodass Sie nach dem Essen in aller Ruhe einen schönen Verdauungsspaziergang an der Promenade unternehmen können.
205 E3 Zona Ribeirinha
282 09 83 12 tägl. 12–15 & 16–23, in der Saison bis 24 Uhr

Taberna Zé Morgadinho €
Diese Taverne in der populären Einkehrzone von Alvor bewahrt noch das Flair des guten alten Portugals und ist ein unverwüstlicher Klassiker. Schon Ende des 19. Jh.s kehrten die Fischerleute hier ein und aßen sich satt. Man sitzt an einfachen Tischen. In der Saison werden reichlich Sardinen auf den Grill geworfen.
205 E3 Zona Ribeirinha 929 05 81 53
tägl. 12–23 Uhr

CALDAS DE MONCHIQUE

Restaurante 1692 €€
In der wärmeren Jahreszeit ist besonders die Terrasse auf dem zentralen Ulmenplatz des Vorzeigerestaurants im Thermalort ausgesprochen attraktiv. Suchen Sie sich ein schattiges Plätzchen und genießen Sie die gute portugiesische Küche. Falls es regnet, zu kühl sein sollte oder gerade alles belegt ist, finden Sie drinnen Platz. Das Restaurant bietet auch eine gute Weinauswahl.
205 E4 im Zentrum von Caldas de Monchique ☎282 91 09 10 www.monchiquetermas.com tägl. 12.30–15 & 19–22 Uhr

CARVOEIRO

O Patio €€
Die Lage in der geballten Restaurantzone am Zugang zum Strand von Carvoeiro könnte zum Fehlschluss führen, dass man hier x-beliebig einkehrt. Falsch! Die gute Fischküche macht den Unterschied. Einfache Eleganz, Plätze drinnen und draußen.
Largo da Praia ☎282 35 73 67
tägl. 11.30/12–16/16.30 & 17.30–22.30/23 Uhr

Vimar €
Portugiesische Kost ohne große Schnörkel. Herzhaft, gut, recht günstig und bodenständig. Diee breite Auswahl an typischen Speisen wird auch auf der Terrasse serviert. Das Restaurant liegt im oberen Ortsteil, ein Stück weg vom Strand.
Estrada do Farol 109 ☎282 35 83 22
So–Fr 12–15 & 18–22 Uhr

LAGOS

Cachoa €€
Das etwas außerhalb von Lagos idyllisch auf dem Land gelegene Restaurant ist für seine schöne Gartenterrasse und seine kreativ präsentierte Küche aus frischen Zutaten beliebt. Zur Vorspeise schmecken Salat oder Ziegenkäse auf Apfelscheiben, als Hauptspeise Lammsteaks, gefülltes Schweinefilet, ein Fisch- oder ein vegetarisches Gericht. Auch die Desserts sind köstlich.
205 D2 Sitio da Cachoa ☎282 78 28 22 http://cachoa.50megs.com
Di–Sa 18.30–24 Uhr

Don Sebastião €€
Auf einer schönen Terrasse in der Fußgängerzone kommen typische portugiesische Gerichte auf den Tisch, und dies schon seit Ende der 1970er-Jahre, was als eine Art Gütesiegel verstanden werden darf. Zur großen Auswahl an Speisen zählen auch vegetarische Gerichte. Während des Essens können Sie bestens das vorbeischlendernde Volk beobachten.
205 D2 Rua 25 de Abril 20–22 ☎282 78 04 80 www.restaurantedonsebastiao.com 12–22.30 Uhr

Dos Artistas €€€
Wer sich einmal etwas gönnen möchte, ist in diesem gehobenen Restaurant mit stilvoller Einrichtung und schöner Terrasse richtig. Die Köche verstehen sich als Künstler und servieren auch optisch originelle Gerichte. Der passende Wein dazu? Kein Problem. Hier kommen Vegetarier ebenso auf ihre Kosten wie Liebhaber von Fleischgerichten sowie Hummern, Muscheln und anderen Meeresfrüchten. Reservierung empfohlen.
205 D2 Rua Cândido dos Reis 68 ☎282 76 06 59 www.artistasrestaurant.com
Mo–Sa 12–14 & 18.30–22 Uhr; Juli–Sept. kein Mittagstisch

LUZ

Fortaleza da Luz €–€€
Ganz in der Nähe der Kirche betreten Sie das aus dem 17. Jh. stammende Festungsgelände des Ferienorts. Hier können Sie stilvoll tafeln – es sei denn, es ist gerade alles durch eine Geburtstags- oder Hochzeitsgesellschaft belegt. Das Menü zeichnet sich durch ein erfahrungsgemäß gutes Preis-Leistungs-Verhältnis aus. Weiterer Pluspunkt sind die luftigen Gartenterrassen. Gelegentlich gibt es Live-Musik und sonntags einen Jazz-Lunch.
209 E2 Avenida dos Pescadores 3 ☎282 78 99 26 www.fortalezadaluz.com
11–23 Uhr

PORTIMÃO

Dona Barca €/€€
Ein authentisches landestypisches Traditionslokal für fangfrischen Fisch; am besten schmeckt dieser vom Grill. Das Dona Barca liegt etwas versteckt neben der alten Arade-Brücke; Orientierung bei der Suche gibt im Zweifelsfall der alte Ziegelschornstein.
206 A3 Largo da Barca 282 48 41 89
tägl. 12–15 & 18–22 Uhr

SERRA DE MONCHIQUE

Jardim das Oliveiras €€
Ein schönes, äußerst rustikales und familienfreundliches Bergrestaurant in der Serra de Monchique. Die etwa 400 m lange Zufahrt an der Straße von Monchique hinauf zum Fóia ist deutlich rechter Hand ausgeschildert. Serviert wird echte Hausmannskost: Schinken, Würste, Wildspezialiäten (besonders Wildschwein, portugiesisch »javali«) und Gerichte aus dem Holzofen.
205 E5 Sítio do Porto Escuro
282 91 28 74 http://jardimdasoliveiras.com
Mo & Mi–Sa 12–16 & 18.30–23, So 12–16 Uhr

»Rustikal« speisen im Jardim das Oliveiras

Wohin zum … Einkaufen?

Gute Gelegenheiten zum Shoppen bieten sich in den Geschäften, die sich in der verästelten Altstadt von Lagos verstecken. In Carvoeiro gibt es zwar viele Shops, doch die Geschenkartikel sind häufig Massenware für Touristen. Stilvoller ist es in Monchique, wo einzelne Geschäfte Keramik, Erdbeerbaumschnaps (Medronho) und Honig (Mel) verkaufen. Porches vermarktet sich als traditioneller Töpferort, wobei sich die Auswahl auf Großshops an der Durchgangsstraße EN-125 beschränkt; dort haben Sie eine gute Auswahl an Keramik.

KULINARISCHES

Starten Sie Ihren Einkaufsbummel in Lagos an der Praça Gil Eanes. Nicht versäumen sollten Sie die Markthalle an der Avenida dos Descobrimentos. Im oberen Bereich bekommen Sie Obst, Gemüse, Honig, Gewürze, scharfe Piri-Piri-Sauce etc. Oder möchten Sie gern preisgünstige Weine kaufen? Dann fahren Sie weiter: Ein Stück westlich von Porches liegt in Lagoa direkt an der EN-125 der Sitz der Weinkooperative Adega Cooperativa do Algarve (S. 30, Mo geschl.) Es gibt Rot-, Weiß- und Roséweine. Auf einer höheren Qualitäts- und Preisstufe steht der Muskateller-Süßwein (moscatel). Der Direktkauf von Weinen beim Erzeuger ist auch auf dem Weingut Quinta dos Vales (Sítio dos Vales, Estômbar, http://de.quintadosvales.eu) möglich; es liegt am Ortsrand von Estômbar.

SHOPPING-MALL

Treffpunkt vieler Einheimischer und Besucher ist der Megakomplex von Algarve Shopping an der EN-125 bei Guia. Die Geschäfte bieten Kleidung, Schuhe, Uhren, Accessoires und vieles mehr.

TRÖDELMÄRKTE & MÄRKTE

Eine besondere Anziehungskraft auf Einheimische und Touristen üben die bunten Floh- und Allerleimärkte (feiras de velharias) aus, die in der Regel nur vormittags stattfinden. Hier können Sie bei den Händlern, Trödlern und lokalen Kunsthandwerkern vielleicht ein originelles Mitbringsel finden. Erkundigen Sie sich nach den aktuellen Terminen in der nächsten Touristeninformation. Meist finden sie in regelmäßigem Turnus statt: in **Ferragudo** (Zona Ribeirinha) am 2. Sonntag im Monat; in Lagoa (Recinto da Fatacil) am 4. Sonntag im Monat; in **Lagos** (Parque de Estacionamento do Complexo Desportivo) am 1. Sonntag im Monat; und in **Portimão** (Parque de Feiras e Exposições) am 1. und 3. Sonntag im Monat. Zudem gibt es feste Tage für Märkte (mercados): am 2. Sonntag im Monat in **Lagoa** (Gelände gegenüber Fatacil), am 1. Samstag im Monat in **Lagos** (neben dem Estádio Municipal), am 4. Montag im Monat in **Odiáxere** (Largo do Moinho) und am 2. Freitag im Monat in Monchique (Largo do Mercado). Infos über die Händlervereinigung http://associacaofeirantesalgarve.pt.

Wohin zum ... Ausgehen?

Praia da Rocha und Lagos sind in der Westregion der Algarve die verlässlichsten Orte für Abend- und Nachtschwärmer; auch in Carvoeiro herrscht einiges Leben.

In Lagos sind u. a. die **Shaker Bar** (Rua 25 de Abril 68) und die **Three Monkeys Bar** (Rua Lançarote de Freitas 26) beliebte Treffs, in der umliegenden Altstadt gibt es weitere Spots für Ausgehfreudige. Gute Anlaufstelle für Veranstaltungen ist das Kulturzentrum, **Centro Cultural** (Rua Lançarote de Freitas 7).

Für Abwechslung sorgen ambitionierte Kunstausstellungen, teils begleitet von Konzerten, organisiert von der Galerie **Lady in Red** im Großgebäude der Weinkooperative

Galerie und Kulturzentrum: Lady in Red

von Lagoa, das direkt an der Durchgangsstraße EN-125 liegt. Gelegentlich werden auch Filme aufgeführt. Die Kultur und Events sind einen Besuch wert – allein schon wegen der Hallen-Atmosphäre mit ihrem rauen ästhetischen Charme.

FREIZEITAKTIVITÄTEN

Unvergesslich sind **Bootstouren** zu den Grotten der Ponta da Piedade und Ausfahrten zum **Dolphin Watching** (S. 137), die u. a. in Lagos, aber auch in Carvoeiro sowie an den kleineren Stränden Benagil und Vale Centianes starten.

Stolze Preise verlangen Aquaparks wie **Slide & Splash** (www.slidesplash.com; bei Estômbar) und **Aqualand Algarve** (www.aqualand.pt; bei Alcantarilha). Auch der bei Guia an der EN 125 gelegene Tier-, Vergnügungs- und Aquapark **Zoomarine** (www.zoomarine.pt) schlägt eine Kerbe ins Urlaubsbudget. All diese Ziele öffnen nur während der wärmeren Jahreszeit. Sportlich Aktive können wind- und kitesurfen, auch Stand Up Paddling wird vielerorts angeboten. Ein Surferstrand nahe dem Cabo de São Vicente ist die Praia do Beliche. Ihren Reiz haben Seekajaktouren, u. a. rund um die Ponta da Piedade. Zum Tauchen können Sie ab Sagres in See stechen, z. B. mit **Divers Cape** (Tel. 965 55 90 73, http://diverscape.com).

Östlich von Armação de Pêra in Richtung Albufeira führt eine ausgeschilderte Abzweigung zum Reiterhof **Quinta da Saudade** (Vale Parra, Tel. 964 94 29 29, www.cavalosquintadasaudade.com); hier werden Ausritte angeboten. Wanderungen sind auf den Fernwanderwegen **Via Algarviana** und **Rota Vicentina** möglich. Ein schöner Abschnitt führt von Vila do Bispo teils an der Klippenküste entlang bis zum Cabo de São Vicente. Geführte deutschsprachige Wanderungen können Sie buchen bei: **Wandern mit Uwe** (Handy 966 52 48 22, www.wandern-mit-uwe.de); Wanderguide Uwe Schemionek kennt sich in den Gegenden bestens aus und bietet seine Touren ganzjährig an. Zu den Golfplätzen zählen u. a. **Vale de Milho Golf** (http://valedemilho golf.com) und **Vale da Pinta Golf** (www.pestanagolf.com).

Die Strände der Costa Vicentina (hier bei Zambujeira do Mar) sind ein Eldorado für Surfer und Wanderer.

Costa Vicentina

Unverbaute und kaum frequentierte Strände. Eine raue Natur fernab des Mainstreams. Da schlagen nicht nur Surferherzen höher.

Seite 148–165

Erste Orientierung

Keine Bettenburgen, kein Massentourismus – an der Costa Vicentina gibt die Natur durchweg den Ton an. Und zwar einen unverfälschten und extrem rauen! Naturfans werden von den wilden Kulissen begeistert sein. Hier finden Surfer ihre Territorien, hier lernen Sie abseits abgegraster Urlaubsgebiete eine komplett andersartige Algarve kennen.

Klippen und ungeschützte Strände treiben ein wildromantisches Wechselspiel, das die Costa Vicentina durchgängig dominiert. Der Küstenabschnitt beginnt nördlich des Cabo de São Vicente. Seine Aushängeschilder sind Strände wie die Praia do Amado, die Praia da Bordeira und die Praia de Monte Clérigo. Die Unterschiede zwischen Ebbe und Flut sind immens, Wellen und Strömungen bergen Gefahren. Also: Niemals richtig rausschwimmen! Umso verblüffter bewundert man die Entenmuschelsammler, die die scharfen Klippen wie ihre Westentasche kennen und hier in tollkühner und mitunter extrem riskanter Manier die unter Feinschmeckern beliebten Entenmuscheln (Percebes) ernten.

Der Atlantik an der Costa Vicentina ist aufgewühlter und kühler als an der restlichen Algarve und verzeichnet mehr als die Hälfte aller in Portugal nachgewiesenen Algenarten. Unter Wasser treiben die meisten Mikroorganismen der gesamten Westflanke des Landes und stehen am Beginn einer Nahrungskette, die Fisch- und Vogelreichtum garantiert. Fischadler, Reiher und Störche finden reich gedeckte Tische vor.

Stützpunkte für Individualisten sind Carrapateira, Aljezur und vereinzelte Landunterkünfte. Von überall ist der recht schmale Küstenstreifen rasch erreichbar. Die dünn besiedelte Landschaft steht als Parque Natural do Sudoeste Alentejano e da Costa Vicentina unter Naturschutz.

TOP 10

5 ★★ Praia do Amado

Nicht verpassen!

46 Aljezur

Nach Lust und Laune!

47 Praia de Monte Clérigo

48 Praia da Arrifana

49 Praia da Bordeira

50 Carrapateira

51 Praia do Castelejo

Mein Tag mit den Wellen

Die Küste gibt das Leitmotiv an der Costa Vicentina vor. Eine Grundfitness setzen wir voraus, besteht doch ein Teil des Tages aus einem Schnupperkurs im Surfen. Schaffen Sie es am Ende, auf dem Brett zu stehen? Danach entdecken Sie im Mietwagen noch etwas die Umgebung und kehren genüsslich ein.

10 Uhr: Ihr Surfabenteuer

Bereit für ein kleines Abenteuer? Dann schafft der schönste Strand der Costa Vicentina, die ❺ ★★ Praia do Amado, den passenden Rahmen. Der Strand ist nicht nur ein echter Hingucker, sondern bietet auch ideale Bedingungen für erste Stehversuche auf dem Surfbrett. Die eintägigen Kurse (etwa beim Amado Surf Camp, s. auch S. 155) bestehen gewöhnlich aus zwei eineinhalbstündigen Einheiten, unterbrochen von einer einstündigen Pause, und beginnen normalerweise um 10 Uhr.

Unter fachlicher Anleitung lernen Sie in Kleingruppen alles, was nötig ist. Das beginnt schon damit, peinliche Anfängerfehler zu vermeiden und den Zipp-Verschluss des Neoprenanzugs immer hinten zu haben. Dann geht's im Sand los mit Aufwärmeinheiten. Trockenübungen trichtern den Ablauf im Meer ein. Das sieht so: Sie stellen sich vor, auf dem Brett im Wasser zu liegen, per Fußschlaufe mit dem Board verbunden und den Blick nach hinten gerichtet, um mit Augenmaß die richtige Welle abzupassen. Schließlich paddeln Sie kräftig mit den Händen, um zu beschleunigen und in die Welle zu kommen. Sie bringen den Oberkörper in Stützhaltung, ziehen das erste Bein blitzartig nach vorne, setzen es an-

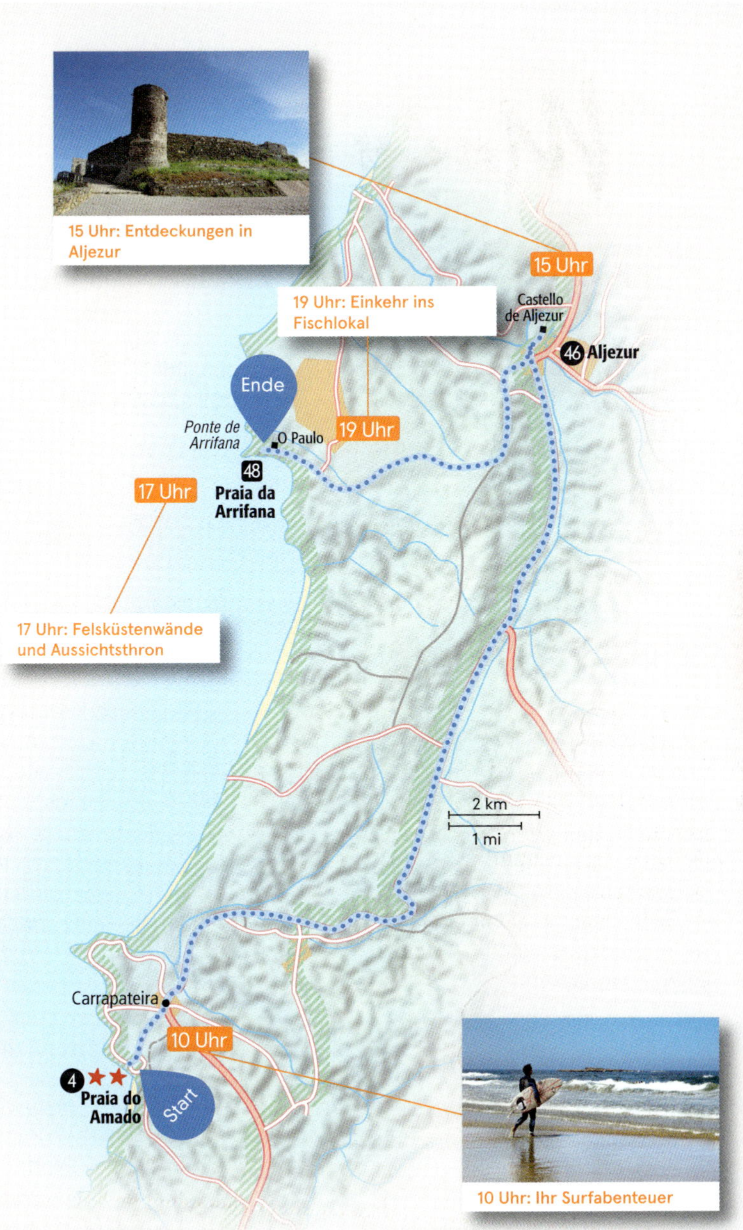
15 Uhr: Entdeckungen in Aljezur
15 Uhr
19 Uhr: Einkehr ins Fischlokal
Castello de Aljezur
46 Aljezur
Ende
Ponte de Arrifana
O Paulo
19 Uhr
48 Praia da Arrifana
17 Uhr
17 Uhr: Felsküstenwände und Aussichtsthron
2 km
1 mi
Carrapateira
10 Uhr
4 Praia do Amado
Start
10 Uhr: Ihr Surfabenteuer

Eine kleine Anstrengung erfordert der Aufstieg zu den Burgruinen von Aljezur noch (oben links) – und das nach dem kräftezehrenden, aber witzigen Surfkurs an der Praia do Amado (oben rechts)!

gewinkelt auf, ziehen das zweite Bein rasch nach und setzen es vor dem anderen auf. Nun noch in Duckposition aufrichten und sich oben halten – fertig! Hört sich einfach an, bis man es das erste Mal selbst versucht hat. Slapstickartige Landungen im Wasser gehören dazu, bis Sie es (hoffentlich) schaffen, auf dem Brett zu stehen.

Bringen Sie Proviant und Wasser mit, ebenso ein Handtuch und Kleidung zum Wechseln!

15 Uhr: Entdeckungen in Aljezur

Stolz – und vielleicht ein wenig entkräftet – verlassen Sie die Praia do Amado und bleiben vorerst an Land. Der nächste Zwischenstopp ist nicht weit: 46 Aljezur, der wichtigste Ort der Umgebung. Steigen (oder fahren) Sie zu den örtlichen Burgruinen hinauf. Das Areal ist jederzeit frei zugänglich und garantiert einen guten Ausblick ins Umland.

17 Uhr: Felsküstenwände und Aussichtsthron

Zurück an den Atlantik. Die 48 Praia da Arrifana, südwestlich von Aljezur, lohnt den Abstecher. Im Rücken des Strands türmen sich Felsküstenwände auf. Angesichts der begrenzten Parkplatzflächen in der Nähe bleibt Ihnen je nach Zustrom vielleicht nichts anderes übrig, als länger zu Fuß hinabzugehen.

Zurück im Wagen, fahren Sie weiter westlich bis zur Landspitze

Die Praia da Arrifana (rechts oben) beeindruckt mit ihrem klaren Wasser und den Felswänden, die sich an den Strand schmiegen. Nach all den Abenteuern im und am Wasser mundet ein deftiges Gericht aus dem Wasser doppelt so gut (rechts unten).

Arrifana, der Ponta da Arrifana (S. 161), die hoch über der Steilküste liegt. Dort endet das Sträßchen. Lassen Sie sich den Seewind um die Nase wehen – welch ein herrlicher Aussichtsthron auf das ungestüme und energiegeladene Spiel der Brandung!

19 Uhr: Einkehr ins Fischlokal

Unweit der Fortaleza de Arrifana bietet sich das Restaurante O Paulo (S. 164) für eine Einkehr zum Abendessen an, eine schöne Location mit reichlich Fisch und anderem Meeresgetier. Alternative fürs Dinner ist die Rückkehr nach Aljezur, wo Sie ebenfalls nette Restaurants finden.

Länge der Tour: 33 km

Amado Surf Camp
204 B3
Praia do Amado
927 83 15 68 www.amadosurfcamp.com
1-tägiger Kurs 55–60 €/Pers.

❺ ★★ Praia do Amado

Was?	Ein Strand der Extraklasse mit dem für die Costa Vicentina üblichen Gütesiegel: rau
Warum?	Weniger zum Baden … stattdessen bewundert man hier Surfer, Bodyboarder und die naturbelassene Szenerie.
Wann?	Am besten morgens oder am frühen Abend – dann genießen Sie eine schöne, oft menschenleere Stimmung.
Wie lange?	Mindestens eine halbe Stunde – Ende offen
Resümee	Die perfekte Welle

Vor Jahrhunderten galt es, die Küstengegend der Costa Vicentina vor Piraten zu schützen. Heute lassen die Großparkplätze an der Zufahrt zur Praia do Amado erahnen, dass sich Attacken anderer Art ereignen: von Naturfans. Schließlich eröffnet sich hier, im Südwesten des Ortes Carrapateira, ein großartiger Strand, der sich vor allem, aber nicht nur bei Surfern größter Beliebtheit erfreut. Die Sandflächen sind sauber, reflektieren grell in der Sonne und spannen sich über eine Länge von etwa 1 km von Felsmassiv zu Felsmassiv. Auch hinter einem Teil des Strands erheben

Holzstege und -treppen führen hinunter zur traumhaft gelegenen Praia do Amado.

sich Felsen. Das Hinterland ist unbebaut, die Infrastruktur eher dürftig. So ist und bleibt die Praia do Amado wunderbar naturbelassen.

Surferrevier

Viele Surfschulen unterhalten hier eines ihrer Reviere und bieten Kurse an, an manchen Tagen ist der Atlantik regelrecht gesprenkelt mit Surfern. Die Praia do Amado gilt für Anfänger als besonders geeignet, da sich die Wellen früh brechen und lange ausrollen. Aufwärm-, Dehn- und Trockenübungen gehen den Praxistests auf dem Meer voraus (S. 152).

Für sportlich Aktive, die an Land bleiben wollen, empfiehlt sich ein ausgedehnter Strandspaziergang; ins Wasser sollten sich Schwimmer nur mit der üblichen Vorsicht wagen, die aufgrund der rauen See hier allerdings deutlich größer ausfallen sollte.

Abstecher zum Strandnachbarn

Falls Sie über ein robustes Fahrzeug verfügen, können Sie – statt wie die meisten Besucher über den Ort Carrapateira – nahe der Steilküste über eine Piste von der Praia do Amado nordwärts bis zum Parkplatz bei der Praia da Bordeira fahren. Die Strecke ist staubig und steinig. Unterwegs können Sie bei der Pistenfahrt an der Seite stoppen und zu Fuß auf kleine Holzstege gehen, die oberhalb der Küste zu einer Art Aussichtsvorsprüngen führen. Wer auf den Einsatz des Fahrzeugs verzichten will, kann zwischen der Praia do Amado und der Praia da Bordeira auch an der Piste entlangwandern. Nähert sich ein Fahrzeug, kann es jedoch dazu kommen, dass Sie Staub schlucken müssen.

KLEINE PAUSE

Oberhalb der Praia do Amado werden zwischen dem Parkplatz und dem Strandzugang saisonal **Erfrischungsstände** mit kleinen Terrassen geöffnet – eine gute Gelegenheit, um sich niederzulassen und die Stimmung und das Panorama zu genießen.

---

204 B3

46 Aljezur

Was?	Landstädtchen und Sprungbrett zu den Stränden der Costa Vicentina
Warum?	Die Burgruine hoch über Aljezur offenbart schöne Ausblicke auf die landwirtschaftlich geprägte Gegend und den unaufgeregten Ort – perferkt für Individualisten.
Wann?	Jederzeit
Wie lange?	Zwei Stunden
Resümee	Der Wind im Gesicht

Niedrige Strauch- und Macchiagewächse legen einen würzigen Duft über die windgegerbte, weitgehend menschenverlassene Landschaft, aus der der in drei Teile gegliederte Ort ragt. Eine gediegene touristische Infrastruktur sucht man hier vergebens. Surfer prägen das Bild, und vom Trubel der Urlaubszentren an der Südküste ist Aljezur Galaxien entfernt – dabei sind es nach Lagos gerade einmal 30 km. So lebt man hier noch weitgehend von der Landwirtschaft: dem Anbau von Erdnüssen und Süßkartoffeln, die in den hiesigen Spezialitäten, dem Süßkartoffelkuchen (Torta de Batata-doce) und Süßkartoffelpudding (Pudim de Batata-doce), reichlich zum Einsatz kommen.

»Insel« im Inland

Vorrang für Besucher hat der obere Ortsteil, der von den Ruinen seines Castelo beherrscht wird. Die Burg, so heißt es in einer lokalen Quelle, ist als Symbol »der Kämpfe zwischen Mauren und Christen« zu verstehen. Damit richtet sich der Blick zurück ins Mittelalter, als Aljezur über Jahrhunderte in maurischer Hand lag. Sogar der Name des Orts geht noch auf das Arabische zurück. Höchstwahrscheinlich ist er dem Terminus »al-jazira« entlehnt, was »die Insel« besagte und den Rückschluss zulässt, welche Bedeutung das Wassers der Ribeira de Aljezur gehabt haben muss. Immerhin besaß Aljezur damals sogar einen Flusshafen, doch allmählich versandete der kleine Strom. Die Burg datiert mutmaßlich aus dem 10. Jh. und wurde den Mauren von den Christentruppen 1249

Felder, Weingärten und Korkeichen prägen das ländliche Umland von Aljezur.

nach blutigen Kämpfen entrissen. Ab dem Spätmittelalter verfiel die Burg allmählich. Für die Ruinen brauchen Sie kein Ticket zu lösen, da sie jederzeit offen stehen. Der Blick ins Umland lohnt die Anfahrt bzw. den Aufstieg. Gleich vor dem Kastell können Sie parken, die Auffahrt ist recht steil.

Die Altstadt nördlich der Burg hat sich ein wenig herausgeputzt. Nahe der Igreja da Misericórdia (16. Jh.) befindet sich im einstigen Rathaus das kleine Museu Municipal (Gemeindemuseum) mit Exponaten u. a. aus dem Neolithikum, der Römer- und der Maurenzeit sowie landwirtschaftlichem Gerät und dem Nachbau einer kleinen Landküche. Das Museu de Arte Sacra (Rua Castelo; mit sakraler Kunst), das Museu Antoniano (Rua de Santo Antonio; zum Leben des hl. Antonius) und die Casa-Museu Pintor José Cercas (Rua Castelo) dürften sich hingegen eher an ein ausgewähltes Publikum richten.

KLEINE PAUSE

Das nahe am Fluss gelegene **Marktcafé von Aljezur** ist bei den Dorfbewohnern beliebt. Sollte es gerade geschlossen sein, brauchen Sie nur über die kleine Flussbrücke Richtung unteres Dorf zu gehen und finden dort Alternativen.

ℹ

204 C5 Posto de Turismo
Rua 25 de Abril 62 ☎ 282 99 82 29
www.cm-aljezur.pt Busse u. a. nach Lagos

Museu Municipal, Museu de Arte Sacra, Museu Antoniano & Casa-Museu Pintor José Cercas
Di–Sa 9–13 & 14–17, Juni–Sept. bis 18 Uhr (die beiden letztgenannten Museen zw. Okt. & Mai nur auf Anfrage)
Kombiticket für alle Museen 2,20 €

Nach Lust und Laune!

47 Praia de Monte Clérigo

Nordwestlich von Aljezur (S. 158) – die Anfahrt ist ausgeschildert – wartet dieser schöne und makellose Sandstrand. Ein Steg führt über Dünen hinunter an den Atlantik, südlich des Strandes klettert eine kleine Siedlung mit Wochenend- und Ferienhäuschen den Felshang hinauf. Außerhalb der Sommersaison geht es häufig sehr ruhig zu.

↟204 B/C5

48 Praia da Arrifana

Rückwärtig abgeschirmt von Steilküstenwänden, wendet sich die Praia da Arrifana zur weiten Bucht von Arrifana hin. Die Sandflächen des Strands schwinden bei Flut beträchtlich. Bei der Zufahrt hinab müssen Sie sich auf ein starkes Gefälle, Kurven und wenig Parkraum einstellen; manche lassen ihr Fahrzeug gleich oben stehen und gehen zu Fuß zur Praia da Arrifana, was beim späteren Aufstieg einige Schweißtropfen kostet.

Die Bucht von Arrifana liegt geschützter, es gibt auch einen kleinen Fischerhafen. Der freistehende, nadelgleiche Fels heißt Pedra de Agulha. Aus der Ferne sehen Sie die Praia da Arrifana.

↟204 B4/5

49 Praia da Bordeira

Da die Praia da Bordeira recht nah am Ort Carrapateira liegt, kennt man sie auch unter dem Namen Praia da Carrapateira. Das hier mündende Flüsschen schafft es oftmals nicht bis zum Atlantik, sondern staut sich zu einer Art Lagune auf und versickert vorher. Je nach Wasserstand lässt sich das Gewässer gut durchwaten. Ein alternativer Zugang ist eine Treppe von einem höher gelegenen Parkplatz. Aus Carrapateira kommend und stets das Meer im Blick, führt die Fahrt zu diesem Parkplatz über ein Stück Piste zunächst links hinauf in Richtung Praia do Amado (S. 156), dann über eine Abzweigung nach rechts. Am Anfang der erwähnten, relativ langen Holztreppe bietet sich ein wunderschöner Ausblick über den weiten Strand. Vorsicht: Im unteren Bereich können die Stufen in schlechtem Zustand sein!

Die Praia da Bordeira ist ein extrem breiter und etwa 3 km langer, zudem rauer, einsamer, schattenloser und ungeschützter Strand, über den oftmals Winde gnadenlos hinwegfegen. Touristische Einrichtungen suchen Sie vergebens. Kurzum: für Naturfans ein Traum! An einem Teil des Strands schieben sich rostbraune Felsen vor. Im Hinterland der Praia da Bordeira schließen sich Dünen an.

↟204 B4

Traumblicke

Spüren Sie die ungezähmte Kraft der Elemente? Die steife Atlantikbrise, die Ihre Jacke wie ein Segel aufbläht? Das Tosen der Wellen, die unablässig gegen die messerscharfen Felsen branden? Wer die Steilküstenszenerie der Costa Vicentina in ihrer ganzen Pracht genießen will, ist an der Ponta da Arrifana (nördlich des gleichnamigen Strands) goldrichtig. Die Landspitze hoch über dem Atlantik bietet ein Naturschauspiel, das dem des Capo de São Vicente in nichts nachsteht. Nur eben weitab vom touristischen Mainstream mit einem Bruchteil des Trubels …

50 Carrapateira

Dieser etwas größere Durchgangsort liegt im Inland und hat für Reisende dank einfacher Unterkünfte eher strategische Bedeutung als Stützpunkt. Örtliche Blickfänge sind die alte Windmühle auf einem Hügel und die Binnendünen. Das Museu do Mar e de Terra veranschaulicht mit seinen Exponaten Themen rund um Meer und Landleben, ist aber gewiss kein Kracher, den man gesehen haben muss.

Die Bebauung von Carrapateira erscheint recht unstrukturiert und wildwüchsig; zwischen manchen Häusern breiten sich große Grünflächen und Agaven aus. An der Durchgangsstraße finden Sie ein paar Einkehrmöglichkeiten. Außerhalb der Saison wirkt Carrapateira recht ausgestorben. Zwischen Carrapateira und Aljezur erstrecken sich wenig frequentierte Strände: die Praia Vale Figueiras und die Praia do Canal.

204 B3

Museu do Mar e de Terra
Rua do Pescador ☎ 282 97 00 00
Di–Fr 10–12 & 13.30–16.30 Uhr
2,70 €

51 Praia do Castelejo

Dieser etwas schmalere und lange, raue Strand gehört zur Gemeinde Vila do Bispo und wendet sich ungeschützt dem Atlantik und seinen mitunter ungestümen Wellen zu. Die nahen Klippen werden gerne von Gleitschirmfliegern zum Start genutzt. Die Praia do Castelejo dient zudem als Surferterrain und bildet zusammen mit der nahen Praia da Cordoama und der Praia da Barriga ein traumhaftes Strände-Trio. Im Hinterland breiten Schirmpinien ihr grünes Astwerk aus.

204 B2

Natur- und Surfertraum: die Praia da Cordoama

Wohin zum ...
Übernachten?

Preise für ein Doppelzimmer pro Nacht in der Hauptsaison:

€	unter 95 €
€€	95–150 €
€€€	über 150 €

ALJEZUR

Amazigh Hostel €
In dem Hostel finden Traveller aus aller Welt zusammen. Das günstige Preisniveau gilt für die Zimmer und insbesondere für die Betten in den Gemeinschaftsräumen. Die Einrichtung ist einfach und der Service freundlich. Die Mehrbettzimmer lassen sich auch von Familien mit Kindern oder kleineren Gruppen gut nutzen.
204 C5 Rua da Ladeira 5 282 99 75 02
www.amazighostel.com

Carpe Vita €/€€
Traditionelle Häuschen, nett hergerichtet für Selbstversorger und ausstaffiert mit kleinen Küchen. Ausgerichtet sind die Unterkünfte für bis zu vier Personen. Mindestaufenthalte zwischen zwei Tagen in der Nebensaison und einer Woche in der Hauptsaison.
204 C5 Rua Serra do Mosqueiro
963 25 65 81 www.carpe-vita.com

Herdade Monte do Sol €€/€€€
Die Unterkunft des ländlichen Tourismus besteht aus kleinen Häusern, die jeweils mit einer Terrasse und einer kleinen Küche ausstaffiert sind. Den Pool umgeben großzügige Außenanlagen. Das Landgut liegt außerhalb von Aljezur, Anfahrt Richtung Arrifana.
204 C5 Herdade Monte do Sol
282 99 73 58
www.herdademontedosol.com

CARRAPATEIRA

Pensão das Dunas €
Die familiär betriebene Pension in traditionellem Stil macht einen freundlichen Eindruck. Als Unterkünfte stehen hier sechs Ferienwohnungen und vier Zimmer zur Wahl; die Ferienwohnungen sind jeweils mit Küchen ausgestattet. Hier kommen Sie zu recht günstigen Preisen unter. Die Pension wird auch gern von Surfern als Basisquartier genutzt.
204 B3 Rua da Padaria 9 282 97 31 18
www.pensao-das-dunas.pt

Ein gelungenes Beispiel für Alternativtourismus: das »Ferienbauerndorf« Pedralva

PEDRALVA

Aldeia da Pedralva €€/€€€
Dank privatem Engagement, aufwendiger Restaurierung und planerischer Weitsicht ist das Inlandsdorf Pedralva wieder so richtig zum Leben erweckt worden und bedient nun die gestiegene Nachfrage nach alternativtouristischen Unterkünften. Cottages und Landhäuschen wurden vor dem Verfall gerettet und liebevoll restauriert und werden nun in einer gewachsenen Dorfstruktur über eine zentrale Reservierungsstelle vermietet. Die unterschiedlich bemessenen und ausgestatteten Quartiere laden dazu ein, die Ruhe auf dem Land zu genießen und dabei das Tempo des Lebens automatisch zu drosseln. Einfach erholsam! Die nächsten Strände liegen in erreichbarer Entfernung und sind mit dem Auto in etwa zehn bis 15 Minuten erreicht. Erfrischen können Sie sich aber auch im Pool der Aldeia da Pedralva.

204 B3 ausgeschilderte Abzweig zur Aldeia da Pedralva an der Landstraße zwischen Vila do Bispo und Carrapateira, Rua de Baixo – Casa da Pedralva ☎ 282 63 93 42
www.aldeiadapedralva.com

Wohin zum ... Essen und Trinken?

Preise für ein Drei-Gänge-Menü ohne Getränke und Service:

€	unter 25 €
€€	25–40 €
€€€	über 40 €

ALJEZUR

Pont'a Pé €/€€

Das Bar-Restaurant im Unterdorf von Aljezur nahe der Fußgängerbrücke über das Flüsschen wird von Einheimischen geschätzt. Auf der Speisekarte stehen Salate und Omelettes, aber auch aufwendigere Gerichte wie eine Fisch-Cataplana für zwei Personen. Bei den Nachtischen stechen Spezialitäten aus Süßkartoffeln (Batata-doce) hervor. Die Terrasse füllt sich schnell.
204 C5 Largo da Liberdade 12
☎ 282 99 81 04 www.pontape.pt
Mo–Sa 9–23 Uhr

CARRAPATEIRA

Cato €

Einfach und schnörkellos kommt dieses Restaurant mit ökologischen Noten daher. Salate und Gemüse stammen aus dem eigenen Garten. Außerdem gibt's Oktopus oder einen Veggie-Burger. Wem's gefällt, der kann sich gleich im Bed & Breakfast einquartieren.
204 B3 Horta do Rio ☎ 282 99 81 47
http://cato-guesthouse.wixsite.com
tägl. 10–21 Uhr

PEDRALVA

Sítio da Pedralva €€

Geschmackvolles Hauptrestaurant in dem alten, auf Vordermann gebrachten Dorf Aldeia da Pedralva. Zu den Spezialitäten zählen Stockfisch nach Art des Hauses und Lammrippchen mit Süßkartoffelpüree. Nach dem Essen können Sie durch das Dorf schlendern.
204 B3 Abzweig zur Aldeia da Pedralva an der Landstraße zwischen Vila do Bispo und Carrapateira ☎ 282 63 93 42
www.aldeiadapedralva.com
tägl. 12–15 & 19–23 Uhr

PONTA DA ARRIFANA

O Paulo €€

Dieses in Flachbaustil gehaltene Restaurant ist ein richtig gemütlicher Glasbau an windumtoster Stelle auf der Ponta da Arrifana, ganz in der Nähe der Festungsreste der Fortaleza de Arrifana. Fisch und Schalentiere geben den Ton an und werden schmackhaft zubereitet und freundlich aufgetischt. Nach dem Essen fast ein Muss: ein Mini-Verdauungsspaziergang zu den herrlichen Aussichtspunkten über der Steilküste (S. 161).
204 B5 Arrifana, nahe der Fortaleza ☎ 934 97 52 50
http://restauranteopaulo.com
Di–So 12–15, 19–22.30 Uhr

PRAIA DA ARRIFANA

Restaurante da Praia €€

In diesem Beachrestaurant gleich oberhalb des Arrifana-Strands isst das Auge mit – allein wegen der schönen Aussicht! Salate, auch mit Meeresfrüchten, haben gleicher-

Die Spezialität Cataplana (benannt nach dem Schmortopf) macht Fischliebhaber glücklich.

Die touristische Infrastruktur an der Costa Vicentina ist einfach, aber es gibt sie. Und wie hier an der Praia do Amado punktet sie oft mit herrlichen Ausblicken.

maßen ihren festen Platz auf der Speisekarte wie frischer Fisch. Je nach Anlieferung des Tages gibt es auch die exklusiven Entenmuscheln (»percebes«).
204 B5 oberhalb des Strands
282 99 85 27 http://www.restaurantepraiaarrifana.com Juni–Mitte Sept. tägl. 9.30–24, sonst 10.30–20 Uhr, Winter geschl.

Wohin zum ... Einkaufen?

Die Costa Vicentina ist eine Natur-, keine Shoppingregion. Einkaufen und sich mit Proviant für Wanderungen versorgen können Sie aber auf Märkten.

In Aljezur findet jeweils am 1. Sonntag im Monat von etwa 9–13 Uhr ein Allerleimarkt im Bereich der Escola Primária dos Vales statt. Am jeweils 3. Montag im Monat gibt es in Aljezur einen Markt neben dem Schulgebäude der Escola Básica Integrada. Und im Juli und August wird in Aljezur jeden Samstag die Feira da Terra veranstaltet, ein Fest, das im Zeichen der an der Costa Vicentina angebauten Produkte steht. Ansonsten liefert die winzige Markthalle in Flussnähe das Nötigste.

Wohin zum ... Ausgehen?

Wummerndes Nightlife an der Costa Vicentina? Fehlanzeige! Etwas trinken gehen können Sie in Aljezur, am kleinen Platz an der Durchgangsstraße in Carrapateira und in den saisonalen Surfertreffs oberhalb der Praia do Amado. Hier kommen Sportler und Naturliebhaber zusammen, die vor allem die Natur genießen. Viel los ist bei den Volksfesten.

VOLKSFESTE

Leben in die beschauliche Region bringen diverse Volksfeste, vor allem im August, wenn Carrapateira und Odeceixe zu wechselnden Terminen ihre Feste feiern. Erlebenswert ist auch die Festa dos Pescadores, das Fest der Fischer, am letzten Juli-Wochenende im kleinen Hafen der Bucht von Arrifana sowie die multikulturelle Nacht Noite A Ende August in Aljezur.

Anfang September steigt in Odeceixe der traditionelle Jahrmarkt (feira), Ende desselben Monats in Aljezur. Hat die milde Winterzeit eingesetzt, steht in Aljezur – entweder am letzten Wochenende im November oder am ersten Wochenende im Dezember – das Festival da Batata-doce an, bei dem sich alles um die Süßkartoffeln dreht.

Pause muss sein: Ein Wanderer genießt neben einem kleinen Pinienwäldchen auf der Steilküste den Blick hinaus aufs Meer.

Spaziergänge & Touren

Darf's etwas mehr sein? Dann lohnt eine Fahrt durch das Hinterland. Zu Fuß erkunden Sie dagegen Faro und das Cabo de São Vicente.

Seite 166–183

Das alte Faro

Was?	Der Spaziergang durch Faros Altstadt führt durch beschauliche Gassen und an mächtigen Stadtmauern vorbei.
Wann?	Jederzeit, am besten jedoch nicht in der Mittagshitze
Länge	1,8 km
Dauer	Ca. 1 Stunde, mit Besichtigung der Kathedrale und des Stadtmuseums 30 Minuten bzw. eine Stunde länger
Start/Ziel	Jardim Manuel Bivar ✈202 C2/3

Faros historisches Viertel überrascht. Lassen Sie sich gemächlich durch die Gassen treiben, deren Vorläufer aus dem Mittelalter stammen. Weißgetünchte Häuser erinnern an das maurische Erbe. Sehenswert ist die Kathedrale. Teile des mächtigen Stadtmauerverbunds werden zu Ihren Begleitern. Je nach Tag bekommen Sie in der Altstadt mitunter Soundeffekte geboten: das Klappern von Störchen!

1–2

Der Jardim Manuel Bivar, die kleine Grünanlage hinter dem Becken der Marina, ist Ihr Startpunkt in die von Mauern umzogene Altstadt. Steuern Sie zunächt die Touristeninformation in der Rua da Misericórdia an, wo Sie sich einen Stadtplan und weitere Infos besorgen können. Gleich nebenan geht es durch den Arco da Vila, ein im 19. Jh. erneuertes Stadtmauertor, ins historische Viertel hinein.

2–3

Hinter dem Arco da Vila geht es geradeaus und leicht aufwärts durch die Rua do Município. Werfen Sie aber auch einen Blick zurück – der Arco da Vila wirkt aus dieser Perspektive besonders fotogen! Und gelegentlich sitzt ein Storchenpaar darauf, falls es nicht gerade ausgeflogen ist.

3–4

Hinter einem Rechtsknick der Rua do Município gelangen Sie auf den Vorplatz der Kathedrale, dem Largo da Sé. Dort werden Sie von Orangenbäumen und der trutzigen Bischofskirche (S. 91) empfangen, deren Ursprünge bis ins 13. und 14. Jh. zurückreichen. Die beste (Foto-)Ansicht haben Sie, wenn Sie jetzt ein Stück weiter nach rechts um die Kathedrale herumgehen (störend können allerdings parkende Autos sein).

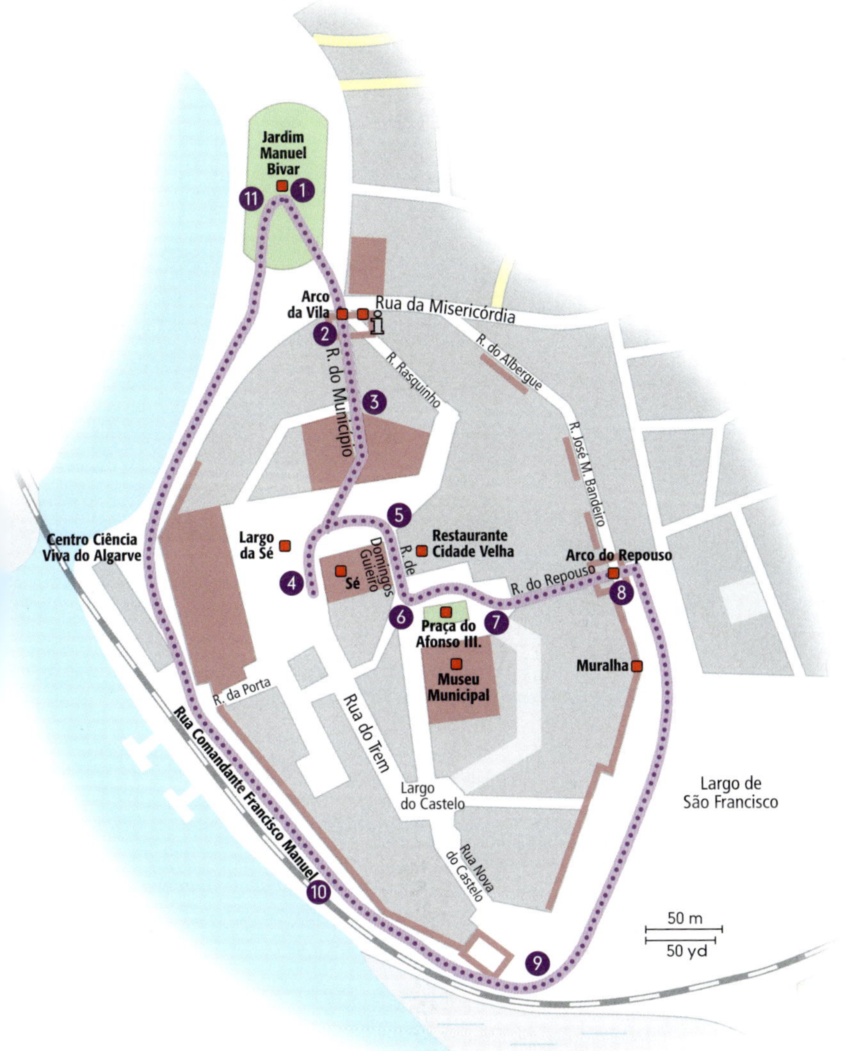

Orangenbäume bringen etwas Grün auf den großen, weiten Vorplatz der Sé in Faro.

Vom Turm der Sé hat man die beste Übersicht über Faro.

4–5
Sie kehren zurück auf die Höhe der Einmündung der Rua do Município. Lassen Sie die Kathedrale nun rechter Hand hinter sich und spazieren Sie um deren Rückfront herum, um in die Gasse Rua de Domingos Guieiro zu gelangen.

5–6
Diese dient als kurze Verbindungsgasse zum nächsten Platz, der Praça do Afonso III. Unübersehbar steht hier ein Denkmal von König Afonso III. (1210–1279), unter dessen Herrschaft die Rückeroberung Faros aus den Händen der Mauren gelang. Am Platz liegt der Zugang zum Museu Municipal (S. 91).

6–7
Gehen Sie ab der langgestreckt angelegten Praça do Afonso III. mit dem Rücken zum Museumseingang gewandt

nach rechts durch die nächste beschauliche Gasse, die Rua do Repouso.

7–8
Die Rua do Repouso bringt Sie nach kurzer Zeit vor den Arco do Repouso, ein weiteres historisches Stadttor.

8–9
Wenn Sie nun durch dieses gehen, verlassen Sie das historische Viertel. Schauen Sie sich gleich rechts hinter dem Tor das Azulejo-Gemälde an. Es zeigt die historische Szene »Outorga do Foral aos Mouros forros por D. Afonso III« aus dem Jahr 1269: »König Afonso III. gewährt den unterworfenen Mauren gewisse Rechte.« Nun gehen Sie außen zunächst etwa 300 m an den Stadtmauern entlang – ein schöner Anblick. (Zur Orientierung: Links prägen große Parkplätze den Largo de São Francisco.)

9–10
Am Ende der 300 m entlang der Stadtmauer zweigt eine für den Verkehr gesperrte kleine Straße nach rechts ab: Es ist die Verlängerung der Rua Comandante Francisco Manuel.

10–11
Diese verläuft außen an den restaurierten Stadtmauern entlang, während sich gleich links auf schmaler Trasse wenig befahrene Bahngleise befinden. Ab und zu toben sich an den Mauern rundherum Graffitikünstler aus und peppen das nette und beschauliche Promenadenstück auf. Es führt am Gebäude des kleinen interaktiven Wissenschaftszentrums Centro Ciência Viva do Algarve (www.circuitoscienciaviva.pt) vorbei. Am Schluss gerät geradeaus Ihr Ausgangspunkt ins Blickfeld: der Jardim Manuel Bivar. Dort können Sie sich zur Rast niederlassen. Mit Blick auf den Segelmasten-Wald der Marina ist es natürlich am schönsten!

KLEINE PAUSE
Zwischen dem Largo da Sé und der Praça do Afonso III. liegt das Restaurante **Cidade Velha.** Hier gibt es auch einfache Gerichte für zwischendurch, z. B. Omelettes, Baguettes oder einen gemischten Salat.

Cidade Velha: Rua de Domingos Guieiro 19, Tel. 289 82 71 45, tägl. 9–22 Uhr

Zum Cabo de São Vicente

Was?	Wanderung zum südwestlichsten Punkt Festlandeuropas
Wann?	Abzuraten ist von der Wanderung im Hochsommer.
Länge	13 km (einfache Strecke)
Dauer	4 bis 5 Stunden
Start	Vila do Bispo ⊹204 B2
Ziel	Cabo de São Vicente ⊹204 B1

Zuverlässig und pünktlich bedient das Taxiunternehmen Taxi T (Tel. 964 85 85 17, www.taxi-t.com).

Brechen Sie bei dieser Halbtageswanderung zu Portugals von Wind und Wellen gepeitschtem Traumeck auf: dem Cabo de São Vicente (S. 121). Südwestlich von Vila do Bispo verläuft die Strecke durch herrliche, einsame Weiten oberhalb des Atlantiks, verlangt aber auch nach Vorausplanung. Setzen Sie sich rechtzeitig vorher mit einem Taxiunternehmen in Verbindung, das Sie nach der Tour vom Cabo de São Vicente abholt. Alternativ können Sie – je nach Zeit und Kondition – dieselbe 13 km lange Strecke zurückgehen oder im Vorfeld ein zweites Fahrzeug am Kap abstellen.

1–2

Die Wanderung beginnt am Ortsrand in Vila do Bispo am Marktgebäude, dem Mercado Municipal. Dort können Sie sich montags bis freitags mit Proviant eindecken. Folgen Sie in Sichtweite des Markts von Vila do Bispo den rot-weißen Markierungen des Fernwanderwegs GR-11, der sich hier mit dem sogenannten »Historischen Weg« der Rota Vicentina deckt. Es geht zunächst an einer wenig befahrenen Nebenstraße entlang und leicht aufwärts, vorbei an Häusern und Feldern, deren Bewirtschaftung je nach Saison wechselt. Nach 2,1 km stößt von rechts ein Erdweg hinzu.

2–3

Ein Eukalyptushain rechter Hand erinnert daran, dass zu Zeiten der Salazar-Diktatur in den 1960er- und 1970er-Jahren Eukalyptus eingeführt wurde. Dabei ging es um den schnellen Profit für die Papierindustrie. Auf der weiteren Strecke folgt schönes weites Wiesen- und Weideland. Auf ei-

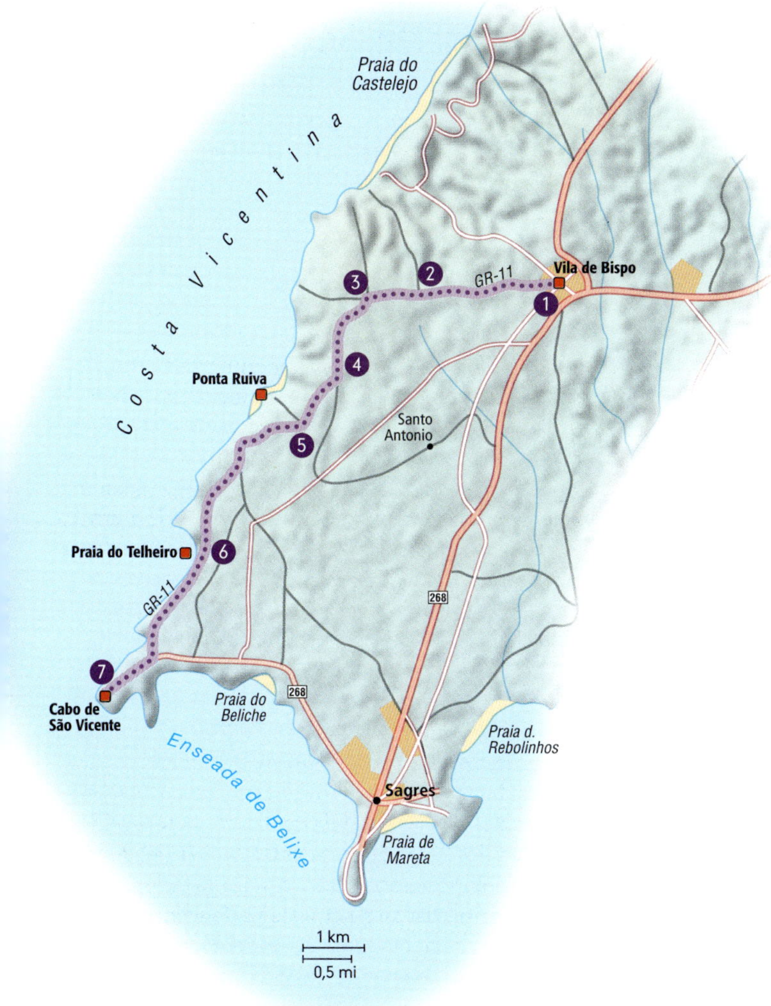

nem breiten befahrbaren Erdweg verläuft die Wanderung zwischen Zäunen hindurch. Es ist flach, rechts taucht das Meer in der Ferne auf, verschwindet aber dann vorübergehend aus dem Blickfeld. 4 km hinter Vila do Bispo weist ein Schild auf dem GR-11 zum Cabo de São Vicente. Von den angegebenen 10 km können Sie 1 km abziehen, weil Sie später einer anderen, schöneren Wegvariante folgen.

Am Ziel der Mühen werden Sie mit einem herrlichen Blick auf das Kap und den Leuchtturm belohnt.

3–4

Es geht weiter auf breiter Trasse durch wunderbares, abgeschiedenes Flachland. In der Ferne ragt ein Kontrollturm zur Überwachung des Schiffsverkehrs aus der Weite empor. Unter die Vegetation mischen sich Zistrosen, die im Frühjahr wunderbar blühen, und niedrige Kiefern. Der Weg hat keinen nennenswerten Schwierigkeitsgrad, aber es gibt auch keinen Schatten. Zwischendurch kommt ein optionaler Abzweig zum Küstenaussichtspunkt Ponta Ruiva, während die Route noch landeinwärts verläuft.

4–5

Zur Rechten ist wieder der Ozean im Hintergrund zu sehen. Bald zeichnet sich voraus in der Ferne der Leuchtturm des Cabo de São Vicente ab. 6 km hinter Vila do Bispo gibt es in der Einsamkeit eine Gabelung. Hier heißt es, aufpassen: Statt der landeinwärtigen Variante des GR-11 (ausgewiesen sind 8 km bis zum Cabo de São Vicente) wählen Sie den mit grün-blauen Markierungen versehenen Fischerweg der Rota Vicentina. Auf dem Schild steht: Praia do Telheiro 3 km, Cabo de São Vicente 7 km. Hier sind Sie richtig!

5–6

Rundherum wächst gedrungener Wacholder, zur Rechten verschmilzt das Grün mit dem Blau der See – ein echter

Traumblick. Die extrem flache Vegetation ist dem Wind geschuldet. In dieser Umgebung gibt es weit und breit kein Dorf und keine Häuser. Achten Sie auf die Markierungen der Rota Vicentina. Sie sind auf Steine und eigens eingesetzte Holzpflöcke aufgemalt. Ein Orientierungspunkt im Hintergrund ist und bleibt fortan der Leuchtturm über dem Kap.

Der Wanderweg verläuft zunächst etwa 150 m von den Klippen entfernt, dann geht es näher heran. Der Pfad zieht sich enger zusammen, es wird steiniger und geht abwärts an Zistrosen und Wacholder vorbei. Oberhalb eines Buchteinschnitts, der Praia do Telheiro, wird es besonders holprig, also lassen Sie sich hier besser nicht zu sehr von der schönen Aussicht ablenken!

6–7

Rund 4 km fehlen noch bis zum Kap. Sie spüren den Wind im Gesicht, das Salz auf der Haut. Genießen Sie Stimmung und Panorama! Der Wegbelag ist teils sandig, Wacholderzweige werfen Schatten auf den Pfad. Mitunter taucht eine Zwergpalme auf. Einmal mehr der Hinweis: Achten Sie genau auf die Markierungen! Zwischendurch mahnt ein Schild den respektvollen Umgang mit der Natur an – was auch bedeutet, nicht vom Weg abzuweichen! Es geht in eine kleine Schlucht hinab, später nahe dem Klippenrand über extrem steiniges Terrain. Hier ist Konzentration angebracht, gleichzeitig wandern und fotografieren ist keine gute Idee.

Das letzte Wegstück zum Kap entspricht dem GR 11, zu erkennen an den rot-weißen Markierungen. Verfehlen können Sie Ihr Ziel nicht: Der Leuchtturm weist stetig den Weg. Ist die asphaltierte Zufahrtsstraße zum Cabo de São Vicente erreicht, hat die Einsamkeit ein Ende. Motorenlärm und Parkplätze erinnern an die Zivilisation. Um das Kap eröffnen sich Panoramen, die die bisherigen vielleicht noch übertreffen!

KLEINE PAUSE

Unterwegs gibt es keine Optionen zum Einkehren. Gönnen Sie sich mit einem **selbst mitgebrachten Picknick** an exponierter Stelle hoch über der Küste eine Pause mit Meerblick. Alternative dazu: Am Parkplatz vor dem Cabo de São Vicente stehen in der Regel ein paar **Imbissbuden**.

Serra de Monchique

Was?	Aussichtsreiche Autotour in das bergige und grüne Hinterland der Algarve
Wann?	Wenn Ihnen die Hitze an der Küste zu viel wird und das Bergmassiv nicht in Wolken gehüllt ist.
Länge	84 km
Dauer	1 Tag
Start/Ziel	Portimão ⊹205 F3

Die Bergwelt ruft! In der Serra de Monchique dominiert das Grün, ein Kontrast zu den Küstenwelten, auch klimatisch. Diese Tagestour ist eine gute Gelegenheit, sich mit dem Hinterland vertraut zu machen und dabei auf das Dach der Algarve zu fahren: 902 m misst die höchste Erhebung, die Sie auf dem Fóia erreichen.

1–2

Die Orientierung ab dem Stadtrand von Portimão fällt nicht schwer: Nördlich landeinwärts geht es auf den weithin sichtbaren Gebirgsbuckel der Serra de Monchique zu, zunächst auf der N-124, dann auf der N-266. Es wird allmählich grüner, das Vorgebirge ist noch Weißstorchterrain. Statt auf der Hauptstraße zu bleiben, wählen Sie kurz vor dem Ortseingang von Rasmalho den Rechtsabzweig in Richtung Alferce. Passen Sie genau auf, denn das Schild ist recht unscheinbar.

2–3

Die kleine Nebenstraße, die Sie nun befahren, führt kurvig und abgeschieden durch die grüne Landschaft. Ein kleiner Talgrund ist mit Orangenbäumen gefüllt, vereinzelt sehen Sie Olivenbäume, Korkeichen, Landhäuser. Hier befinden Sie sich bereits in den Ausläufern der Serra de Monchique, die Farbtöne verlaufen grün in grün. Rechter Hand taucht ein glasklarer Fluss auf, die Ribeira de Odelouca. 9 km hinter der Abzweigung, die man vor Rasmalho nimmt, ist nach rechts die Talsperre Barragem de Odelouca ausgeschildert. Folgen Sie der kleinen Straße, die in Aufs und Abs ans Stau-

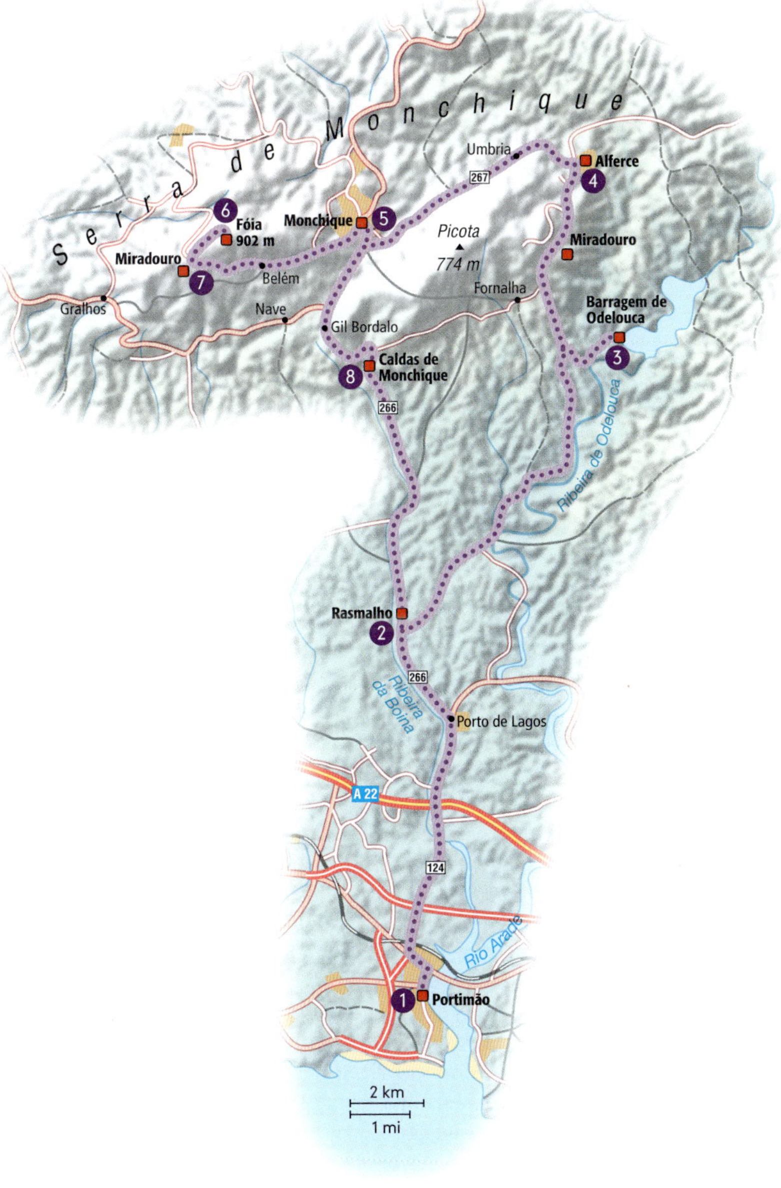
Serra de Monchique
Umbria
Alferce
267
Fóia
902 m
Monchique
Picota
774 m
Miradouro
Miradouro
Belém
Fornalha
Gralhos
Nave
Gil Bordalo
Barragem de
Odelouca
Caldas de
Monchique
266
Ribeira de Odelouca
Rasmalho
266
Ribeira
da Boina
Porto de Lagos
A 22
124
Rio Arade
Portimão
2 km
1 mi

seeufer führt. Allerdings ist es eine Sackgasse und ihre Endstation nach 3,3 km ein Parkplatz mit winziger Grünanlage und Bänken. Genießen Sie Ruhe und Aussicht, der Blick wandert hinüber bis zur Staumauer.

3–4
Nach dem Abstecher (insgesamt 6,6 km hin und zurück) kehren Sie auf die Route in Richtung Alferce zurück. Nun geht es weiter kurvig aufwärts, die Besiedlung ist dünn. Eukalyptus, Kiefern und Korkeichen begleiten Sie. Die Höhenstraße nach Alferce erlaubt den Fernblick auf die Talsperre Odelouca. Stoppen Sie an einem Miradouro (Aussichtspunkt): Linker Hand der Straße erhebt sich das 774 m hohe Picota-Massiv, die Korkeichenbestände nehmen zu.

In Alferce erreichen Sie den kleinen Dorfplatz Largo da Igreja de Alferce, wo großformatige Azulejo-Bilder und Beete mit aromatischen Pflanzen auffallen. Das tägliche Leben in dem freundlichen Höhenort geht seinen geruhsamen Gang, wichtigstes Bauwerk ist die kleine Kirche.

4–5
Die N-267 bringt Sie ab Alferce südwestwärts um den Nordteil des mit Eukalyptus bestandenen Picota-Massivs nach Monchique (S. 130), den Hauptort der Serra mit einem kleinen weißen Häusermeer am Hang. Besuchen Sie die Igreja Matriz mit manuelinischem Kirchenportal und Marienskulptur.

5–6
8 km trennen Monchique vom 902 m hohen Fóia. Die Auffahrt führt an ein paar Streckenrestaurants vorbei. Es ist kurvig, der Duft von Eukalyptus hängt markant in der Luft. Lassen Sie sich auf dem Fóia nicht von den Antennenmasten und dem Großparkplatz abschrecken! Sobald Sie ihnen den Rücken kehren, genießen Sie einen ungetrübten wunderbaren Ausblick bis zur Küste.

6–7
Die Abfahrt vom Fóia erfolgt auf derselben Route. Nach knapp 2 km bietet sich rechter Hand der Straße ein Zusatzstopp an einem weiteren Miradouro (Aussichtspunkt) an –

So geht es natürlich auch! Für eine Radtour hinauf zum Fóia braucht man allerdings eine ordentliche Kondition.

mit ebenso schönem Panorama, aber ohne Antennen in der Nähe. Außerdem können Sie sich an einem Brunnen mit herrlich kühlem Bergwasser erfrischen.

7–8
Setzen Sie die Fahrt über Monchique fort und wählen Sie nun die direkte Verbindung südwärts, auf der N-266 Richtung Portimão. 24 km sind es von Monchique nach Portimão, die Sie aber nicht in einem Rutsch durchrauschen sollten. Im ersten Teil der Strecke bietet sich ein Abstecher in den kleinen Thermalkurort Caldas de Monchique (S. 131) an, der abseits der Gebirgsstraße in einer Talsenke liegt. Parken Sie am Ortsrand, bummeln Sie durch das Minizentrum und die Parkanlage mit ihren schattenspendenden Bäumen.

8–1
Ab Caldas de Monchique geht es weiter abwärts, das Gebirge verliert allmählich an Kraft und bald ist Portimão und die Küste wieder erreicht.

KLEINE PAUSE
Im winzigen Zentrum des Thermalkurorts Caldas de Monchique ist die Bar **O Tasco** wie geschaffen für eine Rast mit Drinks und Häppchen. Für eine opulentere Einkehr bietet sich im selben Ort das **Restaurante 1692** (S. 145) an.

O Tasco: Rua de Caldas de Monchique, tägl. 10–18 Uhr

Abstecher in den Alentejo

Was?	Autotour durch die nördlich angrenzende, dünn besiedelte und kaum besuchte Region des Alentejo
Wann?	Jederzeit; montags haben zahlreiche Museen geschlossen.
Länge	490 km
Dauer	4 Tage
Start	Vila Real de Santo António ✢210 C2
Ziel	Lagos ✢205 D2

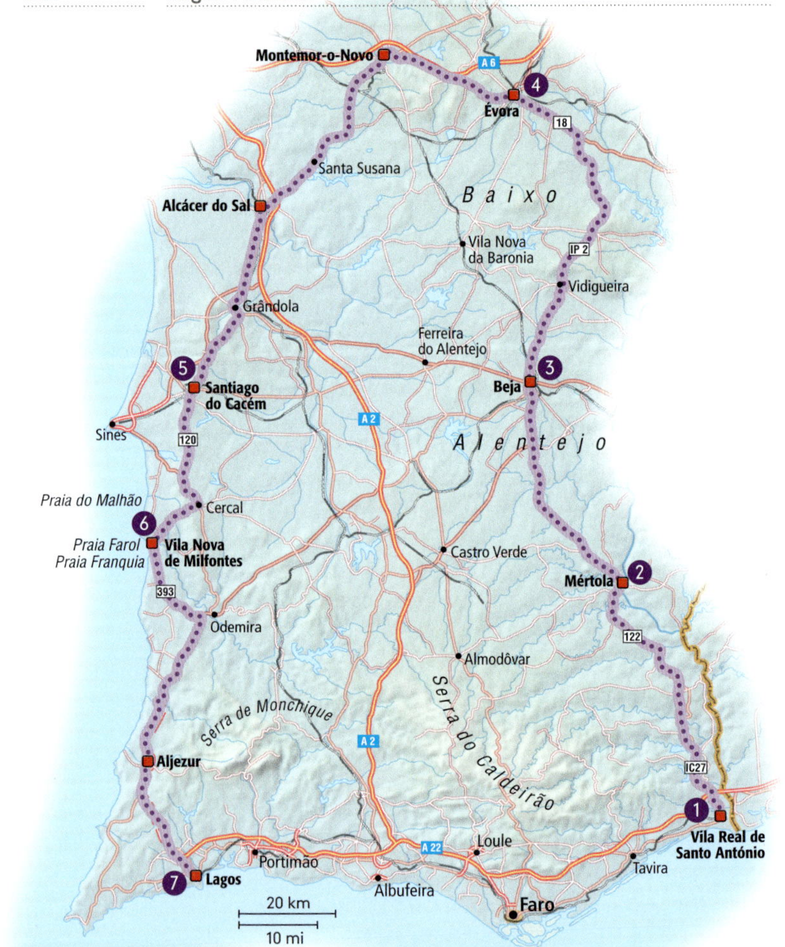

Dringen Sie vor in den Alentejo: Im ersten Teil der Strecke erwarten Sie die Weiten des Inlands, im zweiten – ganz am Ende auch zurückgekehrt an die Algarve – die Schönheit der Küste. Lassen Sie sich von der Verzahnung der Kultur- und Naturziele überraschen! Hügelland, karge Weiten, fruchtbare Senken, sommerliche Gluthitze, Abkühlung an den Stränden des Alentejo Litoral (Küsten-Alentejo) – all dies gehört zu dieser wenig entdeckten Region.

1–2

In Vila Real de Santo António (S. 64) starten Sie Kurs Nord-Nordwest. Zu Beginn flankieren die Salinen um Castro Marim (S. 62) die Landstraße IC-27. Bei der weiteren Anfahrt über die N-122 zum ersten Zwischenstopp Mértola nehmen Kiefern und Olivenhaine zu; 66 km sind es bis hierhin.

Hinter einer Biegung gerät das mittelalterliche Kastell von Mértola in Sicht, das Städtchen selbst fällt zum Rio Guadiana und der Ribeira de Oeiras hin ab. Stellen Sie Ihr Auto auf dem Parkplatz am Ortsrand ab und steigen Sie zum Burgberg mit seinem markanten Hauptturm Torre de Menagem hinauf. Direkt am Weg liegt ein anderes lohnendes Ziel: die leuchtend weiße Igreja Matriz, die einst aus einer Moschee hervorging. Gläubige Christen verehren hier das Marienbildnis der »Nossa Senhora de Entre as Vinhas« (Unsere Liebe Frau zwischen den Weinbergen). Die Touristeninformation von Mértola (www.cm-mertola.pt) liegt in der Rua da Igreja.

2–3

Ab Mértola geht es nordwestwärts weiter durch die Weiten des Alentejo in Richtung Beja, das 53 km entfernt liegt. Das Korkeichenterrain gewinnt Oberhand, Weingärten und Stierweiden bringen Abwechslung ins Landschaftsbild. Manche Telefonmasten sind mit Storchennestern besetzt. Es gibt kaum Dörfer, der Fahrzeugverkehr ist spärlich.

Beja (25 000 Ew.) öffnet sich dem Betrachter wie ein weißes kleines Häusermeer. Beziehen Sie Quartier in der Pousada Convento Beja (Largo D. Nuno Álvares Pereira, Tel. 284 31 35 80, www.pousadas.pt; €€/€€€), einem einstigen Franziskanerkloster und späteren Regimentssitz. Hier können Sie auch hervorragend essen.

Besuchsziele in Beja sind die zinnengekrönte Burg, die Kathedrale und das in dem ehemaligen Klarissenkloster Convento Nossa Senhora da Conceição untergebrachte Regionalmuseum (www.museuregionaldebeja.pt). Bummeln Sie auch über die Praça da República.

3–4

Die schier unendlichen Weiten des Alentejo begleiten Sie ab Beja rund 80 km weiter bis Évora. Die mauerumzogene Altstadt gehört zum Weltkulturerbe der UNESCO. Programmpunkte sollten die Kathedrale (Sé) und das angegliederte Museum für Sakrale Kunst sein, die freistehenden Reste des Templo Romano (Römertempels) und die schaurige, zur Igreja de São Francisco gehörende Capela dos Ossos (Knochenkapelle). Unweit der Kathedrale liegt das Museu de Évora, ein interessantes Stadtmuseum, das sich der Archäologie und den Schönen Künsten widmet. Schönster Platz und Treffpunkt ist die teilweise von Arkaden gesäumte Praça do Giraldo mit dem Marmorbrunnen aus dem 18. Jh. und einigen Straßencafés. Von hier aus lassen sich die weitere Altstadt, die Fußgängerzone und nette Gassen bestens entdecken. Außerhalb der imposanten Stadtmauern ist der Aquädukt aus dem 16. Jh. ein Blickfang.

Ein freundliches Dach über dem Kopf bietet 3 km südlich der Stadt das Landgut Monte da Serralheira (Tel. 266 74 12 86, www.monteserralheira.com; €). Die Apartments sind für bis zu vier Personen konzipiert. Ruhe finden Sie am Pool.

4–5

Ab Évora fahren Sie zunächst über Montemor-o-Novo nach Alcácer do Sal (historisches Burg- und Salzstädtchen am Rio Sado), dann an den Ausläufern der Serra de Grândola entlang bis Santiago do Cacém, wo die Hauptkirche und das römische Ruinenareal Miróbriga einen Stopp lohnen. Prägnant ist das zum Nationalmonument erhobene Kastell.

5–6

Ziel der etwa 55 km langen Weiterfahrt ab Santiago do Cacém Richtung Süden ist eine Perle des Küsten-Alentejo: das an den Mündungstrichter des Rio Mira grenzende Städtchen

Évora ist das Juwel des Alentejo: Von dessen langer Vergangenheit zeugen die Säulen eines römischen Tempels (ganz oben). Umtriebiger Mittelpunkt ist die Praça do Giraldo (oben rechts), einer der gastronomischen Höhepunkte das Restaurant Botequim da Mouraria (links).

Vila Nova de Milfontes mit seinen Stränden Franquia und Farol. Nett ist der Platz um das kleine Kastell mit einigen Restaurants rundum. Etwas außerhalb liegt der Fischerhafen. 10 km nördlich finden Sie einen weiteren schönen Strand, die Praia do Malhão, zu der auch ein Küstenwanderweg führt. Etwa 3 km von Vila Nova de Milfontes entfernt liegt ein schönes Landquartier: Herdade do Freixial (Estrada de S. Luís, Tel. 283 99 85 56, www.herdadedofreixial.com; €€).

6–7

Ab Vila Nova de Milfontes kehren Sie südlich über Aljezur (S. 158) wieder nach Lagos (S. 126) an die Algarveküste zurück und fahren dazu noch mal etwas über 90 km. Das quirlige Lagos pulsiert vor Leben, bizarre Felsformationen warten vor der Toren der Stadt – ein toller Abschluss dieser Tour!

Dass der Glaube in Portugal immer noch eine wichtige Rolle spielt, zeigt sich bei religiösen Festen wie der Festa Grande da Mae Soberana in Loulé.

Praktische Informationen

Was vor der Reise wichtig ist, wie Sie vor Ort gut zurechtkommen und viele Infos mehr erfahren Sie hier.

Seite 184–200

VOR DER REISE

Auskunft

Portugiesisches Fremdenverkehrsamt: (auch für Österreich und die Schweiz zuständig) ✉Zimmerstr. 56, D-10117 Berlin ☎030 254 10 60 🌐e-Mail: info.germany@turismodeportugal.pt (leider keine Hoffnung auf rasche Antwort)

Touristenbüros finden Sie, in alphabetischer Reihenfolge, in: Albufeira, Alcoutim, Aljezur, Alte, Alvor, Armação de Pera, Carvoeiro (Praia de Carvoeiro), Castro Marim, Faro, Lagos, Loulé, Manta Rota, Monchique, Olhão, Portimão, Praia da Rocha, Quarteira, Querença, Sagres, Salir, São Brás de Alportel, Silves, Tavira und Vila Real de Santo António (vgl. Adressen in den Regionalkapiteln). Die in den Touristenbüros der Algarve ausgegebenen Auskünfte sind allerdings eher spärlich und beschränken sich auf einen groben Stadtplan und einige Basics; vertiefendes Material wird nur verkauft. Manchmal liegt das kostenlose, monatlich erscheinende Heftchen »Algarve Guia/Guide« (portug., engl.) aus.

Websites

www.visitalgarve.pt: Die offizielle Tourismus-Homepage der Region, u. a. auf Englisch abrufbar und gespickt mit zahlreichen Infos, Tipps, Hinweisen, Anstößen; auch Aktuelles zu Festivals und Events.
www.visitportugal.com: Auf dieser offiziellen, gut strukturierten Website von Portugal-Tourismus werden Sie umfassend informiert, auch auf Deutsch; hilfreich sind nicht zuletzt die praktischen Infos.
http://entdecken-sie-algarve.com: Ein guter Mix aus aktuellen Nachrichten und Rubriken wie Fauna, Flora, Kunst & Kultur
http://de.rotavicentina.com: Alles zum Fernwanderweg Rota Vicentina
www.via-algarviana.com: Tipps zum Fernwanderweg Via Algarviana
http://algarvedailynews.com: Lokale Algarve-Nachrichten auf Englisch, eine interessante Informationsquelle
www.portugal-aktuell.de: Großes Informationsportal für Portugal

Botschaften und Konsulate

Deutsche Botschaft in Lissabon: ✉Campo das Mártires da Pátria 38 ☎218 81 02 10, Notfallnummer 965 80 80 92 🌐http://lissabon.diplo.de
Österreichische Botschaft in Lissabon: ✉Avenida Infante Santo 43, 4° ☎213 94 39 00 🌐www.bmeia.gv.at/oeb-lissabon
Schweizer Botschaft in Lissabon: ✉Travessa do Jardim 17 ☎213 94 40 90 🌐www.eda.admin.ch/countries/portugal/de/home/vertretungen/botschaft.html

Elektrizität

Alles passt in die Steckdosen wie daheim. Die Netzspannung beträgt 220 Volt.

Ermäßigungen

Museen und Aquaparks geben für junge Leute und Studenten (Ausweis mitbringen) gewöhnlich ermäßigte Eintrittskarten ab, ebenso für Senioren über 65 Jahre. Ganz kleine Kinder haben meist freien Eintritt.

Ein neueres touristisches Produkt, unterstützt von der Touristenbehörde der Algarve, ist der **Algarve Pass** (www.algarve-pass.com). Dieser ist 30 Tage lang gültig, kostet 10 €, ist erhältlich in den Touristenbüros und berechtigt zu unterschiedlichsten Rabatten. Das kann sich schon nach kurzer Benutzungsdauer auszahlen.

Feiertage

1. Januar	Neujahr
März/April	Karfreitag
25. April	Jahrestag der Revolution von 1974
1. Mai	Tag der Arbeit
	Fronleichnam
10. Juni	Nationalfeiertag
15. August	Mariä Himmelfahrt
5. Oktober	Ausrufung der Republik
1. November	Allerheiligen
1. Dezember	Wiederherstellung der Unabhängigkeit
8. Dezember	Mariä Empfängnis
25. Dezember	Weihnachten

Geld

Währung: Portugal gehört zur Euro-Zone. Für die Schweiz gilt: 1 € = ca. 1,18 CHF;

1 CHF = ca. 0,84 €. Den tagesaktuellen Wechselkurs finden Sie auf www.oanda.com.
Kreditkarte: Hotels, Restaurants der mittleren bis gehobenen Kategorie, Autovermieter, Tankstellen, Supermärkte, Einzelhandelsgeschäfte usw. akzeptieren mehrheitlich bargeldloses Zahlen. Bei Autovermietern muss man stets eine Kreditkarte als Garantie vorlegen.
Sperrnummern: Unter Tel. 0049 116 116 kann man in Deutschland Bank- und Kreditkarten, Online-Banking-Zugänge, Handykarten und die elektronische Identitätsfunktion des neuen Personalausweises bei Verlust sperren lassen. Für Österreich gilt die Telefonnummer: 0043 1 204 8800. Die Schweiz hat keine einheitliche Notfallnummer. Die wichtigsten sind: 0041 44 659 69 00 (Swisscard); 0041 44 828 31 35 (UBS Card Center); 0041 58 9 58 83 83 (VISECA); 0041 44 8 28 32 81 (PostFinance).
Geldautomaten: In allen größeren Orten finden Sie (mitunter mehrsprachige) Geldautomaten, an denen Sie mit den gängigen Bank-/Kreditkarten Geld abheben können.
Noch ein Tipp: Ratsam auf Reisen sind Scheine in kleiner Stückelung bis 50 €. Es kann nämlich vorkommen, dass höherwertige Scheine (100, 200, 500 €) aus Furcht vor Falschgeld nicht akzeptiert werden.

Gesundheit

Krankenversicherung: EU-Bürger und Schweizer mit einer europäischen Krankenversicherungskarte (EHIC) haben in Portugal Krankenversicherungsschutz. Der Abschluss einer privaten Reisekrankenversicherung, die z. B. die Kosten für einen Rücktransport übernimmt, ist dennoch empfehlenswert. Wenden Sie sich an das nächste Gesundheitszentrum (centro de saúde), in schwereren Fällen an die Notfallstation (urgências) eines Krankenhauses (hospital). Generell funktioniert das öffentliche Gesundheitswesen eher leidlich.

Alternative an der Algarve sind deutschsprachige Privatmediziner, die problemlos via Google zu finden sind.
Zahnärzte: Die zahnärztliche Versorgung ist privat geregelt. Bei der Kostenübernahme sollte die Reiseversicherung einspringen, sofern Sie eine abgeschlossen haben.
Wetter: Die massive Sonneneinstrahlung ist für die meisten Urlauber ungewohnt. Schützen Sie alle exponierten Körperstellen vor Sonnenbrand, auch bei bedecktem Himmel. Ein erfrischender Wind ist trügerisch!
Medikamente: Apotheken (»farmâcias«) sind meistens Mo–Fr 9–13 und 14.30–19 Uhr sowie Sa 9–12.30 Uhr geöffnet. Außerhalb dieser Zeiten gibt es einen Not- und Nachtdienst.

In Kontakt bleiben

Post: Erkennungszeichen an Postämtern ist ein historischer reitender Bote mit einem Horn in der Hand. Karten und Briefe nach Mitteleuropa brauchen im Schnitt vier bis fünf Tage. Eine aktuelle Übersicht der Tarife finden Sie unter www.ctt.pt. Sendungen mit wertvollem Inhalt sollten Sie entweder als Einschreiben (»correio registado«) oder mit internationalen Kurierdiensten versenden.
Telefonieren: Zu Raritäten sind öffentliche Telefonzellen geworden, die aber immer noch in Betrieb sind.

Internationale Vorwahlen sind 0049 für Deutschland, 0043 für Österreich, 0041 und 00351 für Portugal. Die Nummern portugiesischer Handys beginnen mit einer 9.
WLAN und Internet: Hotels, Restaurants, Cafés, Einkaufszentren etc. bieten gewöhnlich kostenloses WLAN (Wi-fi).

Notrufe

Allgemeiner Notruf (Krankenwagen, Polizei, Feuerwehr): ☎ 112
Pannendienst des ACP (ADAC-Partnerclub): ☎ 808 20 03 00

Öffnungszeiten

Die Öffnungszeiten von Monumenten und Museen können sich durchaus bis zu sechsmal im Jahr ändern. Viele Sehenswürdigkeiten haben montags geschlossen. Problematisch können die Öffnungszeiten von Touristeninformationen sein. Auch wenn sie offiziell täglich geöffnet haben, findet man sie besonders samstags und sonntags geschlossen vor. Grundsätzlich sollte man sich auf das südländisches Laisser-faire einstellen und es mit der Gelassenheit eines Urlaubers hinnehmen, wenn man vor geschlossenen Türen steht.

Reisedokumente
Obwohl Urlauber aus Deutschland und Österreich den Personalausweis nur noch in Notfällen benötigen, ist es empfehlenswert, gültige Ausweispapiere mitzunehmen. Schweizer benötigen immer einen gültigen Ausweis oder Reisepass. Für Kinder ist unabhängig vom Alter ein eigener Ausweis mitzuführen. Autofahrer sollten außer dem nationalen Führerschein und den Fahrzeugpapieren auch die grüne Versicherungskarte und einen Auslandsschutzbrief dabeihaben.

Reisezeit
Die Algarve ist großartiges Ziel für jede Jahreszeit! Am schönsten präsentiert sich Portugals südliche Sonnenregion aber im Frühling (April-Juni) und im Herbst (Sept./Okt.) . In den Sommermonaten kann es – je nach Gegend und Tag – heiß bis sehr heiß werden. Im Landesinneren ist es dann extrem trocken, an der Küste sorgt der Atlantik für ein wenig Erleichterung; die Wassertemperaturen an der Algarve klettern bis etwa 23 °C hinauf, an der Westküste ist früher Schluss. Im August kann es mancherorts rappelvoll werden, Strände und Parkplätze platzen dann mitunter aus allen Nähten.

Die Winter sind angenehm mild! Auch dann lässt sich beispielsweise wunderbar wandern oder golfen. Die Badesaison im Meer reicht von etwa April bis Oktober. Die Hotels sind in der Nebensaison besonders günstig (sofern sie nicht im Winter ganz schließen), teilweise reduzieren sie ihre Spitzenpreise bis um die Hälfte.

Sicherheit
Die Algarve ist eine sichere Urlaubsregion – leichtsinnig sollte man aber auch hier nicht sein. Dort, wo Gedränge herrscht (z. B. auf Märkten, Volksfesten, Bahnhöfen/Busbahnhöfen usw.), können sich Trick- und Taschendiebe unters Volk mischen. Und wenn Sie Ihr Auto auf dem Strandparkplatz abstellen, gilt es, sämtliche Wertsachen mitzunehmen (oder besser gleich im Hoteltresor zu lassen). Nachtschwärmer müssen auch in Diskos achtsam sein.

Der Atlantik ist nicht das Mittelmeer, sondern verlangt nach besonderer Vorsicht. Unterschätzen Sie **Wellen und Strömungen** nicht! Ebenso tückisch sind die meterhohen Unterschiede zwischen Ebbe und Flut. Eltern sollten den Nachwuchs nie unbeaufsichtigt lassen!

Zeit
In Portugal gehen die Uhren anders, nicht nur von der Mentalität her. Hier gilt die westeuropäische Zeit (WEZ oder GMT, Greenwich Mean Time): Besucher aus Deutschland, Österreich und der Schweiz müssen ihre Uhren um eine Stunde zurückstellen. Auch in Portugal gilt die Sommerzeit.

Zollbestimmungen
Im privaten EU-Reiseverkehr ist die Einfuhr von Waren zum eigenen Verbrauch weitgehend unbegrenzt zulässig. Allerdings gelten obere Richtmengen (z. B. für Reisende über 17 Jahren 800 Zigaretten, 10 l Spirituosen, 90 l Wein). Zollfrei sind auch Mitbringsel bis zu einem Wert von insgesamt 430 € (bei einer Flugreise) bzw. 300 € (Reise mit Pkw, Bus oder Bahn). Zollfrei bei der Wiedereinreise in die Schweiz sind für Personen ab 17 Jahren z. B. 250 Zigaretten, 5 l Wein, 1 l Spirituosen sowie weitere Reisemitbringsel im Wert von bis zu 300 CHF (aktuelle Infos unter www.zoll.de und www.ezv.admin.ch).

ANREISE

Der internationale Flughafen von Faro, Portugals Drehkreuz des Südens, wird von zahlreichen Flughäfen in Mitteleuropa angeflogen. Lang und mühsam ist die Anreise über Land.

Mit dem Flugzeug
Faro steht auf den Flugplänen mehrerer Airlines. Die Flugzeit nach Faro beträgt zweieinhalb bis drei Stunden. Von Frühjahr bis Herbst gibt es viele Verbindungen, mager sehen dagegen die Winterflugpläne aus.

Der Flughafen von Faro (www.aeroportofaro.pt) liegt etwa 6 km westlich der City. Es gibt Busse in die Stadt, zahlreiche Autoverleiher (entweder mit einer Vertretung im Hauptgebäude oder einem Sammelbüro am Parkplatz P4) und natürlich Taxis.

Auf dem Landweg

Zwei harte, volle Tage. Das ist das Mindestmaß der Zeit, die Sie für eine Überlandanreise mit dem eigenen **Auto, Motorrad oder Wohnmobil** von Mitteleuropa nach Südportugal veranschlagen müssen. Zwischen Köln und Faro liegen etwa 2400 km; je nach Ausgangsort kommt man auf bis zu 3000 km – für die einfache Strecke wohlgemerkt. Bahn oder Fernbusse sind angesichts 40-stündiger Reisezeit kaum Alternativen zum Flug.

Die Algarve-Autobahn A 22 ist gebührenpflichtig; es gibt aber nur eine **elektronische Maut-Erfassung** (s. rechte Spalte).

UNTERWEGS AN DER ALGARVE

Es gibt keine durchgehende Küstenroute, die gebührenpflichtige Autobahn verläuft ein Stück landeinwärts vom spanisch-portugiesischen Grenzfluss Guadiana bis etwa auf die Höhe von Lagos. Auf den gebührenfreien Landstraßen kann sich das Fortkommen zäher gestalten. Und Strände sind mitunter nur in größeren Inlandsbögen anzufahren. Das öffentliche Busnetz ist gut, auch die Bahn verkehrt. Ansonsten geht's im Mietauto oder eigenen fahrbaren Untersatz voran.

Mit dem Öffentlichen Nahverkehr

In Bussen und Bahnen kommen Sie durchaus gut zu ausgewählten Punkten, doch bei abgelegenen Orten und Stränden führt kein Weg am (Miet-)Auto vorbei. Die öffentlichen Transportmittel sind im Vergleich zu mitteleuropäischen Ländern sehr günstig.

Das regionale **Zugnetz** reicht von Vila Real de Santo António im Osten bis Lagos im Westen. In Faro rattern Züge direkt an der Altstadt vorbei. Die Züge wirken zuweilen etwas altertümlich, manche Bahnstationen sind nicht mehr mit Ticketschaltern und einer Auskunft besetzt. **Fahrkarten** sind dann ohne Aufpreis beim Schaffner im Zug erhältlich. In den Zügen ist normalerweise der **Transport von Fahrrädern** im Gepäckwagen erlaubt. Streckensuche und Preisabfragen unter www.cp.pt.

In größeren Ortschaften gibt es oft eine zentrale **Busstation** (»terminal rodoviário«). Wichtige Busgesellschaft ist **Eva Transportes** (http://eva-bus.com; auf der Homepage gute Suchmöglichkeit von Verbindungen). Das Unternehmen bietet einen speziellen Touristenpass (»passe turístico«) an, der an der Algarve unbeschränkte Reisen zu einem Pauschalpreis erlaubt. Den **Touristenpass** gibt es für drei und sieben Tage (30,10 € bzw. 37,50 €). Eine weitere Busgesellschaft ist **Frota Azul** (www.frotazul-algarve.pt), die auf Strecken wie Portimão-Lagos und Portimão-Monchique verkehrt.

Mit dem Mietwagen/eigenen Auto

Ein gigantischer Mietwagenpool erwartet Algarve-Urlauber am internationalen Flughafen von Faro. Günstiger ist es in der Regel, wenn man ein Fahrzeug rechtzeitig im Voraus bucht. Zudem spart die Vorbuchung Zeit und sichert die gewünschte Fahrzeugklasse. Um mehrere Anbieter zu vergleichen, lohnen sich Internetportale wie **www.billiger-mietwagen.de** (Tel. 0221 56 79 99 11); Stornierungen sind hier bis zu 24 Stunden vor dem gebuchten Zeitraum kostenlos.

Die meisten Autovermieter schreiben ein **Mindestalter** von 21 oder sogar 25 Jahren vor; außerdem muss man mindestens ein Jahr im Besitz der Fahrerlaubnis sein. Der nationale Führerschein ist ausreichend. Bei der Übernahme des Mietwagens ist eine **Kreditkarte** unerlässlich, um alle Formalitäten zu erledigen. Der Mietpreis sollte einen Basis-Versicherungsschutz und unbegrenzte Kilometer enthalten. Haken Sie zur Sicherheit nach, ob eine elektronische **Mautbox** an Bord ist. Damit werden die Gebühren auf der Algarve-Autobahn A 22 wie auch auf allen anderen Autobahnen in Portugal automatisch erfasst; auf der A 22 gibt es keine Mauthäuschen oder Stellen, an denen sich bar zahlen lässt. Ob Sie die Autobahn letztlich benutzen oder lieber Landstraßen wie die EN-125, liegt natürlich an Ihnen; die – leider alles andere als transparente – Abrechnung der Autobahnmaut erfolgt per Kreditkarte.

Wer mit dem **eigenen Fahrzeug** auf Achse ist, braucht Führerschein, Fahrzeugpapiere, Versicherungsnachweis und Nationalitätskennzeichen. Wer die A 22 nutzen möchte, sollte gleich nach spanisch-portugiesischen Grenze am Rio Guadiana die elektronische Kontrollstelle rechter Hand ansteuern, um Nummernschild und Kreditkartendaten registrieren zu lassen; abgerechnet wird elektronisch. Infos unter www.portugaltolls.com.

Im Gegensatz zu früheren wilden Zeiten, als Portugiesen tendenziell nach Gefühl und Gehör fuhren, hat sich vieles verbessert – aber nicht alles. Manchmal ist der **Fahrstil** der Einheimischen, vor allem bei Überholmanövern, sehr offensiv. Dass dies überhaupt nicht zur Mentalität tendenziell zurückhaltender Portugiesen passt, sei nebenbei bemerkt. Halten Sie sich im Zweifelsfall in der Defensive.

Ein paar Bemerkungen zu **Verkehrsregeln** und **Vorsichtsmaßnahmen** für Autofahrer: Das **Tempolimit** beträgt 50 km/h innerorts, 90 km/h auf Landstraßen und 120 km/h auf Autobahnen. Alle Fahrzeuginsassen müssen angeschnallt sein. Die **Promillegrenze** beträgt 0,5 ‰. Die Strafen bei Überschreitung des Grenzwertes sind immens. Für Fahrer mit weniger als drei Jahren Fahrpraxis liegt die Grenze bereits bei 0,2 Promille. Die **Benutzung von Handys** bei der Fahrt ist verboten und wird mit saftigen Bußgeldern geahndet.

Ein **unfallträchtiger Konfliktpunkt** ist der doppelspurige **Kreisverkehr**. Seien Sie dort besonders aufmerksam – es gibt Fahrer, die von der Innenspur (also der Überholspur) einfach zur nächsten Ausfahrt ausscheren. Tipp zur Vermeidung von Unfällen: Setzen Sie im Kreisverkehr solange den Blinker nach links, bis Sie ordnungsgemäß von der Außenspur nach rechts abfahren.

Nehmen Sie Warnschilder ernst, die auf **überwachte Abschnitte** (»velocidade controlada«) weisen. Die derartige Ankündigung von Geschwindigkeitskontrollen kann Bluff sein – oder eben auch nicht. Manchmal ist es so, dass sich bei zu schnellem Fahren die nächste Ampel automatisch auf Rot stellt.

Fahren Sie nicht unbedacht in **verwinkelte Orte** hinein, sondern lassen Sie das Fahrzeug lieber am Rand stehen. Schmale, oftmals auch steile und kurvige Gassendurchfahrten können den Schweiß auf die Stirn treiben!

Parken Sie an der Küste niemals zu nah an **Klippen** – diese können stark von Erosion beeinträchtigt sein. Entsprechende Schilder warnen manchmal, aber nicht immer davor.

Seien Sie in ländlichen Gegenden stets gewappnet: Es können plötzlich **Viehherden** (Rinder, Schafe) auftauchen. Oder auch **Pferdegespanne** – das ist befremdlich, aber wahr im 21. Jahrhundert.

Unterschätzen Sie staubige **Schotterpisten** zu Landhäusern oder in Naturschutzgebiete nicht. Setzt Regen ein (was an der Algarve zum Glück nicht allzu häufig der Fall ist), können sich solche Pisten in Schlammwege verwandeln.

Manche **Sträßchen im Hinterland** verlaufen ohne Mittelstreifen oder Leitplanken. Dies bedeutet höchste Gefahr bei Gegenverkehr! Gelegentlich gibt es auf engen, unübersichtlichen Sträßchen **Ausweichbuchten**. Außerdem können Nebenstraßen mit Schlaglöchern und Spurrillen in schlechtem Zustand sein. Gefahrenpunkte in **Waldgebieten**, vor allem bei Eukalyptusbewuchs, können Rindenstücke und Äste auf der Fahrbahn sein.

Vorsicht ist vor **Rennradfahrern** angebracht, die vor allem an den Wochenenden auch zu zweit oder dritt nebeneinander fahren. Die Straßen in die Serra de Monchique bis hinauf zum Fóia sind ein besonders frequentiertes Radsportterrain.

Vereinzelt sind **Stadtausfahrten** auf Schildern einfach mit dem Wort „Saída" (Ausfahrt) gekennzeichnet.

Achten Sie innerorts auf die gekennzeichneten **gebührenpflichtigen Parkplätze** (»zona pago«; Parkscheinautomaten). Weitere Schilder weisen auf das Anwohnerparken (»zona residentes«) hin. Manchmal verdingen sich mittellose Personen als selbsternannte **Parkplatzanweiser**. Ob Sie etwas geben möchten, liegt an Ihnen. In der Nähe von Stränden oder in kleineren Ferienorten ist der **Parkraum** begrenzt, Wendemanöver können zum Problem ausarten. Parken Sie lieber etwas weiter weg.

Am **günstigsten tanken** Sie an Supermarkt-Tankstellen. Es gibt Tankstellen, die die Bezahlung vorab (»pré-pagamento«) verlangen. Im Osten der Algarve kann sich die Fahrt hinüber nach Spanien lohnen, denn dort **tanken** Sie erheblich preisgünstiger.

Mit dem Taxi

Taxis sind beige oder schwarz-grün und tragen das Schild mit der Taxi-Aufschrift auf dem Dach. Es gibt vielerorts Taxistände, telefonische Bestellungen können einen Aufpreis kosten. Preiszuschläge fallen gewöhnlich zwischen 21 und 6 Uhr sowie an Wochenenden an.

Auch **Wassertaxis** sind an der Küste unterwegs. Bootszubringer zu Inselstränden im Naturpark Ria da Formosa werden als »taxis maritimos« bezeichnet.

Mit dem Fahrrad

Mancherorts gibt es Radverleiher und Radwege. Trotzdem ist Radfahren nicht immer die reinste Freude. Dazu sind viele Gegenden zu verkehrsreich und stark bebaut.

Ein bekannter **Fernradweg** ist die 214 km lange **Ecovia** (auch: Ecovia Litoral), die zwischen dem Cabo de São Vicente im Westen und dem Städtchen Vila Real de Santo António im Osten verläuft. Die Beschilderungen können mancherorts eher Verwirrung stiften als den Weg weisen, doch mancherorts führen Teilabschnitte durch wunderschöne Natur, so z. B. im östlichen Teil zwischen der Praia do Cabeço und Monte Gordo.

Vergessen Sie ausreichend Trinkwasser und auch Badezeug nicht!

ÜBERNACHTEN

Wie hätten Sie sich gern gebettet? Da hätten wir: unübertrefflich edel neben den Greens von Golfplätzen; stylish in einem Boutiquehotel; ein Gasthauszimmer mittendrin im prallen Sommertreiben; Campingplätze; Ferienwohnungen; ein Landhaus als Domizil. Für Besucher hält die Algarve Angebote für jeden Geschmack und Geldbeutel bereit.

Preise für ein Doppelzimmer pro Nacht in der Hauptsaison:

€	unter 95 €
€€	95–150 €
€€€	über 150 €

Tipps und allgemeine Hinweise

Online-Buchungen auf der Homepage der jeweiligen Unterkunft lohnen den Vergleich mit einschlägigen **Buchungsportalen** wie www.booking.com und www.hrs.de; manchmal kann man dort bessere Preise bekommen. Falls Sie beabsichtigen, an einem einzigen Ort zu bleiben, kann eine Pauschalreise inklusive Flug die bessere Option sein.

Einheitlich bei den **Übernachtungspreisen** von Hotels ist die Uneinheitlichkeit. Die Tarife können ständig schwanken und mehrfach wöchentlich wechseln, ausgehend von Angebot und Nachfrage. Während der sommerlichen **Hochsaison** im Juli und August, aber auch während anderer Schulferienzeiten und örtlicher Feste sollten Sie unbedingt vorab buchen.

Das **Frühstück** (»pequeno almoço«) ist in Unterkünften oft, aber nicht immer im Preis enthalten. Im südländischen Zeitrhythmus beginnt der Tag etwas später: Frühstück gibt es in manchen Unterkünften erst ab 8 Uhr.

In Hotels werden oft **Aufschläge** für Park-/Garagenplätze verlangt; das kann in der Hochsaison aber Nerven sparen. Ob in den Häusern für die Nutzung von Sport- und Wellnesseinrichtungen zusätzlich kassiert wird, hängt vom jeweiligen Management ab.

Wer es einrichten kann, kommt außerhalb der Hochsaison. Dann kosten Hotels oft nur die Hälfte oder bestenfalls sogar nur ein Drittel. Ein Zwei-Personen-Apartment, das im Juli/August für 130 € angeboten wird, kann im November, Januar oder Februar gerade einmal 45 € kosten.

Manche Unterkünfte bieten **barrierefreie Zimmer** an.

Check-in ist meist ab 15 oder 16 Uhr möglich, **Check-out** spätestens um 12 Uhr.

Hotels

Auf die Sterne kommt es auch hier an – Hotels sind entsprechend ihrer Ausstattung mit einem bis fünf Sternen klassifiziert. Angesichts gestiegener Ansprüche von Gästen bieten höherklassige Häuser neben dem üblichen Freiluftpool oft auch einen **Fitnessraum** und einen **Spa** mit Sauna, Hallenbad und Dampfbad an; dieser Zusatzservice kann mit einem **Zusatzpreis** verbunden sein. Und noch ein praktischer Hinweis zu **Hallenbädern in Hotels**: Es kann sein, dass man für die Benutzung eine **Badekappe** braucht.

Qualitativ ansprechende Hotelketten aus dem höheren Preissegment sind **Tivoli** (www.tivolihotels.com) und **Vila Galé** (www.vilagale.com). **Pousadas** (www.pousadas.pt) sind Hotels, die in Portugal oft in historischen Gemäuern eingerichtet sind. Relevant für die Algarve sind die Häuser in Tavira (einstiges Kloster) und Estói (vormaliger Adelspalast); eine dritte Pousada ohne größeren Geschichtsbezug befindet sich in Sagres. Einige Hotelanlagen wie das **Anantara Vilamoura Algarve Resort** (http://vilamoura.anantara.de.com) stoßen fast umittelbar an Golfplätze.

Ferienwohnungen/Ferienhäuser

Ferienwohnungen und -häuser für **Selbstversorger** sind weit verbreitet, im Regelfall gut ausgestattet und werden auch gerne von Familien mit Kindern gebucht. Kühlschrank und einfache Kochplatten (mitunter auf Basis von Butangasflaschen) sind Standard, hinzukommen je nach Unterkunft Mikrowelle, Wasserkocher/Kaffeemaschine, Waschmaschine und Wäschetrockner. Zu den **Gemeinschaftsanlagen** zählen oft ein Pool, ein Plantschbecken für Kinder und Grünflächen. Achten Sie auch darauf, ob es Klimaanlage sowie einen Balkon oder eine Terrasse gibt; im Winter wird oft auch eine Heizung benötigt.

Quartiere auf dem Land

Gleich nebenan zwitschern Vögel. Ein sachter Wind raschelt durch Oliven- und Orangenbäume. Kein Motorenlärm trübt die Stille, die Blicke schweifen über die Hügel. »Turismo rural«, der Tourismus auf dem Land, ist genau richtig für all jene, die sich von den ausgetretenen Pfaden wegbewegen, die Seele in aller Ruhe baumeln lassen und die andere Algarve erleben wollen. Hier kann man sich selber wieder erden, den Urlaubsrhythmus vollkommen ungezwungen gestalten. Je nach Adresse kann die Atmosphäre bodenständig sein oder einen Hauch Exklusivität mit allerlei Annehmlichkeiten bieten. Es können Ein-Zimmer-Apartments wie auch ganze Häuser angemietet werden. Architektonisch haben Sie es mit Gegenpolen zu manchen Bausünden an der Küste zu tun.

Landhausquartiere sind echte Refugien, versteckte Winkel für Fans von Natur und weitgehend unverfälschtem Landleben. Gleichwohl können Sie sich alle Möglichkeiten offenhalten, bei Ausflügen rasch an Küste und Strände zu kommen, sofern Sie – was unbedingt zu empfehlen ist – im Mietwagen anreisen. Die Quartiere stehen meist unter familiärer Leitung, da kommt man rasch in Kontakt und bekommt den ein oder anderen Tipp vom Vermieter.

Portugiesische **Schlagworte** für den Tourismus auf dem Land helfen bei der Internetsuche weiter: »agroturismo«, »turismo rural«, »turismo de habitação«, »casas de campo«. Wer Landunterkünfte an der **Costa Vicentina** sucht, sollte die Homepage der Anbieter-Vereinigung **Casas Brancas** (www.casasbrancas.pt) besuchen.

Camping

Auf Campingplätzen (»parques de campismo«) kann es nicht nur die üblichen Stellplätze für Zelte, Wohnwagen und -mobile geben, sondern auch Vermietungen von Häuschen, Apartments oder fest installierten Mobilhomes. Hilfreich bei der Suche sind Websites wie www.camping.info und www.roteiro-campista.pt.

Weitere Unterkünfte

Alternativen zu Hotels sind einfachere Unterkünfte wie das **Gasthaus** (»estalagem«, »hospedaria«) und die **Pension** (»residencial«, »pensião«). Über Frühstück hinaus gibt es oft keine weiteren Mahlzeiten, doch das ist uneinheitlich. **Jugendherbergen** (»pousadas de juventude«; http://pousadas juventude.pt) finden sich nur an wenigen Stellen der Algarve, darunter in Lagos und Tavira.

ESSEN UND TRINKEN

Essen und Trinken, das bedeutet an der Algarve nicht nur die Zufuhr von Fest- und Flüssignahrung. Das ist gleichzeitig ein bewusstes soziales Miteinander und unterstreicht ein südländisches Lebensgefühl, für das man sich jenes nimmt, was man oft nicht genug zu haben glaubt: Zeit. Die Küche trägt – angesichts der geografischen Lage der Algarve nicht sonderlich überraschend – eine deutlich maritime Handschrift, Fisch und Meeresfrüchte dominieren die Speisekarten (S. 31).

Preise für ein Drei-Gänge-Menü ohne Getränke und Service:

€	unter 25 €
€€	25–40 €
€€€	über 40 €

Essenszeiten

Dem **Frühstück** (»pequeno almoço«) messen die Portugiesen im Alltag keine übermäßige Bedeutung bei. Es wird ab 7.30 Uhr eingenommen; in manchen Unterkünften beginnt die Frühstückszeit für die Gäste erst um 8 Uhr, in Ausnahmefällen von Landhäusern sogar erst um 8.30 oder 9 Uhr. In Hotels hat man sich allerdings oft mit Frühstücksbuffets auf die Ansprüche ausländischer Gäste eingestellt.

Das **Mittagessen** (»almoço«) steht etwa ab 12/12.30 bis 14/14.30 Uhr an. Die Zeit für das **Abendessen** (jantar) beginnt um 19/19.30 Uhr, mitunter erst um 20 Uhr, und dauert bis etwa 22/22.30 Uhr.

Vor allem in der sommerlichen Hauptsaison kann es vorkommen, dass Restaurants durchgehende Küche und Öffnungszeiten haben.

Restaurants

Eine strenge **Etikette** für den Restaurantbesuch besteht – Spitzenrestaurants ausgenommen – in den meisten Fällen nicht, wobei es sich von selbst verstehen sollte, dass man nicht barfuß, mit entblößtem Oberkörper oder in Badekluft erscheint. Ein saloperes Auftreten wird in legeren Beachrestaurants eher geduldet.

Die Höflichkeit gebietet, sich von der Bedienung einen **Platz zuweisen** zu lassen, statt selbsttätig einen Tisch aufzusuchen.

Jene Restaurants, in denen die Einheimischen **gut und günstig** essen, haben oft eine wenig einladende Ausstattung und wirken nicht scheckheftgepflegt. Man darf eben nicht pingelig sein, doch der Zulauf der Einheimischen ist als beste Visitenkarte zu werten! Mitunter gibt es nicht einmal eine Speisekarte mit aufgeführten Preisen. Bei den ehrlichen Portugiesen können Sie jedoch davon ausgehen, dass am Ende alles korrekt abgerechnet wird.

Dass in Restaurants an der Algarve nicht nur Portugiesen essen gehen, wissen die Besitzer; manchmal sind Speisekarten auf Englisch, mitunter zusätzlich auf Deutsch vorhanden (allerdings nicht überall fehlerfrei).

Marisqueiras heißen die speziell auf Fisch und Meeresfrüchte spezialisierten Restaurants. Wer Schalentiere kostet, darf ruhig die Hände zu Hilfe nehmen. Aufmerksame Bedienungen kommen mit Zitronenwasser oder feuchten Zitrustüchern an den Tisch.

Während der Hochsaison empfehlen sich **Tischreservierungen**, wobei dies in einfachen Restaurants mitunter nicht möglich ist. Dann muss man sich gegebenenfalls in die Schlange einreihen und auf einen freien Tisch warten.

Wer mit **Kreditkarte** (»cartão de crédito«) bezahlen will, sollte sich vorab erkundigen, ob dies möglich ist; zumindest in ganz einfachen Lokalen wird häufig nur Bares akzeptiert.

Restaurants legen gewöhnlich einmal in der Woche einen **Ruhetag** ein, mitunter auch zusätzlich noch einen Ruheabend. Während der sommerlichen Hochsaison sind die meisten aber täglich geöffnet. Dafür kann es jedoch vorkommen, dass Restaurants in den Wintermonaten ihre Pforten komplett schließen.

In Restaurants kann es vorkommen, dass der Service nicht der gewohnten **Schnelligkeit** in Mitteleuropa entspricht. Es ist auch nicht auszuschließen, dass Küche oder Bedienung vorübergehend leicht überfordert sind. Hektik und Beschwerden helfen in solchen Fällen kaum weiter. Üben Sie sich einfach in Geduld, trinken Sie zwischendurch in Ruhe noch ein Gläschen. Das entspricht dann umso mehr dem portugiesischen Lebensgefühl.

Das **Trinkgeld** sollte sich im Bereich von 5 % bewegen; wer außergewöhnlich gut bedient worden ist, gibt sicher gerne auch etwas mehr. In Kneipen bzw. Cafés kann man den Betrag aufrunden, wenn man mag.

Bemerkungen zu Küche und Kulinaria

Knoblauch, Olivenöl und **Koriander** sind übliche Bestandteile der südportugiesischen Küche. **Butter** kann salzig (»manteiga com sal«) oder ungesalzen (»manteiga sem sal«) sein.

Die »Algarvios« essen gerne **Suppen** vorab, z. B. eine Fischsuppe (»sopa de peixe«), Gemüsesuppe (»sopa de legumes«), Tomatencremesuppe (»creme de tomate«). Günstig in einfachen Restaurants ist immer die Tagessuppe (»sopa do dia«).

Als **Zwischenmahlzeiten** eignen sich Toasts (»tostadas«) und Sandwiches (»sandes«); auch ein Sandwich mit einer gegrillten Scheibe marinierten Schweinefleischs (»bifana«) zählt dazu. Häppchen heißen generell **Petiscos**.

Stockfisch (getrockneter Kabeljau, bacalhau) kommt in ganz Portugal auf den Tisch und kann auf Hunderte verschiedene Arten zubereitet werden. Lachs (»salmão«), obgleich vielfach angeboten, wird eher aus nordischen Ländern eingeführt.

In Portugal und auch an der Algarve liebt man es bei Nachtischen und Konditorwaren süß bis sehr süß. **Desserts** sind z. B. ein Stück Schokoladenkuchen (»bolo de chocolate«), ein Stück Mandelkuchen (»tarte de amêndoa«) oder ein Milchreis (»arroz doce«). Gesündere Alternative ist ein Obstsalat (»salada de frutas«).

Essen im Restaurant

Die vielleicht größte Besonderheit im Restaurant ist das **Gedeck** mit einer Reihe von einladend präsentierten Appetizern: Brot (»pão«) und Butter (»manteiga«), dazu eingelegte Oliven (»azeitonas«), Sardinenpaste (»pasta de sardinha«), Thunfischpaste (»pasta de atum«) und/oder ein Stück Käse (»queijo«). All das, was von Ihnen ganz oder teilweise verzehrt wird, muss am Ende auch bezahlt werden. Rühren Sie davon, was die Bedienung ungefragt auf den Tisch gebracht hat, nichts an, wird es auch nicht in Rechnung gestellt.

Preisgünstig kommt mittags ein einfaches **Tagesmenü** daher. Dieses kann aus zwei bis drei Gängen bestehen und lediglich 9-11 € kosten. Gelegentlich wird auch ein **Kindermenü** (»menu de criança«) angeboten.

Oft ist auf Schiefertafeln oder Speisekarten vermerkt, dass es einen **frischen Fisch des Tages** (»peixe fresco do dia«) gibt. Was dann genau am selben Tag angeliefert worden ist und schlussendlich bei Ihnen auf dem Teller landet, müssen Sie erfragen.

Falls Sie sich bei der Auswahl unschlüssig sind – fragen Sie einfach nach der **Empfehlung des Küchenchefs** (»sugestão do chefe«).

Aufwendigere Gerichte sind oft nur für **zwei Personen** erhältlich, z. B. Seeteufelreis (»arroz de tamboril«), Oktopusreis (»arroz de polvo«) oder Meeresfrüchtereis (»arroz de marisco«). Auch Gerichte aus dem typischen Kupfertopf (»cataplana«) werden meist nur für zwei Esser aufgetischt, z. B. ein Fischeintopf mit Herzmuscheln und Garnelen (»cataplana de peixe com amêijoas e camarão«).

In Restaurants jedweder Kategorie kann es vorkommen, dass Fisch und z. B. auch höherwertige Garnelen oder sogar Kalbskoteletts nach Gewicht berechnet werden. Bei Hauptgerichten à la carte wird gelegentlich zwischen der ganzen **Portion** (»dose«) und einer halben Portion (»meia dose«) unterschieden; die halbe Portion kostet etwa zwei Drittel der ganzen Portion und kann für einen Esser durchaus ausreichen.

Zu recht günstigem Preis gibt es oft einen **gemischten Salat** (»ensalada mista«).

Zunehmend mehr Restaurants haben sich auf **vegetarische Gerichte** (»pratos vegetarianos«) eingestellt; falls nicht, bleibt gegebenenfalls nichts anderes übrig, als ein Omelette (»omelete«) zu ordern.

Getränke

Lebenselixier ist **Mineralwasser**, das Sie normal als stilles Wasser (»água«) oder Wasser mit Kohlensäure (»água gaseificada«) erhalten. Man kann es gekühlt (»fresca«) oder in Zimmertemperatur (»natural«) haben.

Zu den Hauptmahlzeiten darf ein alkoholischer Tropfen nicht fehlen. Im Restaurant ordern Einheimische gerne den normalen, einfachen **Hauswein** (»vinho da casa«), ob weiß, rot oder rosé. Diesem Beispiel kann man sich anschließen und trifft gewöhnlich eine gute, solide Wahl.

Algarve-Weine sind allein wegen der kurzen Transportwege eine logische Wahl. Wollen Sie lieber Tropfen aus anderen Landesregionen kosten, so bietet sich ein Rotwein (»vinho tinto«) aus dem Alentejo oder dem Dourotal oder ein Weißwein (»vinho branco«) aus Beiras und Trás-os-Montes an. Fruchtig und spritzig ist der sogenannte »grüne Wein« (»vinho verde«), ein junger und sehr trockener Wein aus dem Minho-Tal. Der aus Nordportugal stammende **Portwein** ist auch an der Algarve verbreitet und kann als Aperitif- oder Dessertwein genossen werden; besonders edel ist ein Tawny.

In Spitzenrestaurants kann man vereinzelt **Wine Pairing** wählen – dann kommt zu jedem Menügang der passende Wein.

Auch **Bier** (cerveja) ist an der Algarve beliebt, z. B. die Marke „Sagres".

Portugiesen trinken jederzeit einen **Espresso** (»café«) zwischendurch, nicht nur zum Abschluss des Essens. Er kostet mitunter gerade einmal 0,60 €. Teurer ist ein im Glas servierter Milchkaffee (»galão«).

Wer mag, testet als Absacker den aus den Früchten des Erdbeerbaums produzierten Schnaps **Medronho** (»aguardente de medronho«). Dieser geht durch Mark und Bein, ist allerdings nicht gerade billig.

EINKAUFEN

Neben austauschbarer Massenware gibt es auch handgemachte Keramik und Korkarbeiten. Großartig ist es, über die Lebensmittelmärkte der Algarve zu schlendern.

Kunsthandwerk

Keramikarbeiten werden beispielsweise in Loulé gefertigt. Ob Teller, Schüsseln, Becher oder auch mal ein dekorativer Fisch für die Wand. Schmuckkacheln (Azulejos) sind ebenfalls beliebt und leicht zu transportieren. Das Dorf Porches ist eine weitere Traditionsadresse für Keramikwaren.

Beliebte Mitbringsel werden auch aus **Kork** (S. 19) gefertigt, ob Untersetzer oder Bilderrahmen. Aus **Korkleder** entstehen schicke Accessoires, Portemonnaies, Damenhandtaschen.

Märkte

»Algarvios« lieben ihre alteingessenen Märkte, ob nun in Form von Hallen oder Freiluftständen. Da können sich auch Urlauber bestens eindecken. Je nach Jahres- und Erntezeit bzw. Fangsaison sind die Preise sehr günstig. Die größten und schönsten **Markthallen** sind jene von Olhão und Loulé. Darüber hinaus gibt es vielerorts an der Algarve **Floh- oder Allerleimärkte** (»feiras de velharias«) angesetzt, die für gewöhnlich ein- oder zweimal im Monat zu festen Terminen stattfinden (s. Regionenkapitel). Während des Vormittags herrscht der größte Zulauf, um 13 Uhr ist dagegen häufig schon Schluss.

Kulinarische Souvenirs

Käse (»queijo«; Schafskäse = »queijo de ovelha«; Ziegenkäse = »queijo de cabra«) und **Hartwürste** (»chouriços«), wie sie Sie auf Märkten bekommen, sind gut zu transportieren, sollten aber natürlich nicht tagelang in der Verpackung bleiben! Sicher verpackt sind auch **Algarve-Wein, Medronho** oder **Olivenöl** schöne Mitbringsel. Märkte sind außerdem gute und günstige Einkaufsplätze für **Honig** (z. B. Orangenblütenhonig), Mandeln, Backwaren, eingelegte Oliven, Fläschchen mit scharfer Piripiri-Sauce, Marmeladen, Chutneys, Gewürze und Kräutersäckchen.

Ein exzellentes kulinarisches Mitbringsel ist **Meersalz**, wie es an der Algarve durch Verdunstung in den Salinen (z. B. bei Castro Marim) gewonnen wird. Deutlich preisgünstiger als anderswo ist hier ein Päckchen mit der besonders edlen kristallinen **Salzblume** (flor de sal) zu haben.

Weitere Einkäufe

Typisch für die Algarve, aber vor allem im Flugzeug schwierig zu transportieren ist der verschließbare **Kupfertopf** (cataplana), in dem sich herrlich Gerichte garen und schmoren lassen.

Leichtgewichte unter den Mitbringseln sind dagegen Spültücher, Stoffservietten, Küchenschürzen oder Topfanfasser, die mit dem Motiv des Hahns von Barcelos bedruckt sind. Dabei handelt es sich um ein typisches Portugal-Motiv, das an einen Jakobspilger erinnert, der im nordportugiesischen Städtchen Barcelos laut überlieferter Legende dank eines Hahnenschreis auf wundersame Weise überlebte. Die Auswahl der Artikel ist in Vila Real de Santo António besonders groß; dort werden in den zahlreichen Geschäften in der Innenstadt auch Decken, Hand- und Badetücher sowie Bekleidung angeboten.

Öffnungszeiten

Generell sind **Geschäfte** montags bis samstags von 9/10 bis 13 und von 15 bis 19 Uhr geöffnet, manche bleiben am Samstagnachmittag zu. Allerdings gibt es viele Ausnahmen von der Regel. In Touristenzentren kann es im Sommer durchgehende Öffnungszeiten geben, die auch sonntags gelten.

Supermärkte öffnen gewöhnlich täglich von 9 bis 20/21 Uhr. **Einkaufszentren** mit Boutiquen, Schuhläden, Food Malls und Kinos haben meistens noch längere Öffnungszeiten.

AUSGEHEN

Highlife oder himmlischer Frieden? Die Algarve deckt das gesamte Spektrum ab. Während in manchen Orten ein Nachtleben überhaupt nicht existent ist, steppt anderswo der Bär. Unterschiedlichste Sport- und Freizeitaktivitäten gibt es fast überall.

Nightlife

Albufeira und Faro sind vor allem im Sommer **Top-Spots** für Partytiger, gefolgt von Praia da Rocha, Lagos und – mit Abstrichen – auch Tavira. Beliebter Treff besonders der High Society ist die Marina von Vilamoura.

Während der Hauptsaison findet sich ein internationales Publikum ein, das nicht zuletzt seine Trinkfestigkeit unter Beweis stellt – das mag nicht jedermanns Sache sein und sollte bei der Wahl des Quartiers berücksichtigt werden. In manchen Clubs und Discos geht es im Sommer erst nach 23 Uhr richtig los – frühestens.

Konzerte, Theater & mehr

Gelegentlich finden Fado-Abende oder komplette Fado-Konzerte statt. **Fado**, der eigentlich aus Lissabon stammende portugiesische Blues, ist im ganzen Land bekannt. Musikalische Themen sind Liebe und Sehnsucht, schlicht jedwede Art von Herz und Weltschmerz. Es gibt einen Sänger oder eine Sängerin, dazu gewöhnlich zwei Gitarrenspieler. Authentischen Fado bietet die Vereinigung Fado com História in Tavira (S. 54 & 73). Fado wird auch in Kombination mit Abendessen angeboten.

Guter Anlaufpunkt für Kulturveranstaltungen ist immer das örtliche **Kulturzentrum** (Centro Cultural, Casa da Cultura). Kulturpole in der Algarve-Hauptstadt **Faro** sind das Teatro das Figuras (www.teatrodasfiguras.pt) und das Teatro Lethes (http://teatrolethes.com). **Kulturtreff in Lagoa** ist die im Gebäude der Weinkooperative untergebrachte Kunstgalerie Lady in Red (S. 136).

Kinos sind oft Malls angeschlossen. Filme laufen gewöhnlich im Original mit portugiesischen Untertiteln – einer der Gründe dafür, warum Portugiesen gut Englisch sprechen.

Sportliche Aktivitäten

Die Algarve gilt Freizeitsportlern als Dorado: mit etlichen **Golfplätzen** (s. unten), **Rad- und Wanderwegen, Reiterhöfen** und **Wassersportangeboten** unterschiedlichster Art. Sie können tauchen, schnorcheln, Stand Up Padddling betreiben, surfen, kitesurfen oder **Seekajaktouren** unternehmen, um die wunderbare Felsküste aus anderer Warte zu erkunden. **Surfcamps** finden u. a. an der Costa Vicentina statt.

Fernwanderwege entsprechen dem sanften Tourismus. Da gibt es die etwa 300 km lange **Via Algarviana** durch das Küstenhinterland zwischen Alcoutim und dem Cabo de São Vicente sowie die **Rota Vicentina**, die es auf ein insgesamt etwa 450 km langes Wegnetz bringt.

Golf

Unter Experten gilt die Algarve als eine der besten Golfdestinationen der Welt. Über drei Dutzend Plätze stehen zur Wahl, auf denen man aufgrund des milden Klimas das ganze Jahr über golfen kann. Vielmehr ist der heiße Sommer tatsächlich die Nebensaison, während es sich im Winter bestens spielen lässt. Es gibt Golfschulen und unterschiedlichste »Golf-Pauschalpakete« inklusive Unterbringung, Verpflegung und Green Fees.

Schwierigkeitsgrade, Ansprüche und bauliche Finessen der Plätze sind so unterschiedlich wie die Lagen, ob nahe der Küste oder ein Stück im Hinterland, ob in Täler eingreifend oder mit Freiblick aufs Meer. Je nach Anlage gehören Wasserhindernisse und Feuchtgebiete ebenso dazu wie eine facettenreiche Vegetation aus Palmen, Schirmpinien, Orangen-, Oliven-, Mandel- und Johannisbrotbäumen.

Die Anfänge des Golfsports reichen in die 1960er Jahre zurück, als Portugal noch mitten in der Salazar-Diktatur steckte. Den Anfang machte der **Penina Championship Course**. Heute finden sich immer wieder Profis zu Turnieren wie dem **Portugal Masters** ein. Naturschützer kritisieren allerdings den hohen Wasserverbrauch der Golfplätze.

Weitere Freizeitaktivitäten

Während der Hauptsaison werden von Städten und Gemeinden diverse **Sommerprogramme** mit Aktivitäten und jeder Menge Trubel organisiert.

Zwischen März und Oktober/November (jährlich wechselnder Termin) zieht beim Inlandsort Pêra das **Sandskulpturen-Festival** die Besucher an (S. 134).

Dolphin Watching ist als Freizeitaktivität für Familien mit Kindern beliebt; Ausfahrten werden in und um Lagos angeboten (S. 129).

VERANSTALTUNGSKALENDER

März

Algarve-Cup: Internationales Frauenfußball-Turnier.
Sandskulpturen-Festivals (Sand City): Die Sandskulpturen bei Pêra sind bis Oktober oder November zu bewundern.
Festival Internacional de Música do Algarve (Fima): Start des internationalen Festivals klassischer Musik; Konzerte gibt es an unterschiedlichen Schauplätzen. Bis etwa Ende Mai.

April

Bedeutende Karprozessionen: In Loulé und São Brás de Alportel
Festa da Mãe Soberana: Patronatsfest von Loulé, das Ostersonntag beginnt und zwei Wochen später seinen Höhepunkt erreicht.
Algarve Nature Week: Verschiedene Outdoor-Aktivitäten an zahlreichen Orten der Algarve
Walking Festival Ameixial: Gewöhnlich Ende des Monats mit unterschiedlichsten Wanderungen und Aktivitäten

Mai

Islamisches Festival: Im Alentejo-Städtchen Mértola (zweijährig, immer in Jahren mit ungerader Jahreszahl)
Fischerfest in Quarteira: Meistens am Ende des Monats feiert die Touristenhochburg den Dia do Pescador.

Juni

Med-Musikfestival in Loulé (oft Ende des Monats)

Juli

Schinkenfest in Monchique (in der zweiten Monatshälfte)
Festa da Ria Formosa: Gewöhnlich Ende des Monats beginnt das kulinarische Fest in Faro; es dauert elf Tage und zieht sich meist bis in den August hinein.

August

Sardinenfest in Portimão (meistens Anfang des Monats)

Mittelalter-Markt: In Silves
Meeresfrüchtefestival: In Olhão
Mittelalter-Tage: In Castro Marim
FolkFaro: Folkore-Festival

Oktober
Birdwatching Festival: in Sagres
Feira de Santa Iria: Stadtfest in Faro (im Regelfall in der zweiten Monatshälfte)

SPRACHE

Im Portugiesischen gibt es zwei charakteristische Laute: Erstens die nasalisierten Vokale, die mit einer Tilde (~) geschrieben werden. So wird das Wort für »Brot«, »pão«, ausgesprochen als »pau«, mit einer starken Nasalisierung. Zweitens werden »s« und »z« oft als »sch« ausgesprochen. So wird das Wort für »Geldscheine«, »notas«, als »notasch« ausgesprochen. Sie werden bemerken, dass das Portugiesische leicht zu lesen ist, die Aussprache macht es den meisten Touristen aber schwer, die Sprache zu verstehen.

Immer zu gebrauchen

Ja/Nein	**Sim/Não**
Bitte (um etwas)	**Se faz favor**
Danke	**Obrigado (männl.)/ Obrigada (weibl.)**
Nichts zu danken	**De nada/Foi um prazer**
Hallo/Tschüss	**Olá/Adeus**
Willkommen	**Bem vindo/a**
Guten Morgen	**Bom dia**
Gute/n Abend/Nacht	**Boa noite**
Wie geht es Ihnen?	**Como está?**
Gut, vielen Dank	**Bem, obrigado/a**
Entschuldigung	**Desculpe/Perdão**
Entschuldigen Sie, können Sie mir helfen?	**Desculpe, podia ajudar-me?**
Ich heiße ...	**Chamo-me ...**
Sprechen Sie Deutsch?	**Fala alemão?**
Ich verstehe nicht	**Não percebo**
Ich spreche kein Portugiesisch	**Não falo português**

Notfall: Urgência

Hilfe!	**Socorro!**
Stopp!	**Pare!**
Haltet den Dieb!	**Apanhe o ladrão!**
Polizei!	**Polícia!**
Feuer!	**Fogo!**
Gehen Sie oder ich schreie!	**Vai-se embora, senão começo a gritar!**
Lassen Sie mich in Ruhe!	**Deixe-me em paz!**
Ich habe mein Portemonnaie/meine Brieftasche verloren	**Perdi o meu porta-moedas/a minha carteira**
Mein Pass wurde gestohlen	**Roubaram-me o passaporte**
Können Sie einen Arzt rufen?	**Podia chamar um médico depressa?**

Einkaufen

Geschäft	**Loja**
Wo kann ich ... bekommen?	**Onde é que eu posso arranjar ...?**
Könnten Sie mir bitte helfen?	**Pode-me ajudar, se faz favor?**
Ich suche ...	**Estou a procura de ...**
Ich hätte gerne ...	**Queria ...**
Ich schaue mich nur um	**Só estou a ver**
Wie viel kostet das?	**Quanto custa?**
Es ist zu teuer	**Acho demasiado caro**
Ich nehme dieses/ diese	**Levo este(s)/ esta(s)**
Gut/Schlecht	**Bom/Mau**
Größer	**Maior**
Kleiner	**Pequeno**
Geöffnet/ Geschlossen	**Aberto/ Fechado**
In Deutschland ist meine Größe ...	**Na Alemanha o meu numero é...**
Hätten Sie vielleicht eine Tüte?	**Tem um saco, se faz favor?**

Geld: Dinheiro

Bank	**Banco**
Geldschein	**Notas**
Kassenschalter	**Caixa**
Kreditkarte	**Cartão de crédito**
Münze	**Moeda**
Postamt	**Posto de correio**
Reisescheck	**Cheque de viagem**
Wechselkurs	**Cámbio**

Nach dem Weg fragen

Auto	**Automóvel**
Bahnhof	**Estação**
Bus/Reisebus	**Autocarro**
Busbahnhof	**Estação de camionetas**
Fahrkarte	**Bilhete**
Einfach	**Bilhete de ida**
Hin- und Rückfahrt	**Ida e volta**
Flughafen	**Aeroporto**
Kirche	**Igreja**
Krankenhaus	**Hospital**
Markt	**Mercado**
Museum	**Museu**
Platz	**Praça**
Schiff	**Barco**
Straße	**Rua**
Taxistand	**Praça de táxis**
Zug	**Comboio**
Ich habe mich verlaufen	**Estou perdido/a**
Wie viele Kilometer sind es bis nach ...?	**Quantos quilómetros faltam ainda para chegar a ...?**
Hier/Dort	**Aqui/Ali**
Links/Rechts	**À esquerda/À direita**
Geradeaus	**Em frente**

Restaurant: Restaurante

Ich würde gerne einen Tisch reservieren	**Posso reservar uma mesa?**
Einen Tisch für zwei Personen bitte	**Uma mesa para duas pessoas, se faz favor**
Könnten wir bitte die Speisekarte bekommen?	**Poderia dar nos a ementa, se faz favor**
Was ist das?	**O que é isto?**
Eine Flasche ...	**Uma garrafa de ...**
Auf Ihr Wohl!	**À sua saúde**
Abendessen	**Jantar**
Alkohol	**Alcool**
Bier	**Cerveja**
Brot	**Pão**
Café	**Café**
Frühstück	**Pequeno almoço**
Kaffee	**Café**
Kellner	**Empregado/a**
Milch	**Leite**
Mineralwasser	**Água mineral**
Mittagessen	**Almoço**
Pfeffer	**Pimenta**
Rechnung	**Conta**
Salz	**Sal**
Speisekarte	**Menú/ementa**
Tee	**Chá**

Unterkunft

Gibt es ...?	**Há ...?**
Ich hätte gerne ein Zimmer mit Meerblick	**Queria um quarto com vista para o mar**
Ist das Frühstück inklusive?	**Está incluido o pequeno almoço?**
Gibt es einen Zimmerservice?	**O hotel tem serviço de quarto?**
Ich habe reserviert	**Reservei um lugar**
Klimaanlage	**Ar condicionado**
Balkon	**Varanda**
Bad	**Casa de banho**
Heißes Wasser	**Água quente**
Hotel	**Hotel**
Schlüssel	**Chave**
Aufzug	**Elevador**
Nacht	**Noite**
Zimmer	**Quarto**
Zimmerservice	**Serviço de quarto**
Dusche	**Duche**
Handtuch	**Toalha**
Wasser	**Água**

Wochentage

Heute	**Hoje**
Morgen	**Amanhã**
Gestern	**Ontem**
Heute Nacht	**Esta noite**
Gestern Nacht	**Ontem à noite**
Morgens	**De manhã**
Nachmittags	**De tarde**
Diese Woche	**Esta semana**
Montag	**Segunda-feira**
Dienstag	**Terça-feira**
Mittwoch	**Quarta-feira**
Donnerstag	**Quinta-feira**
Freitag	**Sexta-feira**
Samstag	**Sábado**
Sonntag	**Domingo**

Zahlen

0	zero
1	um
2	dois
3	três
4	quatro
5	cinco
6	seis
7	sete
8	oito
9	nove
10	dez
11	onze
12	doze
13	treze
14	catorze
15	quinze
16	dezasseis
17	dezassete
18	dezoito
19	dezanove
20	vinte
21	vinte e um
30	trinta
40	quarenta
50	cinquenta
60	sessenta
70	setenta
80	oitenta
90	noventa
100	cem
1000	mil
10000	dez mil
1 Mio.	um milhão

Reiseatlas

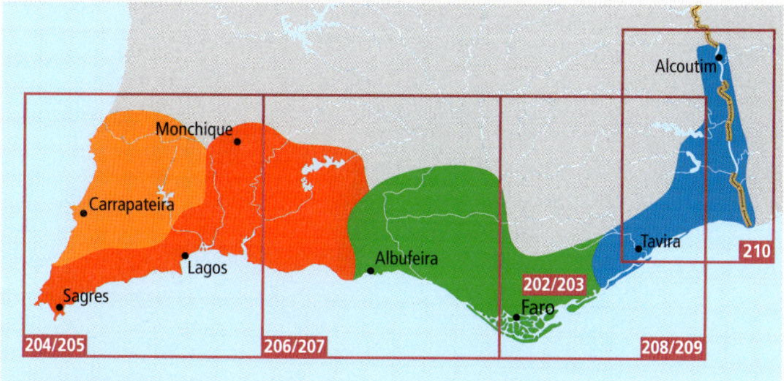

Legende

A 2	Autobahn mit Nummer		Burg; Burgruine
	Schnellstraße		Kirche; Kirchenruine
125	Fernstraße mit Nummer		Kloster; Klosterruine
	Hauptstraße		Leuchtturm
	Nebenstraße		Windmühle
	Straße in Bau/Planung		Wasserfall; Höhle
	Straße, ungeteert		Golfplatz
	Fahrweg; Fußweg/Pfad		Internationaler Flughafen
	Fernwanderweg		Flugplatz
	Staatsgrenze	★	Sehenswürdigkeit
	Provinzgrenze		Museumseisenbahn
	Nationalparkgrenze		Aussichtspunkt
			Campingplatz
2 ★★	TOP 10		Naturreservat, Badestrand
12	Nicht verpassen!		Jachthafen
12	Nach Lust und Laune!		Ankerplatz, Hafen

1 : 250 000

0 5 10 km

0 3 6 miles

Faro
Rua Aboim Ascenção
Largo da Campo da Feira
Igreja de São Sebastião
Rua de Loulé
Rua de S. Sebastião
Rua Gomes Freire
Rua da Atalaia
Rua da Abegoaria
Rua da Boavista
Igreja do Carmo
Rua do Alportel
Largo do Carmo
Rua Infante Dom Henrique
Rua Conselheiro Sebastião Teles
R. Dr. Miguel Bombarda
Rua da Moagem
Rua Ventura Coelho
Rua Francisco Barreto
Rua Teófilo Braga
Rua Serpa Pinto
Rua Baptista Pinto
Igreja São Pedro
Largo do Poço
Largo de S. Pedro
Rua Cruz
Rua do Sol
Largo da Estação
Portuguese Automobile Club A.C.P
Estação ferroviária
Rua da Bargueta
Largo Madalena
Rua Conselheiro Bivar
Rua da Madalena
Rua de Sao Pedro
Rua do Compromisso
Rua Filipe Alistão
Rua José Estêvão
Largo do Sol Posto
Rua do Prior
Avenida da República
Estação rodoviária
Praça Ferreira de Almeida
Museu Marítimo
R. I de Maio
Praça Francisco Gomes
R. Ivens
T. Valadim
Rua Dr. Francisco Gomes
Rua I de Dezembro
Puerto
Jardim Manuel Bivar
Rua João Dias
Igreja da Misericórdia
10
Rua da Misericórdia
Arco da Vila
R. do Município
R. Rasquinho
R. do Albergue
R. José M. Bandeiro
Centro histórico (Cidade Velha)
Câmara Municipal
Largo da Sé
Sé
Arco do Repouso
Paço Episcopal
Praça Afonso III
Rua Comandante Francisco Manuel
R. da Porta
Rua do Trem
Nossa Senhora da Assu
Museu Municipal
Largo do Castelo
Rua Nova do Castelo
Muralha
300 m
300 yd
A
B
C
1
2
3
4
5

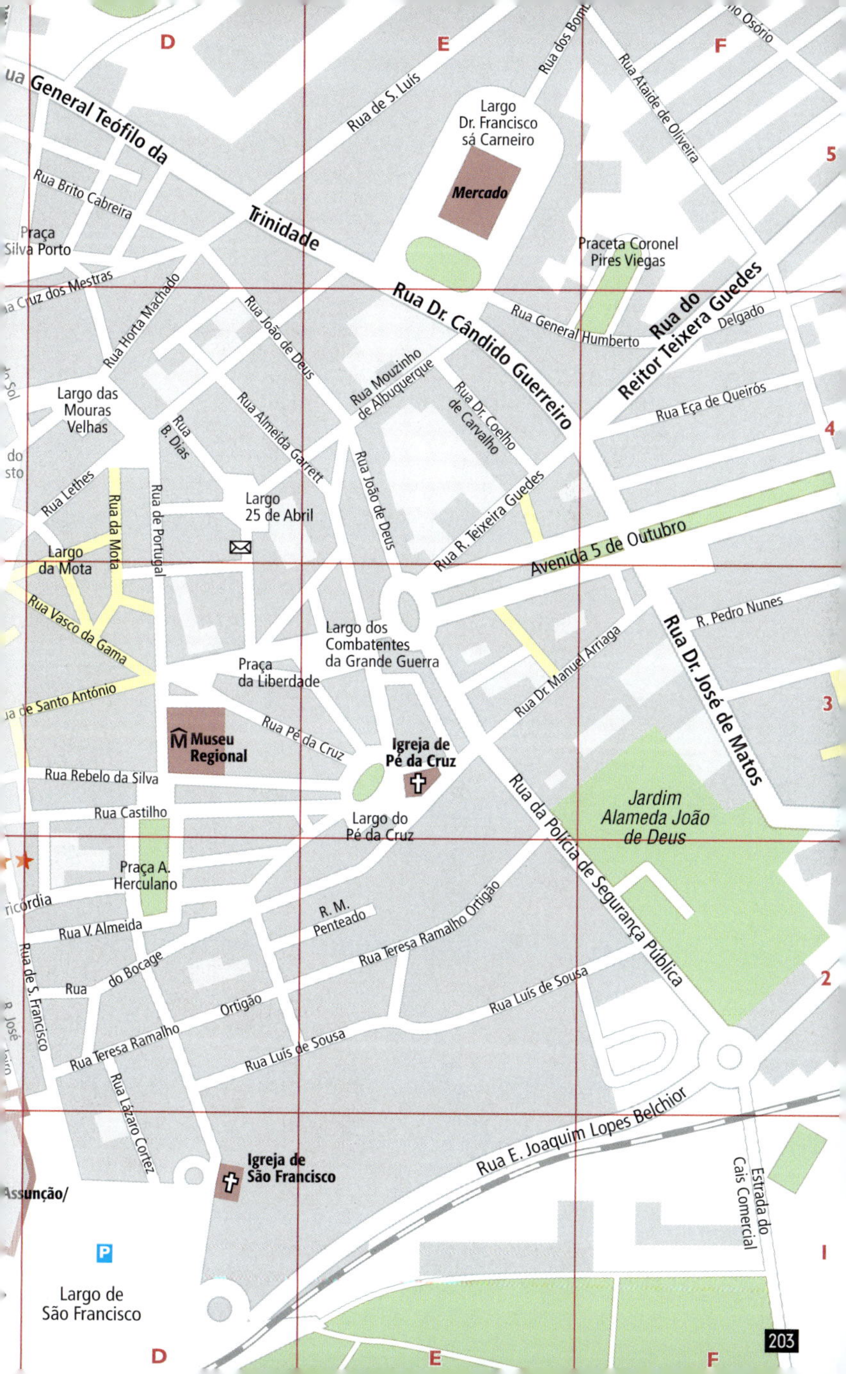
D
E
F
5
4
3
2
1
Rua General Teófilo da Trinidade
Rua Dr. Cândido Guerreiro
Rua de S. Luís
Rua dos Bom
Rua Ataíde de Oliveira
Largo Dr. Francisco sá Carneiro
Mercado
Rua Brito Cabreira
Praça Silva Porto
Praceta Coronel Pires Viegas
Rua Cruz dos Mestras
Rua Horta Machado
Rua João de Deus
Rua General Humberto Delgado
Rua do Reitor Teixera Guedes
Rua Mouzinho de Albuquerque
Rua Dr. Coelho de Carvalho
Rua Eça de Queirós
Largo das Mouras Velhas
Rua B. Dias
Rua Almeida Garrett
Rua Lethes
Rua da Mota
Rua de Portugal
Largo 25 de Abril
Rua R. Teixeira Guedes
Avenida 5 de Outubro
Largo da Mota
Rua Vasco da Gama
Largo dos Combatentes da Grande Guerra
Praça da Liberdade
R. Pedro Nunes
Rua Dr. Manuel Arriaga
Rua Dr. José de Matos
Rua de Santo António
Museu Regional
Rua Pé da Cruz
Igreja de Pé da Cruz
Rua Rebelo da Silva
Rua Castilho
Largo do Pé da Cruz
Rua da Polícia de Segurança Pública
Jardim Alameda João de Deus
Praça A. Herculano
R. M. Penteado
Rua Teresa Ramalho Ortigão
Rua V. Almeida
Rua de S. Francisco
Rua do Bocage
Rua Luís de Sousa
Rua Teresa Ramalho Ortigão
Rua Lázaro Cortez
Rua E. Joaquim Lopes Belchior
Igreja de São Francisco
Estrada do Cais Comercial
Largo de São Francisco

Oceano Atlântico
Costa Vicentina
Trilho dos Pescadores
Rogil
Saiceira
Serominheiro
Praia da Carriagem
Amoreira
Carrascalinho
Praia de Monte Clérigo
Monte Clérigo
Castelo mourisco
Cerca do Pomar
Igreja Nova
Aljezur
Monte da Gorda
Vale da Nora
Vale Formo
334
Ponta da Atalaia
Palmeirinha
Vale da Telha
Ponta da Arrifana
Arrifana
Vales
Praia da Arrifana
Arrifana 114 m
Rota Vicentina
Ribeira de Alfambres
Rib. de Alfambres
Praia do Penedo
Canal de Bo.
Barranco da Vaca
Praia de Vale de Figueiras
Chabouco
Monte Novo
Monte Ruivo
Mesquita 115 m
Praia da Bordeira
Ribeira da Bordeira
Serra de
Pontal 42 m
Bordeira
Carrapateira
Rib. da Carrapateira
Milharada
A
Praia do Amado
Vilarinha
Praia da Murração
Pedra Branca 178 m
Bensafrim
Praia do Mirouço
Monteiros 138 m
Pedralva
Praia da Barriga
Pardieiro 144 m
Barão de São João
Lagos
Pêro Queimado
Praia da Cordoama
Pedregosa
Praia do Castelejo
Mosqueiro 143 m
Via Algarviana
Barão de São Miguel
Torre de Aspa 156 m
Vila do Bispo
Raposeira
N. S. de Guadalupe
Budens
Vale de Boi
Ponta Ruiva
Praia d. Ponta Ruiva
Santo António
Hortas do Tabual
Figueira
Figueira 93 m
Barrancão
Burgau 84 m
Burgau
Salema
Praia do Telheiro
Zavial
Grutas do Monte Francês
Praia da Figueira
Praia da Salema
Praia da Boca do Rio
Praia de Almádena
Ponta de Almádena
Praia do Burgau
Beliche
Cabo de São Vicente
Enseada
Pousada do Infante
de Belixe
Sagres
Fortaleza
Praia do Tonel
Ponta de Sagres
Praia de Mareta
Ponta da Atalaia
Praia da Martinhal
Praia d. Rebolinhos
Enseada da Baleeira
Ponta da Torre
Praia do Barranco
Praia d. João Vaz
Praia da Ingrina
Praia do Zavial
Ponta da Torre
268
120
125
267
44
45
46
47
48
49
50
51
2
5
A
B
C
1
2
3
4
5

Giraldo
Besteiro
Foz do Farelo
Foião
Pedras Juntas
Serra de Monchique
Barranco dos Pisões Garganta
Brejo
Pomba
Cansino
Boucinhas
Peso
Cabeços
Umbria
Alferce
Pêro Negro
Cerca dos Pomares
Pacil
Portela
Monchique
Cabeça de Águia
Malhada Quente
Picota 773 m
Barragem de Odelouca
Ameijoafra
Marmelete
Pé do Frio
Fóia 902 m
Abutareira
Picos 574 m
Gralhos
Maçarotal
Fóia
Belém
Meia Viana
Picota
Nave
Barranco do Banho
Fornalha
Ladeira
Zebro
Vale de Água
Gil Bordalo
Caldas de Monchique
Ribeira da Torre
Serra de Espinhaço de Cão
Malhão
Barracão
DISTRITO
Romeiras
Tojeiro
Embarradoiro
Ribeira das Canas
Parque da Mina
Chiqueiro 237 m
Três Figos
Cavaca 229 m
Vale da Horta
Montes de Cima
Corcino
Guena
Barranco do Milho 217 m
Autódromo
Moinho da Rocha
Ribeira da Boina
Pincho
Alamos 181 m
Barragem da Bravura
Túmulos de Alcalar
Castelo Belinho 105 m
Odelouca
Porto de Lagos
Furadouro 112 m
Reguengo
Monte Ruivo 133 m
Odiáxere, Mexilhoeira Grande
Portimão Oeste
Portimão Norte
Almarjão
Arão
Ribeira do Farelo
Contifo
Ruivo
Torre
Donalda
Arrochela
A 22
Petra Branca
Mexilhoeira Grande
Chão das Donas
Venda Nova
Lagos, Odiáxere
Rib. de Odiáxere
Penina
Cerro Ruivo
Odiáxere
Abicada
Montes de Alvor
Cardosas
Estômbar
Lagos, Portelas
Rib. de Bensafrim
Alfarrobeira
São Sebastião
Rio Arade
Grutas de Ibne Ammar
Lagoa
Colégio
Sargaçal
Vale de Lama
Pirra
Mocho
Parchal
da Rosa
Louzeira
Caldeiroa
Torre
Portimão
Portelas
Caliças
Alvor
Vale da França
Monte Judeu
Maratéca
Meia Praia
Ria de Alvor
Seixosas
Alto da Cerca
Falfeira
Alhardeira
Vau
Ferragudo
Sesmarias
Ferrel
Meia Praia
Baía de Lagos
Espiche
Santo Antaro
Lagos
Mato Serrão
Monte Carvoeiro
Caliços
Montinhos de la Luz
Porto de Mós
Torralto
Carvoeiro
Algar Seco
Luz
Praia d. Dona Ana
Praia d. Camilo
Ponta da Piedade
Praia d. Alvor
Praia dos Três Irmãos
Praia do Vau
Praia da Rocha
Ponta do Altar
Praia d. Ferragudo
Praia d. Caneiros
Praia d. Vale da Lapa
Praia d. Carvoeiro
Praia da Luz
Praia d. D. Maria
Praia de Porto de Mós
Praia d. Canavial
D
E
F

de Cima
Brejo
Serra da Carapinha
São Marcos da Serra
Farelo
Pomba
Cansino
Serra de Monchique
Pedras Juntas
Barranco dos Pisões Garganta
Silveira
Boucinhas
Peso
Cabeços
Umbria
Alferce
Ramos
IC 1
Sapeira
Cabeça de Aguia
Malhada Quente
Sela 353 m
Monchique
Fóia 902 m
Picota 773 m
Barragem de Odelouca
Ribeira de Odelouca
Seiceira
Meia Viana
Picota
Talurdo
Belém
Fóia
Nave
Ladeira
Barranco do Banho
Fornalha
Gil Bordalo
Caldas de Monchique
Pego Escuro
Monte Branco
Ribeira da Torre
Barracão
DISTRITO DE FARO
Barragem do Funcho
São P
Funcho
Pedreiras
Ribeira das Canas
Parque da Mina
Chiqueiro 237 m
Cavaca 229 m
Barragem de Arade
Vale Fuzeiros
Montes de Cima
Cortes
Ribeira da Boina
Gregórios
Barranco do Resgalho
Casa Queimada
Alfarrobeira
Moinho da Rocha
Via Algarviana
Cumeada
Nora
Túmulos de Alcalar
Castelo Belinho 105 m
Odelouca
Franqueira
Norinha
Ribeira de Arade
Carra
Alvados e Fontes
Ribeira do Farelo
Porto de Lagos
Furadouro 112 m
(arab.: Xelb)
Silves
Vale da Vila
Reguengo
Almarjão
Figueirinha
Ribeira Alta
Portimão Oeste
Portimão Norte
Sé Catedral
Arrochela
Medeiros
Malhão
Mesquita
Torre
Donalda
Montes Grandes
Venda Nova
Chão das Donas
Penina
Abicada
Fonte da Matosa
Seixosas
Algoz
Poço Fundo
Lagoa
Montes de Alvor
Cardosas
Rio Arade
Grutas de Ibne Ammar
Estômbar
Loubite
A 22
Sobral 102 m
Torrinha
São Sebastião
Mocho
Parchal
Vale de Lousas
Alcantarilha
Algoz
Lama
Pirra
Lagoa
Alvor
Vale da França
Portimão
Sr. do Carmo
Alcantarilha
Porches
Aqualand slide & splash
Seixosas
Lombos
Quintão
Pêra
Zoomarine Park
Alvor
Vau
Ferragudo
Sesmarias
Salicos
Porches Velho
Aldeia Mourisca
Lagos
Mato Serrão
Monte Carvoeiro
Pontal
Morgado das Relvas
Alfanzina
Armação de Pêra
Carvoeiro
Caramujeira
Algar Seco
Gruta de Benagil
Nossa Senhora da Rocha
Benagil
Sesmarias
Cabo Carvoeiro
Ponta do Altar
Ponta de Castelo
Praia d. Alvor
Praia dos Três Irmãos
Praia do Vau
Praia da Rocha
Praia d. Ferragudo
Praia d. Caneiros
Praia d. Vale da Lapa
Praia d. Carvoeiro
Praia de Vale Centianes
Praia do Carvalho
Praia de Benagil
Praia da Marinha
Praia da Albandeira
Praia da Senhora da Rocha
Praia d. Cova Redonda
Praia da Armação de Pêra
Praia da Galé
Praia do Evaristo
Oceano

D
E
F
Ribeira de Odelouca
São Barnabé
Felizes
577 m
Moimentos
Corte Pinheiro
Perna Seca
Gralha 425 m
Corte do Cabo
Cravais
Caldeirão
Vale Fontes
Moita Redonda
Palheiros
Ribeira do Vascão
Ribeira de Arade
Águas Frias
Zambujal
537 m
Sítio das Éguas
Monte Alto
Zebro
Malhão
Sobreira Formosa
Ribeira de Arade
Vale Figueira
Curral
Sobradinho
Pé do Goelho
Gavião de Cima
Azinhal
Alcaria
Gavião de Baixo
João Andrês
Cortinhola
Cabaça
São Pedro
São Bartolomeu de Messines
Sarnadas
Freixo Seco
Negros 171 m
Pico
Macheira
Rocha dos Soidos
Rocha da Pena 479 m
Vale
Alto Cerro
Santa Margarida
467 m
Penina
Rocha
Brazieira
Pé da Serra
Amorosa
Portela
Torre
Paço
Salir
281 m Gralheira
Alte
Benafim Pequeno
Ribeira de Alte
Pena
Castelo mouro
Messines
Monte da Charneca
Benafim
Besteiros
Alfarrobeira
31
Montes de Cima
Covões
Barrocal
Monte Branco
Monte Brito
Zimbral
Nave do Barão
Corte Neto
Calvos
Areeiro
Rocha Amarela
Abelheira
Carrasqueira
Carrasqueira
Esteveira
Alto Fica
Fonte Benémola
Barranco Longo
Esteval dos Mouros
Lentiscais
Espargal
Vicente
IC 1
E 01
270
264
A 2
Aldeia da Tôr
Ribeira de Algibre
Krazy World
Aldeia dos Matos
Aldeia Grande
Paderne
Cerro
208
Ferrarias
Amendoais
Estela Montes
Tunes
Tunes Gare
Cerca Velha
Centieira
Gilvrazino
Amoreira
Mem Moniz
Vale Rodrigo
Picota
Alfeição 321 m
Alfeição
Assumada
Algoz
Cerro do Ouro
Paderne
Serra 96 m
Alcaria
Soalheira
Alto da Serra
Assumada de Aljoz
Canais de Albufeira
Aroal
Campina
Boliqueime
Monte Zorros
Senhora da Piedade
Loulé
30
Algoz, Pêra
Albufeira
269
Ataboeira
Malhadais
Agostas
Boliqueime
A 22
Valverde
Texugueiras
Cotovio
Vale Covo
Guia
Ferreiras
Fontainhas
Pedra de Água
396
Quartos
Maritenda
Cabeço de Câmara 227 m
Marine Park
Tavagueira
Pinhal
Azinhal
Vale do Judeu
Loulé
Vale da Ursa
Patã
Areeiro
Alpouvar
Brejos
Vale de Carros
Quinta da Quarteira
Alfarrobeira
Morgado
Relvas
Terras Novas
395
Cerro de Águia 116 m
Branqueira
125
Pereiras
Loulé, Faro
Almancil
Sesmarias
Oura
Olhos d'Água
Cerro da Vila (Vila Romana)
21
Vilamoura
Vale de Éguas
Igreja de São Lourenço
22
Albufeira
3
Quarteira
Rib. de Carcavai
Ferrarias
6
29
Forte Novo
Ponta do Castelo
Praia do Castelo
Praia da Coelha
Praia d. São Rafael
Praia d. Baleeira
Praia d. Albufeira
Praia d. Oura
Praia da Balaia
Praia d. Maria Luisa
Praia d. Olhos de Água
Praia d. Falésia
Praia dos Tomates
Praia da Quarteira
Vale do Lobo
Praia d. Trafal
Praia d. Vale do Lobo
28
Quinta do Lago
Praia do Ancão
Atlântico
D
E
F

São Barnabé
Corte do Cabo
Medronheira
Corte do Ouro
Ximeno
Portela
Cravais
Besteiros
475 m
Moita
Redonda
Palheiros
Vermelhos
Ribeira do Vasco
Sarnadinha
Parelinhos
Águas Frias
Sítio das Éguas
Cavalos
Zambujal
537 m
Pelados
589 m
Malhão
Barrigões
Pêro Ponto
Zebro
Sobreira
Formosa
Fornalha
Figueirinha
Sobradinho
Pé do Goelho
Vales
Curral
Luís Neto
Vale da Rosa
Azinhal
Cortinhola
Alcaria
Corticadas
Fonte
João Andrês
Cabaça
Sarnadas
Freixo Seco
Cumeada
Pêro de Elvas
Montes
Cabeça
de Vaca
Macheira
Rocha dos
Soidos
Rocha da Pena
479 m
Negros
171 m
Besteiros
Carrasqueiro
Brazieira
Cortelha
467 m
Santa
Margarida
Penina
Rocha
Pé da Serra
Paço
Salir
Via Algarviana
Ribeira de Alte
Alte
Benafim
Pequeno
124
Castelo
mouro
Touriz
Barranco
do Velho
Quinta
Pena
Besteiros
Benafim
31
Montes
de Cima
Covões
Palmeiros
Monte
Brito
Zimbral
Nave
do Barão
Corte Neto
Corcitos
2
Rocha
Amarela
207
Esteveira
Gemica
Corgas
Bravas
Alto Fica
Esteval
dos Mouros
Fonte Benémola
Vicente
Querença
396
Espargal
Bispo
480 m
Cova
Ribeira de Algibre
Aldeia da Tôr
Aldeia
Grande
Cerro
Amendoeira
Alporte
Estela
Montes
Cerca Velha
Gilvrazino
Carvalhal
Almargens
Vale
Rodrigo
Picota
Alfeição
Alfeição
Clareanes
São Romão
E 01
Assumada
321 m
Barranco
de Apra
Ferreiros
Alcaria
Soalheira
Alto da
Serra
Fonte de Apra
270
Aroal
Campina
Boliqueime
Poço Novo
Gralheira
Malhadais
270
Monte Zorros
270
Gorjões
Agostas
Boliqueime
A 22
Senhora
da Piedade
Loulé
30
Fonte
da Murta
Vale Covo
E 01
Palhagueira
Agosto
Benatrite
Bordeira
Pedra
de Água
396
Quartos
Betunes
Maritenda
125
Azinhal
Vale
do Judeu
Cabeço de
Câmara
227 m
Loulé
Goncinha
Canal
Lagos
e Relva
2
Areeiro
Valados
Laranjeira
Vale de
Carros
Quinta da
Quarteira
Alfarrobeira
122-1
Igreja
Santa Bárbara
de Nexe
Faro
125
Pereiras
Loulé, Faro
E 01
A 22
26
Ruínas
de Milreu
Almancil
Esteval
396
Vale de
Éguas
Rib. de Carcavai
Troto
Falfosa
Arjona
Olhos d'Água
21
Cerro da Vila
(Vila Romana)
Vilamoura
Igreja de
São Lourenço
Medronhal
3
Besouro
Quarteira
29
Ferrarias
6
Praia d. Olhos de Água
Praia d. Falésia
Praia dos
Tomates
Praia d. Maria Luísa
Forte
Novo
Vale da Venda
125
Conceição
Campina
Praia da Quarteira
Vale do Lobo
Gambelas
Biogal
Patacão
Bracials
Rio Seco
Torre
Natal
Praia d. Trafal
28
Monte-
negro
Praia d. Vale do Lobo
Quinta do Lago
Marchil
2
Areal
Gordo
Rio Seco
Ludo
Arábio
Aeroporto
de Faro
Sé Catedral
FARO
10
Praia do Ancão
Praia de Faro
Ilha de Faro
27
Canal de Faro
Ria Formosa
Ilha Deserta/
Ilha da
Barreta
A
B
C
5
4
3
2
1

D
E
F
Amoreira
Fortes
Redondo
Casas Baixas
Madeiras
210
Bentos
Galaxos
Ribeira de Odeleite
Jardos
Várzea
Cachopo
Passa Frio
Fernandilho
Garcia
Galego
Preguiça
Monte
Baixo Gran
Botareo
493 m
Almarginho
124
Grainho
Azinhosa
Alcarias
Estrada
5
Currais
Medronheira
Fonte do Corxo
Vales
397
Taipas
Alta Mora
276 m
Alcaria
Cabaços
Portela
Vale da Rosa
Funchosa
Alcaria Alta
Cabeça Gorda
Alcornicosa
Poço dos Negros
DISTRITO DE FARO
Monte da Raja
541 m
Feiteira
Mercador
Chitados
Carne Cerva
Beliche do Cerro
Cortelha
Peralva
Umbrias de Camacho
Cortelha
Novos
Castelão
Ceróis
Tafe
Garrobo
Pocilgões
Vale Covo
115 m
Campeiros
Cabanas
Amendoeira
Águas dos Fusos
Parizes
Lajes
Alcaria do Cume
525 m
Vale de Ebros
Borracheira
Alcaria
Malhada de Algarva
Cerro
Javali
Serra de Alcaria do Cume
Miguel Anes
229 m
4
Taleiros
Carvalhal
397
Cotovio
Malhado do Judeu
Corte Besteiros
Estorninhos
Corte de Água
Casas Altas
Alcorvel
Água de Tábuas
Champana
Cortalha
Malhada do Rico
Malhada de Santa Maria
Tábuas
503 m
Malhada de Santa Maria
Ribeirinha
Vale da Murta
210
Carriço
Malhada de Santa Maria
Fornalha
Cova da Muda
Sítio do Bemparece
Zimbral
Malhada do São
Malhada do Peres
Ribeira de Alportel
Umbria
Porto Carvalhoso
Várzeas do Vinagre
Palheirinhos
Currais
Morenas
Boieiros
A 22
Soalheira
Barroso
Eiras Altas
Eira do Palma
do Pereiro
Bico Alto
Vigia
240 m
Pego do Inferno (Cascata Moinhos da Rocha)
E 01
Mealhas
Santa Catarina da Fonte do Bispo
Paul
Valongo
25
São Marcos
Fonte do Bispo
Mesquita
270
Asseca
397
Mato do Santo Espírito
São Brás de Alportel
Alcarias
Marco
Malhão
Rio Gilão
125
Conceição
3
Desbarate
Monte Agudo
Tavira
16
Santa Margarida
398
Ribeira de Asseca
Santo Estêvão
118 m
Cabanas
Machados
Santo Estêvão
270
Tavira
18
Azinhal e Amendoeira
Foupana
A 22
Jordana
Sinagoga
7
Barranco de São Miguel
Campina
Esteiramantens
Castelo
Barra do Cochido
Azinheiro
E 01
Grutas de Moncarapacho
Bernardinheiro
Alcaria Branca
Serra de Monte Figo
15
Moncarapacho
Brejo
São Pedro
19
Praia das Cascas
Cabeça
Gonçalves
Pedras d'el-Rei
Santa Luzia
Estói
Pés do Cerro
Gião
Belmonte
Luz
Ilha de Tavira
Milreu
Moncarapacho
Praia da Ilha de Tavira
Fornalha
125
Maragota
Pinheiro
Arroio
20
Chaveca
Alecrineira
Boavista
Arrotoia
2
Poço Longo
2-6
Pechão
Bias do Norte
Torre de Ares
Praia do Barril
398
Vale da Mó
Paraíso
Bela Romão
Fuseta
Quelfes
23
Brancanes
Belmonte
Ana Velha
C. de Tavira
Galvana
Arrochela
Marim
Bias do Sul
Barra da Fuseta
Vergílios
125
Quinta de Marim
Praia da Fuseta
Olhão
4
Ilha da Armona
Canal de Olhão
Parque Natural
Praia da Armona
Golfo de Cádiz
24
Ilha da Culatra
9
da Ria Formosa
1
Farol
Praia d. Culatra
Formosa
Praia de Hangares
Praia do Farol
Cabo de Santa Maria
D
E
F

A
B
C
Santa Mai
Afonso Vicente
Sapateiro 194 m
Cortes Pereiras
Sanlúcar de Guadiana
Alcoutim
11
Clarines
Giões
Farelos
Cerro da Vinha
Coita
Ribeira de Cadavais
Corte Tabelião
Tesouro
Viçoso
Velhas
Vicentes
5
Pereiro
Corte da Seda
122-1
Marmeleiro
122
Alcaria Alta 289 m
Alcaria Alta
Tacões
Fornalha 273 m
124
Torneiro
Marim
Santa Justa
Alcaria
Puerto Carbón
Balurcos
Balurcos 226 m
Fonte Zambujo
IC 27
Ribeira da Foupana
Montinho das Laranjeiras
El Romerano
Ferrarias
Laranjeiras
Guerreiros do Rio
Palmeira
Mesquita
Alcaria Queimada
Alamo
Vaqueiros
Soudes
Corte das Donas
Zambujal
4
Corte de São Tomé
Via Algarviana
Malfrade
Corte Nova
Tenência
Vale de Pinheiro
Preguiças
Furnazinhas
Foz de Odeleite
Casas de la Par
Lagoa 333 m
Ribeira de Odeleite
Fortes
Madeiras
Galaxos
Montinho
Casas Espartero
Bentos
Barragem de Odeleite
Odeleite
Alcaria
Fernandilho
Jardos
Várzea
Carvalhinhos
Fonte do Penedo
Preguiça
Monte de Baixo Grande
Choça Queimada
Portela Alta
Rio Guadiana
Alcarias
Almada de Ouro
Estrada
Corujos
Taipas
Alta Mora 276 m
Magoito
Quebradas 190 m
Murteira
Alcaria
Cabaços
Corte do Gago
Piçarral
3
Vale da Rosa
Funchosa
Sentinela
Cabeça Gorda
Poço dos Negros
Azinhal
8
DE FARO
Marroquil
Alcarias
Carne Cerva
Beliche do Cerro
Chitados
Barragem de Beliche
Beliche
Murtal
209
Umbrias de Camacho
Cortelha
Vale Andreu
Moila
Tafe
Junqueira
Águas dos Fusos
Pocilgões
Vale Covo 115 m
Campeiros
Cerro do Anho
Botelhas
Castro Marim, Vila Real de Sto. António
Cabeço
Carrapateira
Cume
Malhada de Algarva
Borracheira
Alcaria
Vale de Ebros
Nora
Campeiros
18
Pomar
Soalheiras
Carvalhal
397
Taleiros
Miguel Anes 229 m
Lagoa
Monte Francisco
Cotovio
Ribeiro
Rio Seco
12
Corte Besteiros
Sesmaria
Esteiro da Lezíria
Castro Marim
Estorninhos
Reserva Natural do Sapal de Castro Marim
Ayamonte
2
Altas
Champana
Montinho
14
Ribeirinha
Malhada de Santa Maria
Monte Gordo
122
Vale da Murta
Aroeira
125-1
Vila Real de Sto. António
Ribeira da Gafa
17
São Bartolomeu
Carriço
E 01
Malhada do São
Zimbral
Malhada do Peres
Pocinho
13
Altura
125
Coutada
Monte Gordo
15
Palheirinhos
Currais Boieiros
Morgadinha
Morenas Altas
A 22
Santa Rita
Vila Nova de Cacela
Lagoa
Soalheira do Pereiro
Eira do Palma
Nora
Praia de Monte Gordo
Praia Verde
do Inferno
Moinhos da Rocha
E 01
Cacela Velha
Manta Rota
16
Praia d. Alagoa
Paul
Valongo
Fábrica
17
Asseca
Rio Gilão
São Marcos
397
125
Conceição
Malhão
Tavira
Santa Margarida
Mato do Santo Espírito
16
Armação da Abóbora
Praia de Manta Rota
Santo Estêvão
Cabanas
18
270
Tavira
7
Golfo de Cádiz
Campina
Sinagoga
Castelo
Praia de Cabanas
Barra do Cochido
Brejo
210
Bernardinheiro
São Pedro
19
209
Praia
Santa Luzia
A
B
C

Register

AWL Images: Alan Copson 155 o.

Andreas Drouve: 6 (Nr. 3, 9), 79 o., 81 o., 82, 83, 85 u. l., 88, 123 o.

DuMont Bildarchiv/Sabine Lubenow: 5, 6 (Nr. 1, 2, 4, 5, 6, 7, 8, 10), 9, 10 u., 12/13, 17 o., 22 o. r. und u., 31, 32 r., 35, 44/45, 49 u., 50, 50/51, 51 o., 53, 55, 56, 58, 60, 63, 64, 66, 67, 68, 69, 71, 74/75, 79 u., 80/81, 85 o. und u. r., 86, 90, 91, 92, 93, 95, 96, 97, 100, 101, 103, 105, 109, 110/111, 115 l., 119, 120, 123 u., 126, 128, 131, 132, 133, 135, 138, 140, 142, 146, 147, 148/149, 153 u., 154/155, 156, 159, 162, 163, 164, 165, 166/167, 170, 183 o. und u. r., 184/185

DuMont Bildarchiv/Thomas P. Widmann: 19, 26, 51 u., 81 u., 117 o.

Epic Sana Algarve Hotel, Albufeira: 106

Fotolia: inacio pires 49 o.

Getty Images: Alex Lapuerta 30, AWL Images 38, LightRocket/Leisa Tyler 43

huber-images: Michael Howard 10 o., Rudolph Leimer 94, Tim Mannakee 139
laif: Gerhard Westrich 32 l., Günter Standl 155 u., hemis.fr/Philippe Blanchot 161, Clemens Zahn 174, Günter Standl 179

Lookphotos: Arthur F. Selbach 18, Thomas Roetting 21, Sabine Lubenow 28, age fotostock 34, Arthur F. Selbach 40, Thomas Stankiewicz 183 u. l.

mauritius images: M. Howard 14, Alamy 17 u., 25, 36, und 41, Alamy/Rachel Torres 54, Alamy 104, hemis.fr/Franck Guiziou 115 r., Michael Howard 116/117, Alamy/Ian Dagnall 117 u., John Warburton-Lee 154

picture-alliance: dpa/Christian Volbracht 22 o. l., Bildagentur-online 72

Shutterstock: Mirifada 80, Michael Schroeder 98, Cerovsek Barbara 116, Tomasz Banasiak 137, LianeM 153 o.

Villa Termal das Caldas de Monchique Spa Resort: 144

Titelbild: U1 oben: Benoit Bacou/Photononstop/gettyimages
U1 unten: Ian.CuiYi/gettyimages
U 8: Alexandr Spatari / EyeEm/gettyimages